内河优势战略

钱永昌 题

内 河 优 势 战 略

Strategy of Inland Waterway Transport Advantage

（第 2 版）

贾大山　纪永波　焦芳芳　著

人民交通出版社股份有限公司

北 京

内 容 提 要

本书力求回答内河运输具有什么优势，在公路交通得到优先发展的背景下内河运输优势显现的经济社会环境是什么，当前为什么处于内河运输发展的战略机遇期，如何使内河运输发挥比较优势融入综合交通运输体系实现"宜水则水"，在经济社会转型发展背景下如何推动内河运输绿色优势的显性化等问题。

本书既能在深度上让业内相关领导和研究人员读后有所收获，也能让水运相关专业的大专院校学生以及关心水运发展的各界人士对内河运输优势和如何发挥这一优势有更加深入的了解。

图书在版编目(CIP)数据

内河优势战略 / 贾大山，纪永波，焦芳芳著. — 2版. — 北京：人民交通出版社股份有限公司，2022.11
ISBN 978-7-114-18313-3

Ⅰ. ①内… Ⅱ. ①贾… ②纪… ③焦… Ⅲ. ①内河运输－水路运输经济－研究－中国 Ⅳ. ①F552.7

中国版本图书馆 CIP 数据核字(2022)第 200807 号

Neihe Youshi Zhanlüe
书　　名：内河优势战略(第2版)
著　作　者：贾大山　纪永波　焦芳芳
责任编辑：潘艳霞
责任校对：孙国靖　宋佳时
责任印制：刘高彤
出版发行：人民交通出版社股份有限公司
地　　址：(100011)北京市朝阳区安定门外外馆斜街 3 号
网　　址：http://www.ccpcl.com.cn
销售电话：(010)59757973
总　经　销：人民交通出版社股份有限公司发行部
经　　销：各地新华书店
印　　刷：北京市密东印刷有限公司
开　　本：787×1092　1/16
印　　张：21.5
字　　数：307 千
版　　次：2015 年 7 月　第 1 版
　　　　　2022 年 11 月　第 2 版
印　　次：2022 年 11 月　第 2 版　第 1 次印刷　总第 2 次印刷
书　　号：ISBN 978-7-114-18313-3
定　　价：120.00 元

(有印刷、装订质量问题的图书，由本公司负责调换)

第 2 版前言

从实践工作来看,行业发展战略就是根据外部环境和内部资源及能力情况,为实现发展使命,保持自身可持续发展、健康发展,不断获得新的竞争优势,而进行的重大的、全局性的、规律性的谋划。制定发展战略可使行业保持发展的主动性,为前瞻性决策提供理论支撑,对行业长远发展具有重要意义。

基于我国内河运输发展历程与欧美的特点,以及对内河运输的比较优势的分析,2000 年,"面向 21 世纪水运发展战略研究"和"公路水路交通发展战略——水运分报告"提出"内河优势战略",并在《公路水路交通发展战略》(交规划发〔2002〕355 号)文件中体现。与其他运输方式相比,内河运输具有运能大、占地省、能耗低、环境友好、枢纽功能强、休闲娱乐功能强和边际成本低的比较优势。从客户选择运输方式的性价比偏好看,占地省、能耗低和环境友好等属于隐性优势,随着经济社会的发展、土地和环境价值的提高,内河运输的隐性优势逐步显性化,并在政策推动下激励客户选择内河运输。基于对水资源丰富地区经济社会发展的判断,提出了这一比较优势在我国不同省(区、市)显现的大体时间,也由此决定了 2000—2040 年是我国内河运输比较优势由局部显现到全面显现、由基本发挥到全面发挥的战略机遇期,说明了 2000 年前内河运输发展面临一波三折的原因,也预测了必将再次走向持续发展的繁荣,"对内河运输别失望也别着急"正是当年内河运输发展所处状况和未来发展规律认识的写照。

结合我国东中西经济发展不平衡特征和内河运输比较优势显现的时间差异,提出了发挥内河优势将经历的四个阶段:2000—2004年为战略准备阶段,隐性优势开始在水资源丰富、经济发达的长江三角洲、珠江三角洲两个地区显现;2005—2010年为战略框架阶段,隐性优势在水资源丰富地区基本显现;2011—2020年,内河运输优势全面显现并得到基本发挥;到2040年,我国将形成完善的内河基础设施和相关政策,推动内河运输隐性优势显性化并得到充分发挥。基于我国区域经济技术发展水平的不均衡性、内河运输发展的规模优势等,提出的"分梯度追赶与择优超越"推进模式、分阶段目标和近期应采取的措施,均体现在2003年出版的《中国水运发展战略探索》中。

2005年,对战略准备阶段内河运输实践进行回顾,与原预期目标进行了对比分析,结合战略框架阶段发展环境的变化,进一步探索了内河运输优势战略的内涵,提出了2010年发展目标和战略框架阶段的政策措施,重新出版了《中国水运发展战略探索》。随着战略框架阶段的完成,基于海运与内河运输的不同特点和广大读者的意见,将海运和内河运输发展战略分别论述,在2013年出版《海运强国战略》后,2015年4月,与纪永波同志合作完成了《内河优势战略》的写作。

再版《内河优势战略》的主要原因有以下三个方面:一是从经济社会发展要求看,我国实现了全面建成小康社会的奋斗目标,展望2035年,我国将基本实现社会主义现代化,立足新发展阶段、贯彻新发展理念、构建新发展格局,对内河运输发展提出了新的挑战,也是发挥内河运输比较优势的新机遇。二是从发挥比较优势环境看,经过2000—2020年的发展,内河运输比较优势已实现了由经贸发达地区初步显现向全国水资源丰富地区全面显现并得到基本发挥的转变,正处于向隐性优势显性化、比较优势全面发挥转变的新阶段。三是从内河运输自身发展看,经过21世纪20年的发展,内河运输在基础设施建设、运输船舶规模与大型化、运输组织和服务以及安全绿色等方面取得了新的较大进展和成就,自身站在了新的发展起点。基于以上内外部发展环境和发展阶段的变化,对《内河优势战略》进行了再版,进一步回顾总结发展历程,并结合经济社会对内河运输发展的新要求,提出新阶段的目标和推进措施。

本书上篇着眼于对内河运输发展历程及阶段性的认识。一是论述了内河运输的技术经济特性,从内河运输相关要素特点出发,分析其相对于其他运输方式的比较优势。古代,内河运输因是最具规模和经济优势的基本运输方式而得到高度重视。我国古代一度创造出内河运输的辉煌,京杭大运河、灵渠等举世瞩目工程,都是历史辉煌成就的象征。近代,内河运输作为高效的基本运输方式和工业走廊布局的基础设施而得到高度重视,欧美通过高强度、集中系统化对内河航道和航运枢纽进行建设,形成了当下的内河运输基础设施框架。当代,内河运输因其节约资源、环境友好的比较优势,以及缓解城市交通拥堵的功能(运能大)得到重视,并通过政策实现隐性优势显性化,激励选择内河运输。新中国成立后特别是改革开放后,公路运输特别是高速公路已经成为重要的运输方式,其网络化、便捷性等比较优势得到显现,这决定了我国内河运输发展与欧美走上了不同的道路。二是通过分析在公路运输得到发展背景下我国内河运输优势显现的外部环境,进一步论述了早期提出的水资源丰富地区内河运输优势显现的环境,从而解释了2000年前内河运输发展"一波三折"甚至使人们一度"悲观失望",而2000年后得以快速发展的原因。三是从实现内河运输发展的至臻性、支撑性和协调性三方面,进一步阐述了内河优势战略的内涵,以及发挥这一优势需要的五个方面外部支持和六个方面内部支撑,解析了为什么要实施内河优势战略。四是回顾分析了2011—2020年我国内河运输发展战略机遇期的特点,从内河运输至臻性、支撑性和协调性三方面对到2020年比较优势全面显现并得到基本发挥战略阶段的进展进行了评价,对阶段目标进行了回顾分析。

本书下篇着眼于新发展阶段的内河运输发展环境、目标和措施。基于2020年的发展现状,结合国家新发展格局、宏观发展目标和重大战略部署,分析了未来经济社会环境和内河运输发展的四个方面需求,对发展的技术环境和政策环境进行了展望,从十个方面阐述了内河运输优势全面显现到充分发挥阶段需要应对的挑战。从航运船舶流、信息流和资金流集聚规模位于区域前列论述了航运中心内涵,对沿长江三大航运中心建设进行了分析评价。其次,通过建立基于战略要素的分析模型,着眼于影响内河运输发展各要素,更注重各个要素之间形成良性的互动机制,提出了只有依靠创造和长期培育、开发获得的诸多资源以及政策,并与自身生产要素优势、自然资源相结合,才能真正形成抓住机遇、自如应对突发事件的能力,推动内河运输优势由全面显现到充分发挥的转变。最后,本书提出了未来内河运输充分发挥的目标,并论述了推进战略目标实现的主要任务和政策保障措施。

在对内河运输发展战略长期研究过程中,交通运输部给予了研究项目的支持,我深表感谢,并承蒙国务院发展研究中心李泊溪局长的悉心指导和帮助,在港航战略长期相关研究合作中收获颇多。在本书的写作过程中,领导专家曾给予具体完善意见,这里对他们以及对本书写作给予过帮助的朋友们一并表示感谢。

由于多方面因素限制和本人水平有限,书中可能存在值得商榷的观点,敬请广大读者提出宝贵意见。

贾大山
2022 年 4 月

第 1 版前言

内河运输发展战略就是根据发展的外部环境及其内部资源和能力的状况,为履行发展使命、求得长期健康发展,不断获得新的竞争优势,保持发展的主动性,而进行的重大的、带全局性的、规律性的谋划,对行业长远发展,对决策前瞻性、主动性具有重要意义。笔者有幸负责"面向 21 世纪水运发展战略研究"和"公路水路交通发展战略——水运分报告"的工作,研究提出"内河优势战略",并在《公路水路交通发展战略》(交规划发〔2002〕355 号)文件中体现。基于我国与欧美内河运输发展历程的不同特点和对内河运输的比较优势的分析,提出了这一比较优势发挥的外部环境以及在我国不同省(区、市)显现的大体时间,阐述了"内河优势"战略以及实施这一战略的必要性,提出了发挥内河优势将经历的四个阶段:2000—2004 年战略准备阶段、2005—2010 年战略框架阶段、2011—2020 年内河运输优势基本发挥和到 2040 年我国内河运输优势得到充分发挥。基于我国经济技术发展水平的不均衡性、内河运输发展的规模优势和特有问题,提出了"分梯度追赶与择优超越"的推进模式、分阶段目标和近期应采取的措施。2005 年,对战略准备阶段内河运输实践进行回顾,与原预期目标进行了对比分析,结合战略框架阶段发展环境的变化,进一步探索了内河运输优势战略的内涵,提出了 2010 年发展目标和战略框架阶段的政策措施,重新出版了《中国水运发展战略探索》。随着战略框架阶段的完成,基于海运与内河运输的不同特点和广大读者的意见,将海运和内河运输发展战略分别论述，在 2013 年完成出版《海运强国战略》后，2013 年 1 月—2015 年 4 月，历时两年多时间，我与纪永波同志合作完成这部《内河优势战略》的写作，奉献给广大读者。

  本书上篇从内河运输相关要素特点出发，论述了内河运输的技术经济特性，及其运能大、占地省、能耗低、环境友好、枢纽功能强、休闲娱乐功能强和边际成本低的比较优势。与以人力、畜力为主要动力的古代其他陆上运输工具相比，水上运输在运输能力、运输成本等方面都有得天独厚的优势，是古代人们赖以依靠的基本运输方式。近代，欧美通过高强度、集中系统化对内河航道和航运枢纽进行建设，形成了内河运输基础设施框架，而这一时期是我国为国家独立而奋斗的一百年，从而使我国内河运输发展走上了与欧美不同的道路，但欧美健全协调机制，注重在水资源综合利用中突出内河运输地位，集中高强度治理实现内河航道高等级化，完善法规与技术标准体系，保障内河基础设施建设，强化绿色发展，制定经济政策实现内河运输隐性优势显性化和推动现代技术应用等方面的经验值得我们借鉴。剖析了在公路运输得到发展背景下，我国内河运输优势显现的外部环境，结合我国不同区域经济社会发展水平，进一步论述了早期提出的水资源丰富地区内河运输优势显现的时间，从而解释了为什么 2000 年前内河运输发展"一波三折"甚至使人们一度"悲观失望"，而 2000 年后得以快速发展。从实现内河运输发展的至臻性、支撑性和协调性三方面，进一步阐述了内河优势战略的内涵，以及发挥这一优势需要五个方面外部支持和六个方面的内部支撑。解析了为什么要实施内河优势战略。进一步分析了 2011—2020 年我国内河运输发展战略机遇期的特点。从内河运输至臻性、支撑性和协调性三方面对战略框架阶段以及到 2012 年内河优势战略进展进行了评价，对战略框架阶段目标进行了回顾分析。

  本书下篇首先分析了内河运输发展的环境。基于 2012 年基础数据，尽可能结合国家最新宏观发展目标和重大战略部署，分析了未来经济社会环境和内河运输发展的四个方面需求，对发展的技术环境和政策环境进行了展望，从九个方面阐述了发挥内河运输优势需要应对的挑战。从航运船舶流、信息流和资金流集聚规模位于区域前列等方面,论述了航运中心内涵,对长江三大航运中心的建设进行了分析评价。其次,通过建立基于战略要素的分析模型,着眼于影响内河运输发展的要素,更注重各个要素之间形成良性的互动机制,提出只有依靠创造和长期培育、开发获得的诸多资源以及政策,与自身生产要素优势、自然资源相结合,才能真正形成抓住机遇、自如应对突发事件的能力,推动内河运输优势由显现到充分发挥的转变。第三,提出了2020年内河运输至臻性目标基本实现,协调性取得显著进展,可持续发展能力显著增强,比较优势全面显现并得到基本发挥,适应国民经济和社会发展的需要的目标,并对2040年内河运输发展进行了展望。最后从七个方面论述了推进战略目标实现的保障措施。

在长期对水运发展战略研究中,在我多年研究发展战略的关键年份,交通运输部都给予项目上的支持,我深表感谢,并承蒙国务院发展研究中心李泊溪局长的悉心指导和帮助,在港航战略长期相关研究合作中收获颇多。在本书写作过程中,领导专家曾给予具体完善意见,这里对他们以及在本书写作中给予过帮助的朋友们一并表示感谢。

自己为此付出了长时间的艰苦努力,但由于多方面因素限制和本人水平有限,书中可能存在值得商榷的观点,敬请广大读者提出宝贵意见。

贾大山
2015年4月

目录

上篇　战略与进展评价

第一章　内河运输技术经济特性 ··········· 003
 第一节　内河运输依赖的资源 ··········· 003
 第二节　内河运输基本要素分析 ··········· 007
 第三节　内河运输的技术经济特性 ··········· 018

第二章　内河运输优势发挥的外部环境 ··········· 025
 第一节　我国内河运输发展回顾 ··········· 026
 第二节　内河运输发展的国际经验 ··········· 036
 第三节　我国发挥内河运输优势的外部环境 ··········· 054

第三章　内河优势战略 ··········· 059
 第一节　内河运输地位与作用 ··········· 059
 第二节　内河优势战略解析 ··········· 066

第四章　内河优势战略进展评价 ··········· 074
 第一节　内河优势战略认识评价 ··········· 074
 第二节　内河优势战略进展总体评价 ··········· 087
 第三节　优势全面显现、基本发挥阶段预期目标评价 ··········· 097

下篇　形势与目标措施

第五章　内河运输发展的环境分析 ········· 121
  第一节　我国经济社会发展环境分析 ········· 121
  第二节　我国内河运输发展需求环境分析 ········· 129
  第三节　我国内河运输发展政策环境分析 ········· 146
  第四节　我国内河运输发展技术环境分析 ········· 156

第六章　内河运输发展战略分析 ········· 169
  第一节　典型国家内河运输发展分析 ········· 169
  第二节　我国内河运输发展战略分析模型 ········· 191
  第三节　我国内河运输发展资源分析 ········· 197
  第四节　内河运输产业结构 ········· 205
  第五节　内河运输经济技术政策 ········· 211
  第六节　内河运输需求和内河运输业发展分析 ········· 216
  第七节　我国沿江航运中心建设分析 ········· 221
  第八节　内河运输发展面临的挑战 ········· 238
  第九节　内河运输高质量发展认识 ········· 273

第七章　内河运输发展目标、策略与政策措施 ········· 279
  第一节　2035 年发展目标与 2050 年展望 ········· 279
  第二节　推进内河优势战略的重点任务 ········· 289
  第三节　推进内河优势战略的政策措施 ········· 303

附录 ········· 315

参考文献 ········· 325

上篇
战略与进展评价

　　内河运输既是一种最古老的运输方式,又是现代综合交通运输体系的重要组成部分。它既为古代文明谱写了不朽的篇章,发挥了其比较优势,为现代经济社会发展做出贡献。本篇从内河运输相关要素特点出发,论述了内河运输有什么比较优势,为什么在古代得到高度重视,以及我国内河运输为什么走上了与欧美不同的道路;说明了在其他运输方式得到发展的背景下,内河运输优势发挥需要什么样的外部环境;解释了 2000 年前内河运输发展"一波三折"甚至使人们一度"悲观失望",而 2000 年后随着比较优势的显现而得以快速发展的原因;解析了内河优势战略内涵,以及为什么要实施内河优势战略,未来内河运输优势充分发挥阶段及全面实现现代化的特点;对优势基本发挥阶段战略进展进行了评价和阶段性回顾。

第一章
内河运输技术经济特性

水资源、航道与通航设施、港口和船舶等内河运输要素的基本特点,决定了内河运输具有运能大、占地省、能耗低、环境友好、枢纽功能强、休闲娱乐功能强和边际成本低的比较优势,同时,也使其发展面临航道网络密度难于提高、受自然因素影响大、运输环节多、航速低和机动性差的问题。客观认识内河运输的技术经济特性,是分析其发展规律、发展历程和谋划未来发展的基础。

第一节 内河运输依赖的资源

内河运输就是使用船舶通过航道运送货物和旅客的一种运输方式,航道包括自然江河、运河和湖泊等自然、人工水道,基础设施建设和运输涉及水资源、沿线净空资源(桥梁)、线位资源(运河)、净深资源(穿越航道的隧道、缆线、管道等埋设深度)等。

一、水资源

动植物需要水,人类的生产生活也需要水,没有水便没有生命。为充分利用水资源,造福人类,几千年来,我国历史上发生了许多可歌可泣的治水故事,兴建了世界著名的水利枢纽工程和内河航道❶,在经济社会发展中发挥了重要作用。2010年,《中共中央 国务院关于加快水利改革发展的决定》明确提出"水是生命之源、生产之要、生态之基。兴水利、除水害,事关人类生存、经济发展、社会进步,历来是治国安邦的大事","在保护生态和农民利益前提下,加快水能资源开发利用。统筹兼顾防洪、灌溉、供水、发电、航运等功能,科学制定规划",充分说明了水资源在我国经济社会发展中的作用,也明确了发展航运是水资源综合开发的重要组成部分。基于水资源在我国经济社会发展中的地位,在发展内河运输中,必须认清人多水少、水资源时空分布不均是我国的基本国情、水情,保护水生态是实现经济社会可持续发展的根本保证。

我国水资源空间、时间分布不均衡。我国地域辽阔,地处亚欧大陆东侧,跨高、中、低3个纬度区,受季风与自然地理特征的影响,南北、东西气候差异很大,使我国水资源的时空分布极不均衡。我国西北、北方河流松花江、辽河、海河、黄河、淮河、西北诸河6个水资源一级区面,平均降水量约为333mm,而长江、东南诸河、珠江、西南诸河4个水资源一级区面,平均降水量为1253mm。水资源时间分布不均衡也表现为年度不均衡和季节不均衡性,如2008—2020年,降水量最大的年份(2016年),全国年平均降水量730.0mm,降水量最小的年份(2011年)为582.3mm;全国降雨一般集中在每年6—9月,夏季汛期的径

---

❶ 包括公元前256年的都江堰,公元前246年的郑国渠,公元前214年的灵渠,西汉时期的漕渠、白渠,东汉时期的白沟、平虏、泉州三渠,隋朝的广通渠、通济渠、永济渠,北宋时期的木兰陂,元朝的通惠河等。新中国成立后的水利工程有葛洲坝水利枢纽、三峡水利枢纽工程、长洲水利枢纽、嘉陵江航运梯级开发工程(草街航电枢纽、利泽航电枢纽等)、西江桂平航电枢纽工程、贵港航运枢纽工程、株洲航电枢纽工程等。航道整治工程有长江中游界牌航道综合整治工程、长江口深水航道治理工程、珠江口深水航道治理工程等。

流量约占全年的三分之二。

我国水资源总量丰富、人均水平低、开发难度大。据2021年《中国水资源公报》，2020年，我国水资源总量为31605.2亿 m^3，较2010年增加了698.8亿 m^3；总供水量为5812.9亿 m^3，较2010年减少209.1亿 m^3。据水利部预测，2030年我国人均水资源量仅有1750m^3，随着工业化、城镇化和人民生活水平的提高，在充分考虑节水情况下，预计用水总量为7000亿~8000亿 m^3，全国实际可利用水资源量接近合理利用水量上限，水资源开发难度极大。我国河流上游地区地形多样、地质构造复杂，水系类型多种多样，水能资源蕴藏量约6.8亿kW，居世界首位。为充分开发利用水能资源，结合河流自然落差，通过建设航电枢纽，既能有效利用水能发电，也提高了航道水深、改善了水流条件，促进内河运输发展。

保护水资源环境任重道远。作为世界上最大的发展中国家，由于我国社会经济发展和科学技术整体水平不高，在经济快速增长的同时，粗放的发展方式一度对原本就不充裕的水资源造成了影响。党的十八大以来，"绿水青山就是金山银山""共抓大保护，不搞大开发"等一系列新思想、新观点、新论断被陆续提出，人们更加清醒地认识到了水环境保护和治理水污染的紧迫性和艰巨性，也更加明确了水资源环境保护在经济社会发展中的重要性。特别是2016年1月5日，在重庆召开的推动长江经济带发展座谈会明确，当前和今后相当长一个时期，要把修复长江生态环境摆在压倒性位置，共抓大保护，不搞大开发。这为长江乃至全国水资源保护指明方向、提出了要求。党的十八大以来，水资源保护取得显著成效，全年水质优良（Ⅰ~Ⅲ类）断面比例由2012年的63.9%上升到2020年的83.4%[1]。

二、净空、净深资源

净空资源指航道允许通过的最大船舶高度，主要受水上过河建筑物（如

---

[1] 数据源自国家历年统计公报。

公路桥、铁路桥等)通航净高尺度影响。由于船舶在全程运输中对航道条件有一致性要求,因此,一座桥的高度将决定一个流域的通航条件和通航能力,一旦确定再更改的经济代价巨大。《内河通航标准》(GB 50319—2014)、《运河通航标准》(JTS 180-2—2011)等对水上过河建筑物通航净高尺度的最小值作出了明确规定,如《内河通航标准》(GB 50319—2014)规定,天然和渠化河流水上过河建筑物通航净高尺度Ⅰ级航道应不小于18m,Ⅱ级、Ⅲ级航道应不小于10m,Ⅳ级、Ⅴ级航道应不小于8m,以保护内河通航的净空资源。但事实上,当前仍有较多非标碍航桥梁存在,影响和限制了航道的通过能力。

净深资源指可供航道挖潜的深度,受到穿越航道的隧道、缆线、管道等埋设深度的影响。挖潜和疏浚是提高内河航道水深条件的重要途径,特别是对于浅滩航段,若穿越航道的隧道、缆线、管道等埋设深度较小,导致浅滩航段不能挖潜,将影响整个河流的通航能力。《内河通航标准》(GB 50319—2014)规定在航道和可能通航的水域内布置的水下过河建筑物,应埋置于河床内,其顶部设置深度,Ⅰ~Ⅴ级航道不应小于远期规划航道底高程以下2m,Ⅵ级和Ⅶ级航道不应小于1m。

三、线位资源

线位资源指人工运河、航电枢纽的通航设施建设等可供选取的线路。人工运河、航电枢纽的通航设施建设等线路选取主要考虑地形、走向、地质、开挖量、可利用水资源、淹没损失等因素,最佳线路通常具有唯一性,一旦被占用,未来再想规划建设运河工程时,可能带来巨大的建设成本增加或在经济上成为不可能。

运河线路的设想、提出以及规划是线位资源显性化的基础,在一定意义上可起到线位资源保护的作用。例如孙中山先生的《建国方略》是中国现代化的第一份蓝图,由《孙文学说》《实业计划》《民权初步》三部分构成,在其《实业计划》中对"杭州、天津间运河"❶"西江、扬子江❷运河""辽河、松花江间运河"等运河都进行了远景设想，提出了修建运河的大致线位选择，如其中对长江、西江水系沟通的运河，提出从梧州到桂林改造桂江，溯流至兴安运河（灵渠），改造修建兴安运河，顺流至湘江，以此连接湘江和桂江，使吃水十尺❸的船舶可以自由来往于长江、西江之间，与现在提出的湘桂运河的线位选择大体一致。又例如也可实现长江、珠江水系沟通的另一运河设想——赣粤运河，据史料记载，最早提出赣粤运河这一构想的是明代大学士解缙，他希望开凿赣粤运河，将赣江水与北江水用于农田灌溉。20世纪30年代，民国政府曾组织过运河线路勘察，后不了了之。新中国成立后，全国各大水系先后开展流域规划工作，1958年的《珠江流域航运规划报告》首次正式提出开辟赣粤运河方案：北江干流与浈江全线渠化，沟通江西赣江，与长江通航，标准为1000吨级轮驳船队，对赣粤运河的线位资源保护具有十分重要的意义。2020年交通运输部印发《内河航运发展纲要》，提出统筹推进长江、珠江、淮河等主要水系间运河沟通工程，形成京杭运河、江淮干线、浙赣粤通道、汉湘桂通道纵向走廊。平陆运河、赣粤运河和湘桂运河已开展相关研究，其中平陆运河2022年3月获得广西壮族自治区发展改革委批复正式立项。

第二节 内河运输基本要素分析

内河运输是由航道、港口、运输船舶和航线组成的有机系统，将货物和人员自装船港沿内河航线安全、便捷、高效、绿色和经济地运至卸船港转运设施，是对该系统的基本要求。内河航道、通航设施、港口和船舶等基本要素的特点，决定了其技术经济特性。

---

❶京杭运河黄河以北复航工程。
❷长江。
❸约3.3m，与现在千吨级航道水深相当。

一、内河航道和通航设施

内河航道是在江、河、湖、水库、人工运河和渠道等水域中用于船舶航行,利用天然河流湖泊,结合航电枢纽、调水枢纽和大型渠化工程等,通过渠化、整治与疏浚,辅以必要的船闸、航标等通航设施而形成的通道。内河航道和通航设施是发展内河运输的公共基础设施,既需要自然资源支持,也需要政府财政资源支持。

1. 丰富的水运资源和环境为我国发展内河运输提供了优良的自然环境

我国河流众多,河流总长45万km(随着东南沿海滩涂成陆面积的增大,河流总长度还在不断增加),多年平均径流量为27000亿m^3,为世界的6.6%、亚洲的19.3%,仅次于巴西和俄罗斯,居世界第3位(略高于美国)。我国流域面积在1000km^2以上的河流有1500多条,流域面积在10000km^2以上的河流有79条。

长江、珠江和黑龙江径流量居我国前3位,其中长江是中国第一大河,径流量约占全国的36%,全长6397km,仅次于非洲的尼罗河和南美洲的亚马孙河,为世界第三大天然河道,有"黄金水道"之称。在我国众多的河流中,黑龙江、额尔古纳河、鸭绿江、图们江和澜沧江等十余条河流属于国际界河。除了众多的天然河流外,我国还有许多人工开凿的运河,京杭大运河是其中杰出代表。

天然湖泊也为内河运输提供了天然航道,我国1km^2以上天然湖泊有2800多个,总面积超过8万km^2,其中1000km^2以上的天然湖泊有13个,我国五大淡水湖为鄱阳湖、洞庭湖、太湖、洪泽湖和巢湖。

此外,我国还有数以万计的人工水库(表1-1),其中,三峡是我国最大的水库,也是世界最大的发电和航运枢纽。截至2020年底,全国已建成各类水库98566座,总库容9306亿m^3。其中,大型水库❶774座,总库容7410亿m^3,占

---

❶ 大型水库为总库容大于1亿m^3的水库,中型水库为总库容介于0.1亿~1亿m^3之间的水库。

全部总库容的 79.6%；中型水库 4098 座，总库容 1179 亿 m^3，占全部总库容的 12.7%。例如，金沙江中下游 1554km 干流河段，目前建成和在建水电站 14 级；大渡河长 1060km，仅干流上就规划有 22 个梯级电站，运营 9 座大型水电站。

全国已建成水库 2010 年与 2020 年情况对比　　　　　表 1-1

数　据	年份(年)		增长率(%)
	2010	2020	
全部水库个数(座)	87873	98566	11
总库容(亿 m^3)	7162	9306	23
大型水库个数(座)	552	774	29
大型水库总库容(亿 m^3)	5594	7410	25
中型水库个数(座)	3269	4098	20
中型水库总库容(亿 m^3)	930	1179	21

2. 内河航道需要集中系统建设和政府财政资源支持

作为公共基础设施，内河航道开发、建设和维护涉及水资源、沿线净空资源(桥梁)、净深资源❶(穿越航道的隧道、缆线、管道等埋设深度)、线位资源(运河)、建筑物、构筑物的通航河流永久性建筑物的通航等级与通过能力等资源。这些资源往往与其他公共基础设施建设相关，一旦被利用，再调整的经济代价巨大，甚至在经济上是不可能的。

由于内河船舶使用年限长，且在其全程运输中对航道条件有一致性要求，这一特性一方面决定了航道发展规划的终极性特征远高于铁路、公路、港口、机场等交通基础设施，要求航道发展规划更要立足长远、全面统筹资源开发，切实保护内河运输资源，才能提高自然资源的利用效率，保障内河运输发展资源的可得性与经济性；另一方面决定了航道整治工程的整体性和系统性，同步、集中和高强度建设的要求远高于其他交通基础设施。在有效保护环境生态和经济技术可行基础上，制定不同时期的建设规划，集中财力、高强度进行投入，才能有效发挥工程效果以及内河长距离运输的优势。从这个角度看，内

---

❶本书涉及航道资源中包括了净深资源，后文不再赘述。

河航道建设也高度依赖政府财政资源的支持。受水资源分布的限制,内河航道网络化密度较公路、铁路低,通过水域沟通和系统治理提高航道网络化水平对内河运输意义重大。

3. 我国内河航道和通航设施发展现状概述

经过长期治理,截至 2020 年,我国五级以上航道里程达到 33201km,三级以上航道里程达到 14384km,船闸 769 座、升船机 43 座❶。

由于对水资源的依赖性,内河高等级航道集中在水资源丰富地区,长江、珠江、黑龙江和淮河水系三级、五级以上航道里程分别占全国的 96% 和 87%(其中长江水系分别占 52% 和 44%);按地区分,九省一区二市占全国三级和五级以上航道里程的比例分别为 96% 和 77%,其中沿长江的七省二市(上海、浙江、江苏、安徽、江西、湖北、湖南、重庆和四川)所占比例分别为 65% 和 53%,沿西江的广东、广西所占比例分别为 18% 和 13%,黑龙江所占比例分别为 13% 和 11%。

长江作为我国最大的河流,也是我国最主要的内河黄金水道,围绕"深下游、畅中游、延上游、通支流",以三峡水利枢纽工程和长江口治理工程为代表,实施了一系列航道整治工程,长江干线航道的面貌有了很大的改观。长江上游最小航道养护水深由 2.7m 提高至 2.9m;中游最小航道养护水深由 3.0m 提高至 3.5m;随着武汉至安庆段 6.0m 航道整治工程的建成,下游最小航道养护水深全面提高至 6.0m。

我国内河航道的另一特点就是下游通海特性。2018 年 5 月,长江南京以下 12.5m 深水航道整治基本完成并投入试运行,全长 283km,是具有海运特征的内河航道。目前 20 万吨级海轮可减载乘潮到达江阴;5 万吨级海轮可直达南京;芜湖至南京航段在洪水期已通航 2 万吨级海船及更大吨级江海船;安庆至芜湖航段可常年通航 2 万吨级江海船;武汉至安庆航段在洪水期已通航 1 万吨级以上江海船;宜昌至武汉航段在洪水期已通航 7000 吨级以上船舶;重庆至宜昌航段在洪水期已有 1 万吨级船舶航行。

---

❶ 其中正常使用船闸 596 座、升船机 22 座。

二、内河港口

港口作为综合运输的重要枢纽,其服务功能不断提升,在区域经济社会发展中发挥着十分重要的作用。

由于管理体制、经济发展水平和港口功能不同,人们对港口的定义也不尽相同,可分为狭义和广义的港口。2003 年颁布的《中华人民共和国港口法》(以下简称《港口法》)明确港口是具有船舶进出、停泊、靠泊,旅客上下,货物装卸、驳运、储存等功能,具有相应的码头设施,由一定范围的水域和陆域组成的区域。《港口法》是基于外在运输转运功能对港口的定义。联合国贸易和发展会议在《港口的发展和改善港口的现代化管理和组织原则》(DEVELOPMENT AND IMPROVEMENT OF PORTS, *The principles of modern port management and organization*,1992)的研究报告中认为,港口是综合运输节点,为运输货物提供增值服务,以更好地满足贸易不断增长需求的地方。报告认为,港口外在功能是指港口服务于港口用户的功能,内在功能是指支撑港口更好地提供外在功能应具备的功能。主要的外在功能可以分为三类:服务于水上(包括引航、拖轮等)、发生在海陆接口(装卸)和发生在岸上(仓储、分拨、处理、贴标签、包装等);主要的内在功能包括:经济功能(经济效益最优化)、财务功能(资金获得和使用优化)、商业功能(保障用户使用港口外在功能时更便捷、满意,如船期信息提供、资金结算等)、社会功能(保障港口工人合理的生活标准)和发展功能(保障港口更可持续发展的功能),如图 1-1 所示。

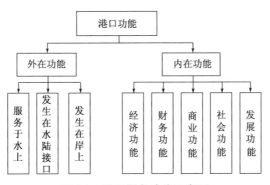

图 1-1　港口服务功能示意图

从港口功能演进看,联合国贸易和发展会议把港口划分为第一代、第二代、第三代和第四代港口。第一代港口是指大约在20世纪50年代之前的港口,其主要功能为运输枢纽中心,进行客货转运、临时存储以及货物的收发等,典型货物为件杂货;第二代港口指在20世纪50—80年代的港口,为适应工业化和临港工业发展需要,港口工业功能逐步显现,成为区域加入工业分工的重要资源,典型货类是大宗散货;第三代港口的形成于20世纪80年代,适应后工业化时代发展需要,强化与所在城市以及用户的联系,将港口大规模货物转运与信息、金融和贸易产业相结合,通过加工、配送、采购等拓展港口物流服务功能,码头作业典型标志是集装箱运输;基于现代信息技术的快速发展,1999年提出了第四代港口的概念,通过共同的码头运营商、管理机构,将位于不同区域的码头协同管理,形成码头的网络化服务,更好地服务于城市和经济贸易发展。可以看出,联合国贸易和发展会议对港口功能的代际划分主要考虑发达国家港口发展情况,是从学术角度的一种认识,并无严格定义和评价标准。第四代港口已不是简单从港口功能角度,而是从更好地发挥港口码头资源作用,更好地服务整个供应链管理的角度提出的。我国正处于港口转型升级的关键阶段,在当前大数据、云计算、人工智能等新现代化信息技术发展下,码头的网络化服务、港口对供应链的整合等特征将进一步显现。因此,本书的港口采用联合国贸易和发展会议的定义。

由于经济社会和技术发展水平的差异,我国不同区域港口规模、发展水平和功能具有较大差异。少部分港口主要提供装卸、储存和转运服务,大部分港口随着区域工业化的推进和临港工业发展拓展了港口工业功能,中心城市港口随着第三产业的发展,还进一步拓展了物流服务功能,这些都是港口在不断适应区域经济社会发展对港口的要求过程中逐步形成的[1]。为了实现港口的

---

[1] 根据初步问卷调查,服务于船舶、发生在水陆接口和发生在岸上三类外在功能的比重约为13%、79%和8%。由于我国没有走上"地主港"发展模式,内河码头公司大都从原港务局变革而来,受到资本结构和政策的影响,码头公司跨区域经营规模有限,由全球码头运营商为主经营的主要集中于少数港口的集装箱港区,整体网络化经营水平不高。最典型的企业是上海国际港务集团公司沿长江投资、经营码头,在集装箱码头上实现网络化经营,整体配置资源。

基本装卸、储存和转运等外在服务功能,需要自然岸线、水域、公共设施、运营设施与设备支撑。港口公共基础设施包括进出港航道、防护性工程、锚地、通航设施、集疏运通道(公路、铁路、内河航道等)等基础设施,也涉及助航设施、安全保障支持系统(消防、海事、救捞等)、水文气象系统、船舶交通管理系统和相关政府办公设施等公共保障和服务设施。生产运营设施包括码头、服务货物装卸与旅客上下的设施、仓库、堆场、储罐、筒仓、拖轮、系缆船、修理厂和办公楼等。公共设施和经营设施按照《港口法》,分别由政府和企业进行建设、维护;港口工业服务功能,既要以临港工业发展为依托,也对陆域和深水岸线提出了更高的要求,如规模化的钢铁工业、石化和装备制造产业等,这些工业发展需要相当面积的陆域支撑,生产需要的大量原料和制成品中相当一部分依赖港口完成转运,需相应配套建设相关大型专业化码头,特别是下游具有海运特征的内河地区,应结合运输组织方式,充分考虑远洋运输船舶的大型化;拓展物流服务功能,需要发达的城市依托,第三产业特别是信息、金融和贸易产业发达,市场化程度高,并成为推动港口基础服务与信息、金融和贸易融合的主要动力,从而推进转运货物加工、配送和采购等增值服务的发展。

港口发展需要良好的法治环境。港口作为综合交通运输体系的重要枢纽和现代物流体系的重要节点,对区域国民经济和对外贸易发展具有重要支撑作用,需要与区域国民经济和社会发展、国防建设、城市发展、江河流域建设、防洪设施以及其他运输方式发展等相协调,科学的法规体系、规范的执法体制和有效的监督机制是更好发挥政府作用、使市场在配置相关自然资源和经营资源中发挥决定性作用的基础。《港口法》是我国港口发展的根本大法,依法制定港口布局规划和总体规划,投资建设集疏运通道、航道、防波堤等公共基础设施,形成高效的海事、引航、海关、边检和检验检疫等体系,规范企业的经营行为,是政府发挥"有形之手"作用的基本手段。基于港口在城市发展中的重要作用,结合我国经济社会和港口发展水平的差异性,《港口法》推动形成了"一城一港"的基本管理体制,并依法完成了港口体制改革,各地依据自身特点建立了相应的管理体制,选择了不同的发展模式。随着经济社会和港口规模化发展,为提高各类资源价值和网络化服务水平,各地相继打破原港口行政界限进行港口资源整合,推动了港口的集群发展和区域一体化发展。辽宁、河北、山东、江苏、浙江、福建、广东、广西等沿海港口以省(区)为单位组建港口集团的资源整合模式基本形成,上海、浙江合作开发洋山集装箱深水港区更是跨省市合作开发、建设、运营码头的典范。从内河港口资源整合来看,2017年江苏省港口集团挂牌成立,2018年湖南省港务集团有限公司挂牌成立,2018年安徽省港口运营集团有限公司挂牌成立。

评述 1-1　　　　　港口发展模式选择

(1) 港口发展模式的若干选择。世界银行(The World Bank)根据政府对港口运作的介入程度将港口分为公共服务港、设备港、"地主港"和私有港口四类。

(2) 发达经济国家的基本模式。由于港口开发需要占用土地、岸线和水域等自然资源,且受集疏运通道能力、时间、经济性和公共设施的制约等原因影响,使港口具有区域垄断属性。基于港口上述特点和在区域、城市经济社会发展中的作用,为更好地发挥其对经济的拉动作用,将港口开发商和码头运营商相对分离的"地主港"模式(见第六章第一节),作为发达经济国家港口发展的基本模式。

(3) 我国港口发展模式的设想与实践。2000年,作者曾经设想我国分两步完成港口体制改革目标(见《中国水运发展战略探索》,2003年版第163~172页)。第一步,到2004年,结合国务院港口体制改革规定和《港口法》的颁布,根据各个地区经济发展状况和港口作用,成立港务局(或其他名称)和港口企业集团,实现政企分开,完成港口体制改革第一步目标。推进形成以"地主型"管理模式为主体、不同特色管理模式并存的新型港口管理体制。第二步,总结各个地方港口体制改革实践以及港口自然资源、行政资源和经营资源整合探索的经验,配合自由贸易区的建设,完成港口体制改革最终目标,形成适合地方经济社会特点的、在世界上具有特色的港口管理体制。从发展实践看,我国港口体制第一步改革正处于码头吞吐能力不足、吞吐量加快增长的关键阶段,加之缺乏相关深入研究,实际各个省、区、市选择了不同的发展模式和管理体制,没有走上以"地主港"为主的发展模式。在相当部分港口岸线已经开发、吞吐量具有相当规模且增速明显放缓和部分码头公司已经上市背景下,回到"地主港"模式政府面临土地、岸线资源的短缺,回购资源力不从心。结合港口结构调整,有条件的城市,仍在探索这一模式的机遇。从自由贸易区建设看,国家七大自由贸易试验区落地运营后,极大地促进了临港工业、外贸产业的发展,成为港口外贸集装箱发展的重要支撑,并在积极探索自由贸易港制度,2018年提出支持海南逐步探索、稳步推进中国特色自由贸易港建设,2020年6月1日中共中央、国务院印发了《海南自由贸易港建设总体方案》,2021年6月10日第十三届全国人民代表大会常务委员会第二十九次会议通过《中华人民共和国海南自由贸易港法》。

(4)我国港口企业的发展设想与实践。2000年,作者也曾经设想结合港口体制改革和现代企业制度的推进,"按照中央、地方和港口各自事权划分,清理国有水运资产,保障国家、投资者和经营者的合理权益"。实际在以政企分开和下放地方为标志的改革中,中央资产、债务直接划拨地方企业,没有像其他行业直接组建码头央企。这部分资产也是码头企业发展长期积累的优质资产。从走向国际发展看,最后仍然是央企实现了"走出去"成为全球码头运营商的目标,2020年招商局港口控股有限公司、中远海运港口有限公司名义集装箱分别以1.22亿TEU和1.02亿TEU的吞吐量居世界前两位。

三、内河运输船舶

在经济社会发展和技术进步的双重推动下,内河运输船舶沿着安全、绿色、大型化和专业化的方向持续发展。

船舶作为在水域中运行的人造交通工具,是人类文明发展史的见证者,早在7000年前,我国钱塘江南岸河姆渡先民就划桨行舟,用于生产和邻近氏族之间的交通往来。从建筑材料上,船舶经历了独木舟、木船而进入今天以钢质船舶为主的时代;从动力上,经历了依靠人力、畜力和风力(即撑篙、划桨、摇橹、拉纤和风帆)发展到使用机器驱动的时代。按不同的使用要求,船舶具有不同的技术性能、装备和结构形式。

船舶的设计建造与其他运输工具不同,尽管功能上都属于运送人员和货物的交通工具,但由于船舶空间一般大得多,需要有一定的生活空间和宜居性,运行环境较陆上更为复杂,某些特殊船型[如豪华邮轮、LNG(Liquefied Natural Gas,液化天然气)运输船等]技术要求非常高,单船价值也较高。一般船舶均为定制化产品,针对需求首先开展船舶设计,经过船检部门审图同意后,再由船厂进行建造,最后通过船检部门验收合格后发放相关的船检证书,才能投入运营。特别是我国内河船舶,由于主体较为分散,设计、制造等配套产业较弱,船舶的个性化特点非常鲜明。

基于江河湖泊的特点,内河运输船舶形成了机动货船和驳船两大基本类型。机动货船本身具有载货能力和动力系统,按用途大致分为客船、客货船、集装箱船、滚装船、干散货船、液体散货船和特种船等。驳船是运载客货的大型平底船,没有动力推进装置,可以单只或编列成队由拖船拖带或由推船顶推航行,顶推船队包括普通驳顶推船队、分节驳顶推船队两种,按用途分主要有客驳和货驳,按结构形式分有敞舱驳、甲板驳、半舱驳和罐驳等。

驳船队和机动货船在技术经济、运输组织上的差异性决定了对不同内河运输需求的适应性。①对货源的适应性。驳船队根据运输批量需求组织船队,一般吨位规模大,我国最大是从美国进口的 6000 马力❶推轮 + 顶推 20 艘载重 2000t 的分节驳船队,单位马力吨位大、航速较低。机动货船吨位较灵活,经济规模在 300t 以上,2020 年我国机动货船平均吨位达到 1443t,其中可通过三峡船闸机动货船吨位达到 5000 吨级。②对航道和自然条件的适应性。驳船队吃水相对较浅、干舷较低,船队的抗风能力较机动货船差(如在长江下游遇 6 级风需停航避风),所以其比较适合在曲率半径大、风浪小的各港口之间进行货物运输。③对港口的适应性。由于驳船队装、卸作业前后通常需要等待港作拖轮进行取送作业,和机动货船相比,码头作业效率相对较低,且要求有宽阔的作业水域。因此,驳船队更加适应长距离、运输批量大、货源稳定、岸线和锚地资源丰富的航线;而机动货船时效性和运输批量适应性较强,更加便于组织货源,在中短途、岸线水域资源紧缺和批量小的航线上更具竞争力。由于各国内河运输需求、航道、岸线和水域等条件不同,两种船舶和运输组织方式有不同的选择❷。

船舶主尺度是市场最灵活的配置要素,在航线技术经济论证基本选定吨位的基础上,内河航道、通航船闸和桥梁净空等基础设施条件,是船舶尺度选择的重要依据,经过市场竞争,逐步形成各航线上的主流代表船型和运输组织方式。

进入 21 世纪以来,在经济社会快速发展的背景下,内河运输比较优势逐步得到全面显现,2000—2020 年运量年均增长 7.6%,需求的持续快速增长直接推动了内河船舶运力的发展,机动货船由 2000 年的 1197 万载重吨增长到 2020 年的近 1.37 亿载重吨,呈现年均 9.94% 快速增长态势,驳船队规模则由 2000 年 841 万载重吨增长到 2008 年 1300 万载重吨,之后逐步有所下降,2020 年为 704 万载重吨,显示出机动货船更加适应市场的需要(我国机动货船与驳

---

❶ 1 马力 =735.499W。
❷ 美国内河运输平均运距 750km,我国和欧盟分别为 400km 和 300km;美国内河水域、岸线相对我国和欧盟要富裕得多;美国大宗货物运输批量大、运量稳定,而我国以矿建材料为主,批量小。这些基本特点是驳船队和机动货船之比在不同地区结构差距大的基本原因(美国约为 85:15,欧盟约为 25:75,我国约为 6:94)。

船队技术经济对比分析见第四章第三节)。2000年,我国内河机动货船平均载重吨只有79t,远低于自身运行经济水平(1000t),在需求的快速增长和日趋激烈的市场竞争推动下,船舶大型化取得明显进展,迅速猛增到2020年的1443t,集装箱船、散货船、油船、汽车滚装船、化学品船和商品汽车运输船等专业化船舶得到了较快发展。图1-2显示了我国内河船舶大型化趋势。

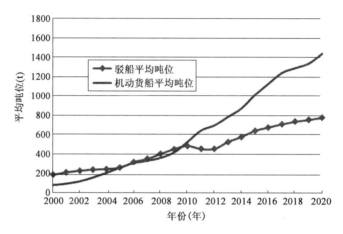

图1-2 我国内河船舶大型化发展趋势

第三节 内河运输的技术经济特性

公路、铁路、水路(包括海运和内河运输)、航空和管道运输共同构成我国综合交通运输体系。其中,航空运输优势体现在长途旅客运输、高价值和对快速性要求高的货物方面;管道运输对于大批量液体货物运输具有比较优势;海运在外贸运输中具有不可替代作用,国内沿海通道与内河通道基本不重叠,相互竞争性不强,江海联运的发展使得二者具有互补性;铁路在中长距离客货运输方面具有竞争优势;公路是全国网络化布局,最大的竞争优势就是网络密度远高于铁路和内河,运输机动性、"门到门"服务和个性化服务等方面均具有明显优势,在中短途客货运输方面具有较强的经济竞争力,也是内河运输竞争的主要对象。与公路货物运输相比,内河运输具有运能大、占地省、能耗低、环境友好和边际成本低的比较优势；在客运方面，船舶的巨大空间资源使其具有休闲娱乐和综合服务功能强的比较优势，特别适宜"有钱、有闲"群体对休闲、旅游和娱乐消费需要。

一、内河运输的比较优势

1. 运能大

单位运载工具装载量大决定了内河运能大的特点。内河运输船舶吨位规模较公路运输具有绝对优势，与铁路运输相比具有相对优势。如，我国机动货船平均吨位2020年为1443t，并保持大型化趋势，长江中上游机动货船载重吨达到5000t；驳船队规模更大，大型顶推船队运载能力可达到4万t，约是铁路列车的8倍；南京以下可通航5万吨级船舶，是铁路列车的10倍。2020年，长江干线通过货物量达到30.6亿t（含江海运输）、西江干线通过货物量达10.5亿t，充分说明了内河运输运能大的优势。我国内河运输长期发挥的也正是运能大这一优势，在我国交通基础设施薄弱、运输能力"瓶颈制约"时期是如此，在交通基础设施建设取得举世瞩目成就的今天，交通拥堵问题已成为大型城市持续发展的热点、难点问题，内河运输运能大的比较优势仍将长期得到发挥。我国部分水资源丰富的地区，例如江苏省2020年底公路网密度已经达到147km/100km^{2}以上，进一步增加路网密度、提高通过能力面临土地资源供给和巨大投资压力，同时城市经济社会的发展和汽车进入家庭，使满足人们出行需要成为城市交通面临主要任务，新增货运需求必然通过内河运输完成，其运能大的优势日益得到这些地区决策者的高度重视。

2. 占地省

土地是一个国家赖以生存和发展的极其宝贵的资源，一个国家可以购买其发展所需要能源、原材料、技术和设备等，可以在沿海滩涂围海造地或利用河流自然淤积、整治形成新的国土，但要购买他国土地在当今世界几乎是不可能的。从世界各国实际看，公路、铁路建设都需占用大量土地（甚至耕地），万公里铁路占地约120km^2，万公里一级公路占地约230km^2，高速公路占地面积相对更大,万公里双向4车道高速公路占地约400km²。内河运输主要依靠天然河流和岸线,占用土地主要体现在码头和港区相关设施建设上,具有占用土地少的优势。随着我国经济社会的发展和国土的不断开发,作为稀缺资源的土地价格将不断上升❶,发展公路、铁路运输占用土地以及相关拆迁、安置成本也将随之提升,推动内河运输占地省的优势不断显现。同时,有些航道的疏浚和码头建设,还可以利用疏浚的泥沙回填,增加沿岸的可利用土地面积。例如在苏南运河的整治工程中,开挖岸边的土方50%得到有效的利用,填整废土地6.47km²(9700亩),复耕土地2.6km²(3900亩);长江口深水航道维护每年均有大量疏浚泥沙用于吹填造陆。

3. 能耗低

内河船舶发动机大多属于中速机,具有较高的热效率。根据《运输船舶燃油消耗量 第2部分:内河船舶计算方法》(GB/T 7187.2—2010)和《载货汽车运行燃料消耗量》(GB/T 4352—2007)两个标准计算,公路运输的单位能耗是内河船舶的10倍以上。根据美国运输部的统计数据分析:1加仑(1加仑=3.78421L)的燃料,大型货车可以装运货物59t·mile,火车可以装运货物202t·mile,内河船舶则可以装运514t·mile。大型货车的能源消耗约为内河船舶的10倍,火车的能源消耗为内河船舶的2倍。《2019年交通运输行业发展统计公报》显示,2019年公路专业货运企业每100t·km单位能耗为1.7kg标准煤(折合1.16kg柴油),根据对内河货运企业能源消耗的调研,2019年重庆市某内河综合型运输企业每100t·km单位能耗为0.20kg柴油(折合0.29kg标准煤),汽车的单位燃料消耗为船舶的5.9倍。在建设资源节约型、环境友好型社会的背景下,在国家碳达峰、碳中和目标引导下,将不断凸显内河运输能耗低的比较优势。

---

❶ 在经济社会发展和人民生活水平提高的推动下,各行业对土地需求持续快速增长,土地价格持续保持上升态势。特别是2000年后更是呈现快速上涨态势。目前,我国城市建筑土地成本占50%以上,一线城市更是高达70%以上,而欧美发达国家和地区土地成本仅占建筑的13%,节约土地在我国显得更加迫切。

4. 环境友好

与公路、铁路运输相比,内河运输对环境的影响最小。环境的影响既包括空气污染,也包括气候变化影响方面。据2011年美国政府问责局对公路、铁路和水路三种运输方式的空气污染物排放的研究结果显示,颗粒物排放公路∶铁路∶水路为10.2∶1.1∶1,氮氧化物排放公路∶铁路∶水路为6.40∶1.44∶1,二氧化碳排放公路∶铁路∶水路为13.10∶1.66∶1。欧盟发布的《运输外部成本手册(2019年版)》显示,货运汽车的空气污染、气候变化影响单位运输量外部成本分别是内河船舶的3.8倍和14.8倍。根据德国对运输所造成的污染测算,铁路、公路运输单位周转量造成的污染分别为内河运输的3.3倍和15倍。内河运输环境友好的比较优势随着环境价值的提高而显现,特别是世界各国对大气质量关注度的提高,进一步凸显了这一优势。但需要指出的是,环境友好是内河运输的隐性优势,在没有相关经济政策背景下,环境效益不能直接成为内河运输的经济竞争力。

5. 枢纽功能强

与火车、汽车场站相比,港口综合运输枢纽功能更为突出。港口吞吐量中除水-水中转外,相当一部分都是不同运输方式的换装,并且直接涉及公路、铁路、管道运输与海运的换装作业,是典型的综合运输枢纽。经过长期发展,我国内河形成了南通、苏州(太仓、张家港)、江阴、泰州、镇江、南京、淮安、杭州、湖州、马鞍山、芜湖、铜陵、九江、武汉、岳阳和重庆16个亿吨级大港,这种大规模的不同运输方式转运点在公路和铁路场站中是不多见的。同时,随着港口功能的不断提升,其在城市经济社会发展、城市功能拓展、就业增长等方面的贡献越来越显著,这一优势也将随着城市的发展而不断被人们所认识。

6. 休闲娱乐功能强

船舶尺度结构与飞机、火车、汽车有着根本的不同,具有其他运输工具不可能具有的空间,可以提供舒适的房间、商务和各种娱乐活动需要的宽敞场地,在船上可以举行演奏会、音乐舞会、体育健身和娱乐活动等,其他运输工具无法提供此类服务。这一优势特别适宜经济社会发展到一定水平,人们进行商务、旅游、休闲和娱乐的需要,其典型标志是游轮经济和游艇经济的发展。

7. 边际成本低

内河运输单位能耗低的特点,决定了其边际运输成本低的优势,美国内河单位运输成本为铁路的1/4、公路的1/15,德国内河运输单位成本为铁路的1/3、公路的1/5。随着船舶大型化、货物运输距离增长和航道等级的提高,边际成本低的优势更加显著,内河运输的经济竞争力愈发增强。

内河运输上述比较优势的发挥,需要发挥政府"看得见的手"和市场配置资源"看不见的手"的共同作用。"看得见的手"的作用主要体现为四个方面:一是统筹规划协调。在综合交通运输体系规划中充分考虑发挥内河运输优势,有效保护内河运输发展所需资源,在水资源综合利用规划中充分考虑内河水运发展要求。二是加大内河基础设施建设。内河航道、通航设施是公共基础设施,通过系统性高强度、集中投入,提高航运枢纽等级、通过能力和航道等级、网络化水平,整体上通过能力适度超前。三是技术经济政策引导。不断加大对科技创新投入,发挥技术进步的正溢出效应。立足经济社会可持续发展、提高运输效能角度,大力发展综合运输,制定运输节能减排技术标准和经济鼓励政策,使内河运输环境友好的隐性优势显性化。四是形成公正的法治体系,维护市场竞争秩序。"看不见的手"主要发挥其配置市场资源的决定性作用,通过竞争推动企业不断提高内河运输服务水平。发挥运能大、占地省和环境友好的比较优势主要依靠"看得见的手";发挥能耗低优势,"看得见的手"和"看不见的手"同等重要[1];发挥枢纽和休闲娱乐功能强、边际成本低的优势,则主要依靠"看不见的手"。

二、内河运输发展的制约因素与劣势

1. 航道网络密度难于提高

汽车、火车行驶于陆地,可以依据经济社会发展需要,逐步在陆地上构建

---

[1] 从社会作用和主要发挥政府作用角度看,内河运输比较优势主要表现为运能大、占地省、能耗低和环境友好。以下直接用这四点表示。

公路基础设施网络和铁路运输通道,分布受地域限制较小。内河船舶则行驶于水中,水资源的稀缺性,特别是我国作为世界13个贫水国家之一,使得航道建设受到较大制约。2000—2020年,我国内河建设投资规模仅相当于公路建设的3.12%(图1-3),网络密度提高十分缓慢,航道工程集中在提高航道等级和连通度,无法像公路、铁路那样在全国进行布局和建设。表1-2显示了进入21世纪以来我国公路、铁路和内河线路里程变化情况。可以看出,公路建设发生了翻天覆地的变化,2020年路网密度已达到54.15km/100km²,形成了覆盖广泛、互联成网、质量优良、运行良好的公路网络,高速公路建设成就更是惊人。虽然2010年后公路建设投资增长缓慢,但2020年仍然达到24311亿元,是内河建设的35倍。2020年等级公路里程和高速公路里程分别是2000年376%、988%。铁路建设也取得显著成就,且正处于加快建设时期,2020年铁路里程和电气化铁路里程分别是2000年的213%、715%;2020年铁路固定资产投资达7819亿元,是内河的11.11倍。对比而言,内河通航里程和等级航道里程仅有微小变化,2020年三级以上航道里程和五级以上航道里程分别是2000年的173%、154%,与公路网密度、铁路网的快速提升形成了鲜明对照。

图1-3 我国内河建设占公路建设比重

我国公路、铁路和内河线路里程变化情况　　　　表1-2

年份(年)	2000	2010	2020
公路(万km)	167.98	400.82	519.81
等级公路(万km)	131.59	330.47	494.45

续上表

年份(年)	2000	2010	2020
一级公路(万 km)	2.01	6.44	12.48
高速公路(万 km)	1.63	7.41	16.10
铁路(万 km)	6.87	9.12	14.63
电气化铁路(万 km)	1.49	3.27	10.65
内河(万 km)	11.93	12.42	12.77
三级以上等级航道(万 km)	0.83	0.93	1.44
五级以上航道(万 km)	2.16	2.53	3.32

2. 受降雨不均衡、冰冻等自然因素影响大

我国约三分之二的降雨集中在6—9月,洪水和枯水都会对内河运输造成不利影响,甚至可能出现断航。在夏季洪水期,易受到水流速度快、桥梁净空减小等因素影响,遇到特大洪水可能短期出现断航;在枯水期,受到航道水浅影响,船舶不得不减载航行,严重时会出现断航。在北方地区,冬季冰冻将使得内河运输停航。这些自然因素,降低了对内河运输运能、成本和效率的可预期性。

3. 运输环节多[1]、航速低、机动性差

除沿江布置的工厂和仓储等客户外,一般内河运输需要与其他运输方式有效衔接,才能将货物运达至最终用户,运输环节相对较多,使得运输效率受到一定影响。汽车、火车行驶于公路或铁路上,而船舶行驶于水中(水翼艇、气垫船等例外),这一本质区别导致船舶航速低于汽车和火车,货物运达速度慢。除长江三角洲和珠江三角洲水网地区外,内河航道难于实现网络化,难以实现"门到门"运输,且机动性差,一旦某段航道由于种种原因出现严重拥堵或者断航,船舶将难以有替代线路继续完成约定的任务。

---

[1] 在江河湖区采砂并用于沿江基本建设所需的建材,内河运输具有环节少的特点。

第二章
内河运输优势发挥的外部环境

从19世纪中期到20世纪中期的100年,欧美在陆路运输尚未充分发展的背景下,基于对内河运输优势的认识,通过百年基础设施投入,形成了高等级航道框架,并通过制定经济政策、完善法规和技术标准、推动技术进步、保护生态环境等措施,形成今天完善的内河运输系统,经验值得借鉴。我国古代曾经创造过内河运输的辉煌,但近代停滞不前甚至倒退,现代走上了与欧美不同的内河运输发展道路,即在陆路运输优先发展的背景下推进内河运输发展。本章以定量形式定性回答了2000年前内河运输为什么不被重视、发展缓慢而曲折的问题,也解释了2000年后内河运输得到快速发展的原因;揭示了2000—2020年的20年是内河运输优势显现的战略机遇期,2021—2035年是由内河运输优势全面显现到内河运输充分发挥转变的15年,是可以抓住、并大有作为的战略机遇期。在进一步借鉴内河运输发展国际经验的基础上,提出并详细分析了我国发挥内河运输优势五方面的外部环境。

第一节　我国内河运输发展回顾

我国内河运输发展走过的每一步都与国家重大战略决策密切相关。新中国成立70多年来,我国内河运输大体也经历了两个发展时期,1949—1977年为计划经济时期,1978—2020年为改革开放和内河优势显现时期。进入21世纪,随着经济社会的发展,内河运输优势逐步得到显现,2020年前是内河运输优势从显现到基本发挥的关键时期,再经过15年的努力,到2035年可实现内河运输优势的充分发挥,而2036—2050年为内河运输全面实现现代化时期。

一、交通运输发展阶段回顾

以交通载体为标志,交通运输发展大致可分为四个阶段。

(1)以水运为主的阶段(19世纪上叶前)。水上运输是最古老的运输方式之一,与以人力、畜力为主要动力的其他陆上运输工具相比,其在运输能力、运输成本等方面都有得天独厚的优势,是当时人们赖以依靠的基本运输方式。在利用自然河流的同时,人工运河成为人为建设运输通道的范例。早在公元前214年,我国就凿成灵渠,沟通了长江水系的湘江和珠江水系的漓江,实现了两大水网和主要通道的衔接。京杭大运河南起余杭(今杭州),北到涿郡(今北京),途经今浙江、江苏、山东、河北四省及天津、北京两市,贯通海河、黄河、淮河、长江、钱塘江五大水系,全长约1801km,是世界上里程最长、工程最大的古代运河,对中国南北地区之间的经济、文化发展与交流,特别是对沿线地区工农业经济的发展起了巨大作用,时至今日,京杭大运河已经成为世界文明的标志❶,仍在对沿线经济发展发挥着巨大作用。2020年,位于京杭运河与

---

❶ 2014年6月22日,在卡塔尔多哈进行的第38届世界遗产大会宣布,中国大运河项目成功入选世界文化遗产名录,成为我国第46个世界遗产项目。

长江交汇处的苏北运河施桥船闸完成货物通过量3.34亿t。资本主义国家的早期工业大多沿通航水道设厂,使得当时水运通道成为重要的工业走廊,欧洲的莱茵河、美国的密西西比河至今仍然发挥着十分重要的作用。1807年,世界上诞生了第一艘蒸汽船,为古老的水运业注入了新的活力,并在运输业的早期发展阶段起着主导作用,也为世界第一次工业革命提供了运输保障。

(2)铁路为主的阶段(19世纪30年代—20世纪30年代)。1825年,英国在斯托克顿至达灵顿修建了世界上第一条铁路,标志着铁路时代的开始。随着蒸汽机的推广应用,各国为了弥补水运受地理条件限制的不足,纷纷开始修建铁路。铁路作为当时的"实业之冠",在已进入工业化的国家得到了全面发展。至19世纪末,全世界铁路总长已超过65万km;第一次世界大战前夕,已超过110万km;到20世纪20年代,已超过127万km,工业化国家的铁路网基本形成。由于铁路能够快速、大量地运送旅客和货物,在长达一个世纪的时期内,几乎垄断了陆上运输,因而极大地改变了运输业的面貌,为工农业的发展提供了新的、强有力的运输工具。从此,工业布局摆脱了对水上运输的依赖,为深入内陆腹地创造了条件,铁路也因此成为当时工业高速发展的先导,极大地促进了工业化的进程。

(3)公路、航空、管道三种运输方式崛起的阶段(20世纪30—50年代)。从20世纪30年代开始,公路、航空和管道运输相继发展起来,与铁路运输展开激烈的竞争。19世纪末,世界出现了第一批汽车,汽车从此进入了人类生活,到20世纪初,公路运输仅起着辅助铁路和水路运输的作用,承担部分短途客货分流任务。两次世界大战之后,一些资本主义国家把军事工业转向民用工业,汽车制造业成为获取利润的最好产业而得到飞速发展,汽车几乎普及到每个家庭。公路的规模随之迅速扩大,20世纪30年代西方发达国家形成了完善的公路网,并开始修建高速公路。在道路网规模扩大、质量提高、高速公路快速发展的同时,大载质量专用货车、集装箱运输、各种设备完善的长途客车的出现,使公路运输机动灵活、迅速方便、"门到门"运输和个性化服务的优势得到充分发挥,不但成为短途运输的基本力量,而且在中长途运输中,也表现出较强的竞争力。随着人们的时间价值观念日益增强和航空科学技术的进步,航空运输的高速特点使其获得独特的竞争优势。由于航空运输在速度上的优势,其不仅在旅客运输特别是长途旅客运输方面占有重要的地位,而且在高价值的货物运输方面也得到迅速发展。早在1865年,美国宾夕法尼亚州就出现了世界上第一条管径50cm、长9.75km的熟铁原油管道,此后美国又相继发展了管径为100cm的成品油管道和天然气管道。由于管道运输具有不占用土地、运营成本低、输送方便、连续性好等优点,加之世界石油和天然气开采的迅速发展,各国特别是产油(气)国开始大量兴建油气管道,使管道在能源运输方面占据了越来越重要的地位。

(4)五种运输方式协调发展的综合运输系统阶段(从20世纪50年代开始)。20世纪50年代以来,在各种运输方式得到发展的背景下,人们通过科学规划建设综合枢纽、完善装备技术标准和政策文件,实现了不同运输方式的"无缝衔接",通过市场配置资源,构成综合交通运输体系,发挥各种运输方式的优势,为经济社会发展提供更优良的运输服务。集装箱运输的发展也使多种运输方式得以更好地协作。

新中国成立前,我国交通运输发展非常缓慢,底子薄,基础设施非常落后,运输布局也很不合理,广大地区普遍处于十分闭塞的状态。新中国成立70多年来,为了适应我国运输需求发展的需要,交通运输发展经历了铁路建设先行、沿海大建港与海运快速发展、公路与民航崛起和综合运输逐步形成四大发展时期,基本建成了以港口、机场和公路、铁路场站为枢纽,由各种运输方式组成的覆盖全国的运输网络(表2-1),其中公路网总里程居世界第3位(高速公路里程居世界第1位)、铁路运营里程居世界第2位(高速铁路运营里程居世界第1位)、内河等级航道里程达到6.73万km(2020年)。2013年,国务院明确交通运输部管理国家铁路局、中国民用航空局、国家邮政局,负责推进综合交通运输体系建设,统筹规划铁路、公路、水路、民航和邮政发展,承担综合交通运输规划、战略、政策、法律法规和标准的拟定以及起草职能,标志着完成了交通运输大部门制改革和综合运输管理体制的完善。各种运输方式完成客货运输量持续增长(表2-2),运输服务水平不断提高。2020年,公路、铁路和水路运输货运量分别占货运总量的72.35%、9.41%和16.08%(其中内河运输占水路运输的50.09%),货物周转量的29.78%、15.03%和52.38%(其中内河运输占水路运输的15.06%),各种运输方式的技术经济特点,也决定了各自更加适宜运输服务和平均运输距离的差异。

我国交通运输线路密度比较　　表2-1

运输方式	按人口平均密度(km/万人)				按国土面积平均密度(km/100km²)			
	1978年	2000年	2010年	2020年	1978年	2000年	2010年	2020年
铁路营业里程	0.54	0.54	0.68	1.03	0.54	0.72	0.96	1.52
公路里程	9.25	11.07	29.9	36.82	9.27	14.61	42.16	54.15
内河航道里程	1.41	0.94	0.93	0.90	1.42	1.24	1.31	1.33
定期航班航线里程	1.55	11.86	24.23	67.16	1.55	15.66	34.17	98.77
管道输油(气)里程	0.09	0.19	0.58	0.95	0.09	0.26	0.82	1.4
合计	12.83	24.6	56.33	106.87	12.87	32.48	79.42	157.17

我国各种运输方式完成货运量、客运量、货物周转量及旅客周转量　　表2-2

项目		货运量(万)、客运量(万人次)				货物周转量(亿·km)、旅客周转量(亿人·km)				平均运距(km)
		1978年	2000年	2010年	2020年	1978年	2000年	2010年	2020年	2020年
货运	铁路	110119	174400	364271	445761	5345	13902	27644	30372	681
	公路	85182	1038800	2448052	3426413	274	6129	43390	60172	176
	水运	43292	122400	378949	761630	3779	23734	68428	105834	1390
	民用航空	6	200	563	677	1	50	179	240	3548
	管道	10347	18700	49972	101083	430	636	2197	5450	539
	合计	248946	1354500	3241807	4735564	9830	44451	141838	202069	427
客运	铁路	81491	103200	167609	220350	1093	4042	8762	8266	375
	公路	149229	1347400	3052738	689425	521	6145	15021	4641	67
	水运	23042	19400	22392	14987	101	117	72	33	22
	民用航空	231	6700	26969	41778	28	961	4039	6311	1511
	合计	253993	1476700	3269708	966540	1743	11265	27894	19251	199

注:表2-1、表2-2源自国家统计局和测算数据。

二、我国内河运输发展阶段性特征

内河运输服务于经济社会发展。回顾我国经济社会发展阶段性,有助于对内河运输发展的阶段性有更加清晰的认识。

1949年10月—1978年12月为社会主义革命和建设时期。这一时期,人们以"艰苦奋斗,勤俭建国"大无畏的革命精神,自力更生、发奋图强,创造了社会主义革命和建设的伟大成就。确立社会主义基本制度,推进社会主义建设,建立了以全民所有制为主导的计划经济管理体制,初步形成了比较完善的工业、农业、教育、卫生、国防等体系,实现了中华民族有史以来最为广泛而深刻的社会变革,实现了一穷二白、人口众多的东方大国大步迈进社会主义社会的伟大飞跃,为实现中华民族伟大复兴奠定了根本政治前提和制度基础。战胜了各种自然灾害,战胜了帝国主义、霸权主义,打破了帝国主义的封锁,国民经济得到恢复和发展。赢得了"抗美援朝"的伟大胜利,成功研制了"两弹一星",恢复了在联合国安理会常任理事国地位……这些是来之不易,甚至是以鲜血和生命为代价换来的成就。

1978年12月—2012年11月为改革开放和社会主义现代化建设新时期。中共十一届三中全会提出"改革开放""以经济建设为中心"的治国方略,实现新中国成立以来党的历史上具有深远意义的伟大转折,确立党在社会主义初级阶段的基本路线,坚定不移推进改革开放,战胜来自各方面的风险挑战,开创、坚持、捍卫、发展中国特色社会主义,实现了从高度集中的计划经济体制到充满活力的社会主义市场经济体制、从封闭半封闭到全方位开放的历史性转变,1990年基本实现国民"温饱"、2000年人民生活总体达到小康水平。结合加入WTO(World Trade Organization,世界贸易组织)的历史机遇,我国加快融入经济全球化步伐,到2012年外贸进出口总额、GDP(Gross Domestic Production,国内生产总值)均居世界第二位,人均GDP超过5000美元,进入中高收入国家行列,综合国力显著提高。

2012年11月后,以党的十八大的召开为标志,中国特色社会主义进入新时代。统筹推进"五位一体"总体布局、协调推进"四个全面"战略布局,坚持和完善中国特色社会主义制度、推进国家治理体系和治理能力现代化,形成比较完善的法规体系,战胜一系列重大风险挑战,2020年实现全面建成小康社会发展目标,人均GDP超过1万美元,我国社会主要矛盾已经转化为人民日益增长的美好生活需要和不平衡不充分的发展之间的矛盾。

内河运输发展走过的每一步都与我国经济贸易发展和重大战略决策密切相关。针对国际形势的变化和重大举措、国民经济的重大调整和战略决策,交通运输部就内河运输发展作出了一系列积极部署,促进了行业的发展。2000年前后,基于对我国经济社会发展定性判断、内河运输比较优势发挥环境分析和内河运输自身发展趋势分析,提出2000年前内河运输主要是发挥运能大的优势,一旦其他运输方式瓶颈制约状况缓解,内河运输就会出现波动;将21世纪初到21世纪中叶内河运输发展划分为四个阶段:2001—2004年为战略准备阶段,内河运输比较优势在经济贸易发达地区开始显现;2005—2010年为战略框架阶段,内河运输比较优势基本显现;2011—2020年为内河运输比较优势全面显现和基本发挥期;2021—2040年为内河运输优势充分发挥和战略提升阶段。其中,2010—2020年为内河运输优势由显现到基本得到发挥的关键时期,也是集中进行建设、全面改变内河运输面貌的战略机遇期。

(1)2001—2004年战略准备阶段。作者在《中国水运发展战略探索》一书中对这一阶段划分的依据和发展实际进行了分析,概括为:①经济发展进入新阶段的转折期。在加入WTO的历史背景下,改革开放、经济贸易持续快速发展呈现新态势,2004年我国人均GDP达到约1500美元,水资源丰富、经济社会发达的长江三角洲和珠江三角洲水网地区率先达到中高收入水平❶,面对新一轮快速增长的运输需求,土地资源供给和进一步提高公路网密度难以为继,率先进入内河运输比较优势显现期,发展内河运输得到区域的基本共识,并制定相应规划和政策。②内河实现"量的发展取得显著进展"的预期目标

---

❶ 2004年,中高收入水平低限为人均GDP 3200美元,2010年约4000美元。

量。进入新世纪,在经济社会发展推动需求增长和内河运输比较优势显现的双重推动下,内河运输战略准备阶段4年实现了快速增长,摆脱了货运量"一波三折"的发展态势,2004年内河内贸吞吐量达到15.3亿t,比2000年增长79%。③市场转入新一轮繁荣。由于对快速增长的需求"始料不及",通航设施和港口通过能力不足矛盾显现,单位运力实际运能下降,运力供给增长相对缓慢,市场走出低谷并进入新一轮繁荣,也刺激大量资本投内河运输。④船舶大型化取得显著进展。2004年机动货船平均吨位达到205t,是2000年的260%。⑤内河建设开始加快,4年累计投资216亿元。⑥法规建设取得显著进展。《港口法》《国内水路运输经营资质管理规定》《老旧运输船舶管理规定》《国内船舶管理业规定》等的相继出台,规范了国内水上运输活动。运输市场进一步对内开放,2004年放开内贸港口装卸费。干散货运输根据经营人管理制度、人员条件、船舶技术状况等技术标准进行准入管理,基本实现了对内全面开放。

(2)2005—2010年为战略框架阶段。①2010年前后是我国经济社会发展的重要转折期。经过改革开放30多年经济、贸易快速发展,2010年我国GDP和货物贸易总额均居世界第二位(货物贸易总额2013年位居世界第一),我国成为世界经贸大国和亚洲区域第一经贸大国,人均GDP达到4340美元,整体进入工业化中后期和中高收入国家行列,环境、土地价值大幅提升,提升公路运输能力面临诸多资源供给压力,我国水资源丰富地区内河运输比较优势整体进入显现期,加快发展内河运输成为人们共识。②内河运输服务跨上新台阶。2010年货运量达到18.9亿t、内河内贸吞吐量达到30.8亿t,2004—2010年年均增速分别达到12.8%和12.3%,用6年实现了翻一番。③市场由空前繁荣开始转向漫长调整。持续快速增长的需求,使市场保持了较长时间也是罕见的长时间繁荣,刺激运力快速增长。受2008年金融危机冲击,需求增速明显下跌。在中央政府实施的4万亿元刺激政策推动下,内河运输需求经历了3年的快速增长,但随着经济贸易增速减缓,内河运输需求增速逐步下降,而运力持续快速增长,最终导致供需失衡,而开始进入一轮漫长的调整期。

④船舶大型化跨上新台阶。在需求快速增长、市场繁荣和市场竞争的推动下，加之政府相关拆船补贴政策作用，船舶呈现明显大型化趋势，新造船舶平均吨位由2005年的500t快速增长到2010年的1200t。2010年机动货船平均吨位达到528t，分别是2000年的6.7倍和2004年的2.6倍，运输规模效益显著。⑤内河建设成效显著。随着内河运输比较优势的显现和需求的快速增长，航道和港口建设投资显著增长，由2000年前后每年50亿元，快速增长到2010年的335亿元，内河基础设施建设取得了显著成就。港口建设投资由2000年的不足10亿元、2004年的20亿元，迅速上升到2010年的172亿元，内河码头机械化水平和专业化、大型化水平显著提高。⑥法规建设和改革取得显著进展。在水路运输、港口、航道和海事领域，中央政府相继发布了相关条例、规定等法规，各省市也先后出台了地方性法规和政府规章100多件，法规体系进一步完善。结合国家社会主义市场体系建设，以法规为基础，相继进行了港口管理体制、引航管理体制改革，加强市场准入的源头管理，极大调动了广大投资者发展内河的积极性，内河码头机械化、专业化和大型化水平显著提高，内河运输特别是干散货实现了市场化。

(3)2011—2020年为内河运输优势全面显现和基本发挥阶段。①2020年前后是我国经济社会发展的重要转折期。2020年10月召开的中共十九届五中全会高度评价决胜全面建成小康社会取得的决定性成就。2020年是新中国历史上极不平凡的一年，面对严峻复杂的国际形势、艰巨繁重的国内改革发展稳定任务特别是新冠肺炎疫情的严重冲击，国内生产总值突破100万亿元，中华民族伟大复兴向前迈出了新的一大步，社会主义中国以更加雄伟的身姿屹立于世界东方。②比较优势全面显现。人均GDP突破10000美元，环境、土地等资源价值进一步提升，经济社会进入高质量发展的新阶段，进一步彰显了内河运输运能大、占地省、能耗低和环境友好的比较优势，内河运输在缓解城市交通拥堵、促进绿色发展中的作用成为人们的共识，特别是在水资源丰富地区，内河运输比较优势得到了全面显现。《国务院关于加快长江等内河水运发展的意见》(国发〔2011〕2号)明确将发展内河运输上升为国家战略，伴随长江经济带、西江经济带等新一轮沿江开发开放战略的实施,内河运输进入新的重要战略机遇期。③运输服务跨上新台阶。到2020年,内河货运量、港口吞吐量分别是2010年的202%和154%,运输生产安全性进一步改善,内河运输水污染基本实现"零排放",新能源应用、靠港船舶使用岸电等节能减排措施有序推进,服务质量全面提高,在水资源丰富地区经济社会发展支撑作用显现。④船舶大型化实现至臻性目标,2020年内河机动货船平均吨位达到1443t,基本进入自身最具经济竞争力状态运行。⑤高等级航道建设与发展在战略层面取得了突破性进展。一是内河航道建设投资快速增长,到2020年内河三级以上航道里程达到1.44万km,年均增长510km,相对于战略准备阶段几乎零增长和战略框架阶段年均增长162km,增速明显加快。二是2020年交通运输部印发《内河航运发展纲要》,提出到2035年内河千吨级航道倍增达到2.5万km,为实现高等级航道里程显著增长、高强度集中建设奠定了坚实的规划基础。2014年12月,《中华人民共和国航道法》(以下简称《航道法》)由中华人民共和国第十二届全国人民代表大会常务委员会第十二次会议通过并颁布实施,发挥了保护航道资源、促进航道健康可持续发展、保障航道安全等重要作用。⑥发展协调性取得一定进展。上海国际航运中心、武汉长江中游航运中心、重庆长江上游航运中心和南京区域性航运物流中心、舟山江海联运服务中心把集疏运通道作为区域航运中心建设的重要环节,创新物流组织模式,大力推进江海直达、多式联运发展,提升江海物流一体化服务水平。

(4)2021—2035年为内河运输优势充分发挥阶段。"十四五"时期,我国将进入高收入国家行列,到2035年我国将基本实现社会主义现代化,经济总量居世界首位,货运量需求增速逐步放缓并趋向零增长,运输服务质量需求显著提升;形成科学的法规体系、规范执法体制和有效监督机制,为形成统一开放、公平竞争、规范有序、诚实守信的内河运输市场营造良好的法治环境;内河千吨级航道达到2.5万km,内河航道、枢纽建设仍需保持在较高水平,进一步加强水资源综合开发,稳步推动高等级航道建设和运河建设,实现航道高等级化、区域成网和有效衔接;现代信息、节能减排、新能源等技术在内河运输中得到广泛应用,内河运输服务能力、质量得到全面提升;运输船舶基本完成标准化、大型化,内河运输隐性比较优势通过经济政策实现显性化,经济竞争力进一步提高。港口现代服务功能全面提升,内河运输优势得到充分发挥。

(5)2036—2050年为内河运输全面实现现代化时期。到21世纪中叶,我国将建成富强民主文明和谐美丽的社会主义现代化强国,需要交通运输为现代化强国建设当好先行,建设世界领先、保障有力、人民满意的交通强国。这一时期内河运输货运量需求趋向稳定,运输服务质量需求全面提高,要求内河水运设施、技术、管理、服务水平全面提升,构建网络化、枢纽化、智能化、生态化的内河水运体系,提供更安全、更便捷、更高效、更绿色、更智慧、更经济的客货运输服务。

评述2-1　　　　　　战略阶段调整的原因

《内河优势战略》(第1版)将内河运输优势充分发挥阶段设定为2021—2040年,这主要是基于作者对我国经济社会200多年发展历史阶段性的粗浅认识,将我国经济社会发展大体每30年概括为一个时期。党的十九大为国家社会经济长远发展绘制了清晰的蓝图,从2020年到21世纪中叶分为两个阶段:第一个阶段,从2020年到2035年,在全面建成小康社会的基础上,再奋斗15年,基本实现社会主义现代化。到那时,我国经济实力、科技实力、综合国力将大幅跃升,跻身创新型国家前列;人民平等参与、平等发展权利得到充分保障,法治国家、法治政府、法治社会基本建成,各方面制度更加完善,国家治理体系和治理能力现代化基本实现;社会文明程度达到新的高度,国家文化软实力显著增强,中华文化影响更加广泛深入;人民生活更为宽裕,中等收入群体比例明显提高,城乡区域发展差距和居民生活水平差距显著缩小,基本公共服务均等化基本实现,全体人民共同富裕迈出坚实步伐;现代社会治理格局基本形成,社会充满活力又和谐有序；生态环境根本好转，美丽中国目标基本实现。第二个阶段，从2035年到本世纪中叶，在基本实现现代化的基础上，再奋斗15年，把我国建成富强民主文明和谐美丽的社会主义现代化强国。到那时，我国物质文明、政治文明、精神文明、社会文明、生态文明将全面提升，实现国家治理体系和治理能力现代化，成为综合国力和国际影响力领先的国家，全体人民共同富裕基本实现，我国人民将享有更加幸福安康的生活，中华民族将以更加昂扬的姿态屹立于世界民族之林。这一划分与原设想2040年前后的经济社会发展水平较为接近，故对内河运输的发展阶段作出了调整，即：2021—2035年为内河运输优势充分发挥阶段，2036—2050年为内河运输全面实现现代化时期。

第二节　内河运输发展的国际经验

从内河运输在综合交通运输体系中的作用和地位来看，欧盟、美国和我国具有很多相似之处。但是从发展进程看，由于历史原因，我国走上了与之不同的发展道路，整体上欧美的内河运输走在我国前面。分析欧美内河运输的现状和发展趋势，对于我国具有十分重要的借鉴意义，一些好的经验和做法值得我们学习参考。

一、健全机制，注重水资源综合利用，突出内河运输地位

对各国来说，水是无法替代的宝贵资源。欧美发达国家把水资源保护和综合利用作为经济和社会可持续发展的重要内容，在河流开发中统筹兼顾防洪、发电、航运、农业、工业、环保等多个目标，实现资源利用综合效益最大化。

为保证水资源的综合利用，在水资源管理制度设计中，考虑的核心问题是

在各种行业利益之间达成平衡并实现水资源的高效和持续利用,但由于水资源往往涉及多个不同行业、区域和部门,欧美普遍采用了综合的水资源管理或者流域管理制度来解决这一问题。欧盟于 2000 年颁布的《水资源管理框架指导方针》要求各成员国和候选国必须实施综合性的流域规划和管理,而且将水资源的可持续利用与一系列环境目标结合起来。欧洲国家中,法国的水资源管理部门有环境部、全国水资源委员会和针对各大河流的流域管理委员会和水资源管理局,德国为跨辖区的水资源管理设立专门机构。在美国,根据宪法,美国联邦政府负责制定水资源管理的总体政策和规章,由各州负责实施。负责水资源管理的联邦政府机构有环境保护署、陆军工程兵团、美国地质调查局、鱼类和野生动植物管理局、水土保持局、国家海洋与大气管理局、联邦能源监管委员会等,各级州政府也建立了相当健全的州级水资源管理机构。为了解决跨州的水资源管理问题,美国还建立了基于流域的水资源管理委员会。如美国陆军工程兵团(USACE)成立于 1924 年,职责主要包括对水资源和其他土建工程进行规划、设计、建设及维护,为陆军和空军部队设计和管理军事设施的建设,以及为其他国防和联邦机构提供设计和施工管理三个方面。作为全国河流开发的主管机关和组织实施机构,国会通过的有关法律要求陆军工程兵团严格遵循水资源综合利用的开发原则,在规划制定和河流开发时,能按照水资源综合开发的理念,兼顾多方利益,在不同的阶段始终有效协调发电、防洪、水运和养殖、灌溉等的利益,力求水资源综合利用效益最优,保证了内河资源的高效、合理开发。

其次,在水资源综合利用中重视发挥内河运输作用。美国在水资源开发中采取的是以防洪和航运为主的综合治理方针,一般以防洪为主,但始终把航运放在相当重要的地位,并兼顾水力发电、城市和工业用水,农业灌溉和环境保护等。与美国相比,欧洲更加重视内河运输,例如法国罗纳河的开发就是着眼航运,以电养航。19 世纪上半叶法国工业化初期,由于里昂至马赛铁路修建,内河水运发展非常缓慢,到 19 世纪末期水电兴起后,法国政府认识到罗纳河水资源的开发价值,提出从水电开发起步,利用其收益来整治和恢复内河运输地位,并为农业提供条件❶,建立了所谓罗纳河开发模式,法国国会于1933年成立了由国营和私营机构组成的罗纳河公司,并授权其对罗纳河进行综合治理和经营,为解决资金问题并发挥最大效益,采用了滚动式开发,用出售电力和租售港口设施得到的收入来解决资金开发问题。德国在内河水资源开发过程中,始终贯彻水资源综合利用的原则,把航运作为河流开发的首要目的,同时兼顾防洪、灌溉、发电等其他需求。德国通航河流的开发统一由交通部负责,并在全国设立6个航道总局、31个航道署;通航河流上的水电站建设和管理由私人公司负责,但必须满足航运发展的需要。

同时,欧洲还专门对内河运输成立了跨流域协调专门机构,1815年为解决欧洲各国的航道标准各异、船舶不能直达的问题,各国经过磋商,成立了莱茵河航运中心委员会(CCNR),作为负责协调莱茵河管理工作的机构,对莱茵河的航道规划、通航标准、航行要求等提出各国必须遵守的规范性建议;为保证河流正常通航,规定了莱茵河的航道水深、航宽和航道最小曲率半径,跨河桥梁最小净空高度、沿河、跨河建筑物不得侵害通航界线,沿岸国家建设沿河或建筑物必须报经委员会批准才能施工;沿岸国家主要负责本国河段的养护和疏浚,保证规定的通航尺度和船舶畅行无阻;规定船舶航行条件、船员技术标准等。CCNR对莱茵河的管理是以航运为主的,规定在保证航运畅通并符合欧洲水资源使用法规定的前提下,不妨碍沿岸国对水资源的综合利用,沿岸国家可以自由引水灌溉或建设发电站等。此外,CCNR还负责制定、实施和修改莱茵河的规章条例,参与缔结有关莱茵河航运的国际协定。沿岸各国的船只在河流中均拥有自由航行权,莱茵河沿岸的各国均具有对本国区段河流的经营自主权。CCNR对莱茵河水运的可持续发展起到了至关重要的作用。

二、集中治理、统筹开发,实现内河航道高等级化和标准化

1879年,美国国会规定美国上密西西比河的通航水深为1.37m,1906年

---

❶ 张文尝.法国罗纳河开发及开发模式介绍[J].地理科学进展,1997(3).

规定为 1.82m,20 世纪 30 年代规定为 2.74m。1896 年,美国国会规定密西西比河干流的航道从凯罗到河口的最小水深为 2.74m。1928 年,美国政府制定了全面整治密西西比河的防洪法案和干支流工程计划,密西西比河干流上游和主要支流采用修建通航闸坝渠化航道,下游的重点是浚深航道。美国陆军工程兵团负责对密西西比河水系大规模的综合治理,到 1940 年,完成了密西西比河上游及其支流俄亥俄河的渠化工程,水深达到 2.74m 的密西西比河高等级航道网初具规模。密西西比河干流主体部分 2.74m 的航道水深,一直延续至今未变,此后,仅在干流下游和河口区域对航道水深进行了加深。1944 年,美国国会规定,把凯罗至巴吞鲁日(干流下游)的航道水深提高到 3.65m,1945 年规定从巴吞鲁日到墨西哥湾的几条河口航道的水深分别达到 9~12m。在其他河流航道建设方面,美国于 20 世纪 40 年代开始实施田纳西河渠化,在 20 世纪 60 年代完成;在 20 世纪 60 年代开始实施阿肯色河梯级渠化工程,在 20 世纪 70 年代完成。19 世纪中后期(特别是 1870—1890 年)是美国内河航道大规模开发治理阶段,通过整治、疏浚和清障等手段,全面统筹、同步推进河流的开发和航道的建设。通过改善密西西比河、俄亥俄河以及其他干支线河流的航道条件,缓解了船舶运行受阻的情况,使得内河运输的优势得到充分发挥,内河运输一度成为最主要的交通方式。同期蒸汽机、柴油机作为船舶推进主机的应用,大大促进了内河航运的快速发展。这一时期也是美国开挖运河的高潮,沟通主要水系与主要城市的运河得到了快速发展,运量实现成倍增长,极大地推动了东西部地区的商业贸易。经过 100 多年的建设,美国形成了 4 万 km 的高等级内河航道体系❶,为全美 41 个州、16 个州府所在地以及密西西比以东所有的州提供了商业内河航运服务❷。

---

❶ 美国 2010 年高等级航道里程 40749km,内河高等级航道的水深有三个范围:6~9ft、9~12ft 和 12ft 以上。6~9ft 即 1.83~2.74m,分布在主要水系支流上游;9~12ft 即 2.74~3.66m,是美国内河航道的主体,特别是密西西比水系主要通航河流最小通航水深为 2.74m,密西西比河下游水深达 13.7m;12ft 以上航道主要分布在东西海岸、大湖区和墨西哥湾的运河航道,有的水深达 10.8m。

❷ 密西西比河发源于明尼苏达州中北部的伊塔斯卡湾,流经明尼阿波利斯、圣路易斯、孟菲斯、巴吞鲁日,于新奥尔良注于墨西哥湾,全长约 4000km,流域面积约 322 万 km²,流经美国 31 个州,主要支流包括伊利诺伊河、密苏里河、俄亥俄河、田纳西河、阿肯色河等。

美国十分注重水资源的综合开发，基于水资源综合利用的理念，内河航道的开发、建设和管理实现了多用途开发和多目标建设，不仅提供了商业水运，还在很大程度上发展了防洪、水力发电、城市水供应、农业灌溉、娱乐和地区经济，甚至对国外的军事行动都起到了重要保障作用。目前密西西比河干流运量仍在不断增长，2017 年达到 5.01 亿 t，较 2008 年增长 0.59 亿 t。

欧洲的内河运输发展历史更长，早期的罗马人出于排水和运输军事物资的需要，在法国、意大利、荷兰和英国等地都建立了多条运河，船舶也主要为平底木船，它们借助水流、风向或者牲畜和人力进行航行。自 17 世纪起，欧洲各国逐渐将重心转移到改造内河航道上。19 世纪后半叶，欧洲有一定航运基础的国家开始构建本国的航道网络体系。19 世纪至第二次世界大战前，德国相继修建了基尔运河、沿海运河、多特蒙德—埃姆斯运河、韦塞尔—达特恩运河、中德运河等一系列人工运河。第二次世界大战后，继续对航道进行了大规模的整治和建设工程，经过渠化河流、开挖运河，几乎将全德重要城镇、工业区、海港和内河港口紧密地连接起来，逐步形成了以莱茵河为主的"三纵两横"（南北向的莱茵河、易北河、威悉河、东西向的中部运河、RMD 运河）、沟通波罗的海、北海庞大的畅通无阻的国际性内河航道网，现通航里程为 7300km（其中运河为 1730km）；荷兰内河航道建设始于 1860 年，第二次世界大战后，又修建了一系列的人工运河，构成了四通八达、纵横交错的内河航道航运网，于 1966 年开挖了自鹿特丹港至荷兰角 33km、深达 15m 的新航道，把内地更加牢固地纳入其影响范围，使鹿特丹一度长期占据世界第一大港的地位；法国内河航道整治始于 18 世纪上叶，1921 年颁布了《罗纳河开发治理条例》，并于 1934 年成立了国家罗纳河公司，按欧洲统一标准进行航道建设，在筑坝建闸的同时兴建电站，以售电收入投资开发与支付运营费用，过往船只一律免费过闸。欧洲内河航道十分注重通过运河沟通主要通道，实现网络化，特别是 20 世纪 70 年代建成的欧洲运河（美因河—多瑙河连接运河），沟通了莱茵河和多瑙河两大水系，使莱茵河三角洲到黑海之滨的 3500km 航道可以直达运输，形成了西欧和东欧 10 多个国家的内河运输网络化。到 2020 年，欧盟内河航道网络横跨 25 个成员国,里程共计约 4.1 万 km,其中大部分为具有历史、环境、娱乐和/或风景观赏价值的航道。

评述 2-2　　不同时期国内外对内河航道建设的认识

(1) 19 世纪,内河运输作为最有效的运输方式而被重视。欧美第一个内河航道建设高潮在 19 世纪,对内河航道进行了大规模建设,形成了由主要水系和沟通主要水系、连接主要城市的运河组成的内河网,奠定了内河航道的基础(部分现演变为城市防洪和景观河道)。这一时期内河运输的比较对象是人力和畜力,处于无其他规模化运输方式与内河进行竞争阶段,使得内河运输的优势得到充分发挥,成为最主要的交通方式。虽然这一地位在 19 世纪后期被铁路取代,但仍是主要运输方式,有效支撑了沿江"钢铁走廊""化工走廊"和"煤炭基地"的发展。

(2) 20 世纪初期至中后期,内河运输作为主要运输方式和经济振兴的有效手段而被重视。面对经济大萧条和内河运输的作用,罗斯福新政对水资源综合开发、梯级渠化航道和内河水运发展也起到了积极推动作用。内河航道基础设施在形成高速公路网前基本建成,如美国 1953 年州际高速路只有 1.03 万 km,1956 年 6 月的《州际公路法案》,全面推动州际和州内高速公路网建设。

(3) 目前,内河运输作为缓解城市交通拥堵和节能减排的有效手段而被重视。面对日益严重的公路交通拥堵和减排压力,内河运输运能大和环境友好的比较优势得到重视,通过持续完善基础设施、制定政策使内河运输隐性优势显性化推动内河运输发展。

(4) 政府全面负责,注重水资源综合利用。1815 年,欧洲跨国成立莱茵河航运中心委员会(CCNR),美国也是在 1815 年开始,由联邦政府负责全国内河航道的建设与管理,1824 年成立陆军工程兵团,专门负责调查、发展和改进国家的水资源综合利用以及与水有关的土地资源利用,始终有效协调发电、防洪、水运和养殖、灌溉等的利益。在制定规划及河流开发时,能按既定目标和原则,兼顾多方利益,力求水资源综合利用效益最优,保证密西西比河的高效、合理开发。

以京杭大运河为标志,我国古代在内河建设上取得了巨大成就,但在19世纪中期至20世纪中期欧美建设内河航道基础设施的100年,我国则处于从鸦片战争、洋务运动、民族救亡到为新中国成立而奋斗的100年。新中国成立后,受多种因素影响,对河流的治理主要集中于防洪,内河航道长期处于自然状态。改革开放以来,我国对交通基础建设十分重视,且公路建设首先取得巨大成就,2010年我国高速公路里程已达到7.4万km,2020年达到16.10万km,居世界第一位。而重视和加快内河航道建设是2004年以后,到2007年投资才突破100亿元;内河航道建设是在全国人均GDP达到1500美元、长江和珠江三角地区人均GDP达到3000美元、高速公路网基本形成的背景下加快推进的。因此,相当程度上是面对路网密度难于实现大的突破、公路拥堵和环境压力下,才重视内河运能大、占地省、能耗低和环境友好比较优势的结果。

三、政府投入为主,创新融资模式,保障内河基础设施投资建设

欧美均长期重视内河运输的发展,对于航道、港口等公共基础设施建设一般由国家投资建设。美国在20世纪内河水运工程建设高峰期,几乎所有航道、船闸等通航设施建设都是联邦政府的责任,据统计,1917—1985年,联邦政府用于航道网建设的资金超过800亿美元,到20世纪70年代末期,内河运输建设完全由联邦政府承担的模式才开始有所变化,1978年的《内河航道税

收法案》和 1986 年的《水资源开发法案》从法律层面奠定了美国内河运输资金筹集、使用、工程建设等方面的基础。1978 年,美国通过的《内河航道税收法案》提出了燃油税的概念,规定对内河运输中商业性运行船舶征收燃油税,用来补充美国财政部设立的内河航道信托基金。通过预算拨款,可以用来建造和修复内河航道和沿海航道,当时提出的燃油税费为 1.06 美分/L。1986 年,美国通过《水资源开发法案》规定内河航道建设和重大修复费用的 50% 由内河航道信托基金拨款支付,另 50% 由一般基金拨款支付,内河航道运营和维护费由一般基金支付。

  第二次世界大战以后,欧洲各国每年拨出大量资金,增加水运基础设施投资,加强对内河航道进行整治和维护,为欧洲内河航道网络的形成发挥了巨大作用。德国在 20 世纪 60 年代就颁布了《航道法》,规定所有航道的建设和管理均是联邦政府的职能,涉及航道建设、航道设施维护和管理的资金全部由联邦财政负担,此外,德国还采用国家无息贷款、项目融资等多种方式补充航道建设资金。法国于 1921 年颁布《罗纳河开发治理条例》,作为该航道建设和管理的法律依据,航道的规划、建设和维护也由国家财政和地方财政等负责,内河航道建设专项基金主要来源有三个方面:一是水运交通投资基金,即对公路、电站的有关收费,法国内河航道新项目建设资金的 45% 来自该项收费;二是水费(包括工厂的取排水费);三是电费,即从电力部门的收入中,每年拿出一部分用于内河航道建设和养护。另外,法国地方政府广开渠道筹集资金,包括由国家授权工程建设公司向工程所在地方政府、公共团体、公司等发行债券,以及接受受益地区的赞助性投资以及工作所在地的财团贷款等。欧盟成立后,对于内河航道建设项目也给予了一定的支持,2005 年欧盟发布的全欧运输网络政策与项目(TEN-T)中,两个内河运输项目预计总投资约 44 亿欧元,其中欧盟资助 6.1 亿欧元。在内河航道设施成本回收方面,收费由各国政府决定,但需要受河流委员会协议的制约,1868 年《曼海姆协议》确定了莱茵河是禁止收费的,1948 年《贝尔格莱德协议》确定了多瑙河也是免费的。由于欧洲最大、最繁忙的两条内河航道都不征收任何费用,因此,欧洲国家建设维护资金通过内河运输收费的回收率很低，不超过 10%，主要通过内河的娱乐、水管理、灌溉、工业用水和防洪等内河航道的其他功能解决基础设施建设和维护的大部分成本问题。

20 世纪 70 年代以后，针对欧洲内河运输发展停滞不前的问题，为解决基础设施对内河运输发展的限制，1991 年，欧盟在《马斯特里赫特条约》中正式提出要建立"跨欧洲网络体系"（TENs），鼓励各国加大对包括内河航道在内的交通基础设施建设投资。在内河运输方面，欧盟制定了航道等级标准，将各国四级以上的航道纳入欧盟航道网络，从欧盟的层面给予 10% 的建设资金补贴。2005 年，在《马斯特里赫特条约》TEN-T 的基础上，欧盟宣布了一个 TEN-T 优先发展项目表，共包含 30 个主轴（通道）和 TEN-T 开发项目，希望能够通过优先发展顺序，集中精力促进运输基础设施网络的建设。在这 30 个 TEN-T 项目中，有两个是内河运输项目。一是莱茵河/马斯河—梅因河—多瑙河航道。在荷兰的鹿特丹和比利时的安特卫普，可与北海相连，在罗马尼亚的康斯坦萨可与黑海相连。它包含了莱茵河和多瑙河这两大欧洲内河航道，以及这两大航道之间的连接航道（梅因河）和交汇处（马斯河，比利时）。该航道的建设，计划全程最小吃水深度为 2.5m，可通航 3000 载重吨船舶；其中马斯河吃水深度为 3.5m，可允许 6000 载重吨船舶在比利时与莱茵河之间航行。欧盟预计这条航道将提高运力 30%，实现货物周转量达到 50 亿 t·km，同时可降低船舶运行成本 20%~30%。航道将全程使用 RIS（欧洲内河航运综合信息服务）系统。该项目总投资额为 19 亿欧元，由欧盟资助 1.902 亿欧元。二是塞纳河-斯凯尔特河连接线中的塞纳河-北欧洲运河，它连接塞纳河（法国）和谢尔德河（比利时），将塞纳河与北海安特卫普和鹿特丹港口的运河系统以及德国水路连接起来，为巴黎、法国北部、比利时和北海港口之间提供一个更可持续、更具成本效益的大容量运输通道，可航行船舶可由现有 650t 增大至 4400t，项目于 2009 年批准建造，2020 年实际开始施工，预计完工时间为 2028 年，投资估算为 51 亿欧元，建设资金由欧盟、法国中央政府和法国地方政府共同承担，其中欧盟出资 21 亿欧元，法国中央政府出资 11 亿欧元，法国地方政府出资 11 亿欧元，另从欧洲投资银行获得了 8 亿欧元的非盈利性贷款，贷款通过鼓励运输结构调整征收的税费偿还。

四、制定经济政策,鼓励内河运输发展

各种运输方式有其优势和特点,面对交通拥堵和环境保护压力,欧美的发展战略都提出了提升内河在运输体系中地位的目标。如欧盟十分重视通过制定多方面的经济政策鼓励内河运输发展;美国提出与公共组织和私营机构建立合作机制,共同促进内河运输发展,缓解公路的交通拥挤,提高综合运输安全性,减轻环境压力。

针对内河运输船舶运输能力过剩,欧盟理事会于 1989 年通过了《内河运输领域里的结构调整》的 1101/89 条例,按此规定,内河运输船队规模超过 10 万 t 的成员国建立拆船基金,对拆船船东给予适当补贴,以实现供需平衡,加速船舶更新换代,以促进运力结构的调整。据此,各国纷纷加快船只更新,建设一支高效率的、技术革新的内河运输船队作为增加内河运输竞争力的一项重要措施。如德国在 1969 年拥有 7000 艘船舶,通过实施拆船政策,到 2005 年只保有 2200 艘船舶,虽然船舶数量大大减少,但完成运量却大幅提高。

进入 21 世纪以来,欧美开始认识到公路运输发展带来的一系列社会和环境保护问题,针对面临的交通拥堵和环境压力,为发挥内河运输优势,政策重点开始转向鼓励货运需求更多使用内河运输。2001 年,欧盟发布《2010 年欧洲运输决策》白皮书,明确提出要把货运从公路和航空转向内河运输,在运输政策框架下提出了在共同体层面拟实施的发展内河运输和联运的诸多具体措施。2003 年,欧盟制定了"Marco Polo"(马可波罗)计划,马可波罗计划是为了调整货运结构、治理交通堵塞、促进多式联运发展而采取的货运补助政策,主要是通过促进货运向更环保的方式转移,以抑制公路运输带来的交通拥堵,并改善交通的环境效益。马可波罗计划具体的资助范围包括以下五类:一是货物运输方式由公路转移到水路或铁路的项目,二是促进这种货运方式转移的辅助性项目,三是主要港口间的海上高速公路项目,四是避免或减少不必要的公路运输发生(减少车辆空驶或提高供应链物流效率)的项目,五是关于运输方式转移知识学习的项目。马可波罗计划每年的资助预算为 6000 万欧元,旨在每年转移

200亿t·km的公路货运量,通过几年的实施,极大地促进了内河运输和铁路运输的发展。德国从2003年起向载质量在12t以上的货车特别征收"水上机动车道"税金,筹集款项的大部分将用于促进发展内陆水上交通运输现代化建设。

从2006年开始,为了促进在多式联运解决方案中更多地使用内河运输,欧盟开始实施"欧洲航运和内河航道发展行动计划"(NAIADES),主要包括市场、船队、工作与技能、形象与基础设施5个方面的发展战略。在市场方面,致力于扩大内河运输市场的范围,在散货和集装箱运输的基础上,增加危险货物、车辆、不可分割的物体、可回收利用的货物运输以及江海直达运输,并鼓励发展多式联运服务。在船队发展上,虽然内河运输本身具有环保的比较优势,仍鼓励使用新的技术,特别是具有商业可行性的替代燃料,进一步提高运输安全性,促进新技术更快得以实施。针对发展内河缺乏劳动力问题,NAIADES希望通过改善欧洲内河运输业的工作条件和社会条件,吸引更多的劳动力从事内河运输。欧盟各成员国之间相互承认从业人员的资质,并提高技术培训水平,以满足现代化发展需求。一些国家还提供了培训补助,即内河运输船员参加为期3年的培训学习并获得从业执照后,就可得到最高2.5万欧元的补助,从而解决了船员短缺的问题[1];在改进内河水运形象方面,建立了欧洲内河运输的宣传和发展网络,提高社会大众和货主对内河运输潜在优势的认识和意识,开发建立欧洲范围内的市场监控体系,旨在更有效地提供内河运输的相关统计;TEN-T致力于通过现代化、高效率的基础设施把相关各地区和国家网络有效连接在一起,优先排除内河航道的瓶颈,形成统一的单一欧洲市场,通过泛欧运输网络的建设,促进经济发展。为促进NAIADES计划目标的实现,来自9个国家的23个参与者(多为政府咨询机构)共同成立PLATINA,专门从事内河方面研究。为了重构各种交通方式的平衡,欧盟委员会发布了《2010年欧洲运输决策》白皮书,制定了一系列的政策措施。德国交通部每5年出台一个综合运输规划,尽量在河道附近建设公路和火车站,使港口成为多式联运的枢纽,推动了集装箱运输发展。欧盟委员会《可持续智能交通战

---

[1] 李盛.欧盟发展内河运输的政策措施及对我国的启示[J].长江航运.

略2020》强调了发展内河运输对整个交通运输可持续发展的重要性,欧盟委员会将建立一个欧盟框架下的物流和运输排放量的统一测量和报告,向企业和最终用户提供其选择的碳足迹估计值,通过"污染者付费"和"用户付费"的市场手段增加对包括内河运输在内的更可持续运输的选择需求。为促进内河运输发展,欧盟委员会进一步出台了 NAIADES Ⅲ,从基础设施、船舶、船员、绿色智能发展以及配套的财政激励政策等全方位提出了促进内河运输发展的政策。

在地方政府层面,为减少运输对城市的环境污染,促进港城和谐发展和可持续发展,欧洲非常重视内河集疏运体系的作用,几大主要海港中内河集疏运所占比重均较高。鹿特丹港务局提出,港口要追求和实现可持续发展,必须重视内河水运和铁路等更加节能环保的运输方式,采取了参与通道运营的策略,并与集疏运公司签订协议。在公路运营公司中,鹿特丹港务局占有25%的股份,通过信息化等手段,尽量避开高峰时间,确保不对城市产生拥堵;铁路方面,鹿特丹港务局占有35%的股份;内河水运方面,鹿特丹港务局积极参与内河集散码头的建设,参与驳船公司运营,为客户提供低成本、一体化和门到门的物流服务,建立内河信息交流网站,通过宣传等提高影响力,并大力促进物流链各方的合作。

评述2-3　　　对内河运输经济政策的认识

各种运输方式有其技术经济特性,内河运输具有运能大、占地省、能耗低、环境友好的比较优势。随着交通拥堵压力增长和环境价值的提高,内河运输这一优势越来越显著,但环境友好的优势是隐性的,不是显性的运价优势。在中短途运输中,公路运输网络化、机动性和"门到门"等优势,使其在运输时间和经济性具有很强的竞争力。因此,为发挥内河运输比较优势,应通过制定相关经济政策,使内河运输的隐性优势显性化,从而推动综合运输发展,更好地适应经济社会发展对绿色交通运输的需求。

五、完善法规与技术标准体系,促进内河运输安全绿色发展

自1820年美国国会第一次通过发展内河运输的法令后,近200多年来,美国先后又通过了40余项有关防洪及航运的法律或法令,使密西西比河水系从开发计划的制定到工程项目实施的各个程序,都有相应的法律、法令规范,为航运开发提供了坚实保障。美国在航运工程实施过程中,对环保和生态平衡考虑得非常细致,陆军工程兵团也设有专门负责环保的部门,密西西比河水系也驻有联邦环保署相应机构。为不破坏生态平衡,美国还将湿地的保护作为重要内容,由专门的部门负责管理。田纳西河流域的治理更是流域综合开发利用的典型范例,是一个具有防洪、航运、发电、供水、养鱼、旅游等综合效益的水利网,充分体现了资源节约、环境友好的强烈要求。

欧盟为了促进统一内河运输市场的形成,加速成员国内河运输船舶的自由流动,消除各国法律制度规定不一致所带来的障碍,制定了一系列的内河运输法律、法规和技术标准,如《航道法》《劳工法》《引水法》《货物运输法》《码头装卸法》《港口进出口法》和《港口服务市场法》等。对一些跨国的主要通航河流,各国还共同组织设立了专门的通航管理协调委员会,如莱茵河委员会、多瑙河委员会。各河流委员会也制定了大量的规范性文件和标准,如莱茵河委员会制定了《莱茵河条例》《船舶法》《危险品法》,以及统一的船长证书资格评定标准、船员资格审定标准、船舶检验标准、船舶环保排放限量标准等。根据欧盟和流域委员会的统一规定,各成员国又制定了本国的内河运输法律,如德国的《联邦水路法》《内河运输法》,荷兰的《航行时间与船员法》《内河航行船舶法》,各国内河运输主管部门还依据本国的法律制定了相应的规章、细则。可见,欧盟的内河运输法治体系已经相当成熟,主要包括三个层次:欧盟委员会立法、各流域委员会立法和各成员国立法。

为强化内河运输绿色比较优势、促进环境保护,美国和欧洲均针对内河船舶制定了严格的排放标准,对氮氧化物(NO_x)、硫氧化物(SO_x)、碳氢化合

物(HC)、一氧化碳(CO)和颗粒物(PM)等船舶排放的各种空气污染物进行控制,控制范围和标准普遍高于同期国际公约要求。美国在1998年对37kW以下非道路移动机械柴油机(包括船用发动机)制定了三个阶段的排放标准,对37kW以上船用发动机规定了四个阶段的排放标准,自2014年以后已经开始实施第四阶段标准,与国际海事组织(International Maritime Organization, IMO)标准仅规定NO_x排放限值相比,增加了HC、PM等指标,在NO_x标准上美国第三阶段已经明显高于IMO Tier Ⅱ标准。在欧洲,CCNR从2003年开始对莱茵河航行内河船舶排放分两个阶段进行控制,第一阶段从2003年1月1日开始实施,第二阶段从2007年7月1日开始实施。第一个欧盟范围内内河船用发动机排放限值标准是2004/26/EC法规《关于协调各成员国采取措施防治非道路移动机械用发动机气态污染物和颗粒物排放的法律》,自2007年以后开始实施,目前欧盟执行的内河船用发动机排放标准NO_x限值普遍低于或者不高于IMO Tier Ⅱ标准。2016年9月,欧盟议会(European Parliament)和欧洲理事会(European Council)发布了EU 2016/1628号规定,即《非公路移动机器内燃机气体污染物及颗粒物排放限值及形式认可的规定》,该规定给出了欧洲非公路运输第五阶段(NRMM Stage Ⅴ)排放标准。

水污染控制方面,在经历了1986年的莱茵河严重污染事件后,欧洲开始更加重视河流的环境保护,设立了流域管理机构,并建立了严格完备的法律体制和标准,严格控制工业和船舶污染物的排放,保障流域生态环境的平衡。近年来,欧洲发达国家在部分内河航道还建立起了生态护岸,在注重岸坡防护的同时,最大限度地保证河道生态系统的稳定和健康发展。在船舶废物处理和化学品船洗舱等方面,欧盟国家、莱茵河委员会成员国主要由政府协调相关陆上部门,保证得到妥善处置,莱茵河法规规定对内河船征收相关费用,形成基金会用于支付污染物处理费用。在油气回收方面,欧洲强制要求货物蒸气回收,由港口方协助相关国家管理部门执法。

> **评述2-4 依法推进内河运输发展,注重环境保护**
>
> 我国相继颁布了《中华人民共和国公路法》《港口法》《中华人民共和国民用航空法》《中华人民共和国铁路法》《中华人民共和国防洪法》《中华人民共和国水法》《中华人民共和国水污染防护法》和《中华人民共和国水土保持法》等法律,而针对内河运输发展重要基础设施的航道,在2015年前只有《中华人民共和国航道管理条例》,有些内容和规定已不太适应新形势和新要求。2014年12月28日,《航道法》正式颁布,以法律形式明确加强航道资源的保护、航道安全保障和加快航道现代化建设。内河、湖泊和库区是我国环境敏感区,内河运输虽然是环境友好的运输方式,在基础设施建设和运输生产中仍会对环境和生态造成一定影响,需要完善水资源利用、河流生态保护以及内河船舶污染防治等相关法律和标准,强化环境和生态评估,有效防止各自为了自身利益最大化而盲目开发内河水资源,切实借鉴"欧洲内河航道生态护岸"的理念,开展相关技术研究,加快建成绿色水运通道。

六、鼓励清洁能源应用,强化环境友好比较优势

欧盟政策制定者近年来重新审视内河运输比较优势,尽管内河运输在过去几十年内毋庸置疑是最为环境友好的运输方式,但随着其他运输方式在排放水平控制方面的快速提高,内河运输环境友好的比较优势正在削弱。由于公路运输排放影响大,实施排放限制时间也较早、标准高(从1992年开始采用欧Ⅰ标准,到欧Ⅱ、欧Ⅲ,再到2014年开始采用欧Ⅵ),而且道路运输从业者由于受到各种排放控制和差别化收费政策,自身对减少排放有较高积极性。相比之下,欧洲内河船舶船龄普遍较高,船队更新速度缓慢,而且市场规模较小,

船东缺乏创新驱动,加之船用发动机在NO_x和PM方面的排放标准比道路运输要低❶,使内河运输的环境友好优势弱化。在注意到这些情况后,欧盟正在研究一揽子改善船舶排放方面的技术措施,包括使用LNG(Liquefied Natural Gas,液化天然气)、电力、氢燃料等新能源清洁能源作为替代燃料,采用选择性催化还原NO_x减排系统,或者颗粒捕集器技术等。欧洲内河船舶新能源、新技术的创新受到了欧盟最大的创新研究项目"2020地平线"(HORIZON 2020)的资助,该项目团队由荷兰、德国、比利时等17个国家组成,研究创新技术包括LNG动力推进系统的安装、航行标准规范、尾气后处理、船舶能效管理以及排放物监测等,并搭建了计划使用新能源、新技术的企业与大学、研究机构之间的合作平台,促进技术转化应用。此外,欧盟还开展了甲醇动力船舶、纯电动船舶、燃料电池船舶、氢燃料船舶的一系列低碳、零碳能源动力船舶的研究和实船试点应用,至今欧洲有超过50艘纯电池动力船舶处于运营状态。在岸电应用方面,欧盟强制性要求,自2017年11月开始,TEN-T核心港口新建泊位必要安装岸电设施,并提供岸电基础设施建设补贴,例如鹿特丹港花费250万欧元建设的岸电设施,有40%资金来自欧盟补贴。

欧洲各国自身也在积极鼓励LNG、电力、岸电等清洁能源的应用。荷兰政府为尽快推动内河LNG的应用,在相关法规不够健全的情况下,政府会先发布一些临时性的规定,例如LNG作为交通燃料、加注、工程建设等方面的规定,破除新技术应用中的法规政策障碍。在补贴政策方面,荷兰有一个小范围的"LNG破冰"(LNG ICE BREAK)计划,内河船舶应用LNG可获得补贴,补贴金额是LNG动力船相对于传统船额外费用的20%。目前,欧洲LNG动力船建造、加注法规和标准的规定已基本完善,LNG动力船建造法规主要在《欧洲内河船舶技术标准(2017版)》附录8中体现,该标准的技术要求充分考虑到内河船的特点,其与IMO的IGF规则有显著不同,例如船舶布置的安全间距

---

❶ 根据欧盟指令Directive2009/30/EC,自从2011年1月起,内河水运使用的燃油最大含硫量是10mg/kg,与道路运输持平,在SO_x排放控制方面处于同一水平。

等。针对 LNG 加注方面,荷兰政府无统一法规,而是由港口来具体出台实施细则,包含加注的条件、标识等,如《鹿特丹港管理实施细则 2010(2016 版)》中包含了相关内容。欧洲内河 LNG 运输船也不存在法规障碍,《国际危险货物内河运输 欧洲协定(ADN)(2015 版)》给出了内河 LNG 运输船的技术要求,并配套出台了《内河 LNG 船应急响应与事故处理指南》。

在内河船舶岸电应用方面,荷兰以地方政府和港口推动为主,一些地方政府提供了岸电使用补贴。《鹿特丹港管理实施细则 2010(2016 版)》第 4.6 条明确规定了内河船在港期间禁止使用船舶发电机,此规定自 2010 年开始实施,荷兰的其他港口大部分参照了鹿特丹港的做法。欧洲在岸电技术标准上,分为三个层面。第一个层面是内河船,63A/400V/50Hz 的岸电设施主要用于生活用电;125A/400V/50Hz 的岸电设施可提供冷藏箱等服务,要有更高的投资;内河船的岸电设施主要是符合区域性标准。第二层面是内河邮轮和沿海船舶,有两种配置:400A/400V/50Hz 和 1000A/400V/50Hz,需要 5 根电缆连接,在欧盟范围内,需要符合 IEC 80005/3 标准,该标准自 2016 年开始实施。第三层面是海船,6.6kV~11kV,其中 80% 是 60Hz,如果用量达到 1MW,要满足 IEC 80005/1 标准。

在政府引导之外,一些欧洲港口考虑自身绿色和可持续发展,也采取了一些限制高排放船舶和鼓励清洁能源应用的措施。如鹿特丹港计划在 2030 年成为世界上最优秀的可持续发展型港口,采取的措施包括空气质量、降低噪声等。在内河船方面,港口禁止未达到 CCNR Ⅱ 标准的船舶进出,对于清洁的船舶,提供港口费优惠,优惠幅度从 10%~30% 不等;在岸电方面,自 2007 年就有一个为期 2 年的免费使用试点项目。

七、不断加快现代技术应用,推动内河运输绿色智能发展

为适应经济社会不断提高的对内河运输的需求,发挥内河运输优势,欧美发达国家十分重视不断利用现代技术成果改造这一最古老的运输方式,提高其运输安全性、经济性和服务质量,特别是现代信息技术、节能减排技术等。

如美国陆军工程兵已经有一套综合的导航数据服务系统。利用自动船舶识别系统技术开发大量的新航道管理和运输安全子系统,开发和实施沿海和内河综合信息服务系统(CRIS),实现与船舶之间的实时数据传输,这些信息包含电子航行图的实时更新、船闸可用性及过闸排队情况、实时水流及风速、大坝泄水信息、航行安全隐患通知,以及船舶及船载货物信息;欧盟提出建立统一的 RIS 系统,以进一步提高航运效率、保证航运安全。该系统通过引入共同的技术要求和技术特征,综合协调各国自行开发的内河信息服务信息系统并将其有效连接,能够为用户提供电子航道图、交通信息、船只定位识别、电子报关以及法律规章等信息的查询,大大便利了跨国内河运输活动。为了保证大吨位货轮安全通过河道上的桥梁,研究人员开发了船舶驾驶台升降技术,使得船舶的驾驶台能够根据桥梁高度进行自由调节,保证船舶在大大小小的航道中航行畅通无阻。

在欧盟"HORIZON 2020"的资助下,以 AEGIS、NOVIMAR 等项目为代表,对以内河、近海绿色智能船舶为核心的未来航运模式开展了一系列探索性研究。挪威 AEGIS 项目拟引入小型化的短程运输船舶、自动化装卸货、自主航行船舶、新型标准化集装箱、新兴数字化技术等手段提高水上交通运输的智能化水平。NOVIMAR 公司启动了一项内河智能船舶项目,提出了一种称为智能连接船队的创新内河船舶运输组织方式和智能驾驶技术。智能连接船队由一艘领队船和许多不同类型、不同大小的少人或无人跟随船组成。领队船可以是专门设计的仅用于航行的船舶,也可以是一艘具有货舱的运输船舶。领队船具有导航和控制系统,并具有对跟随船舶进行态势感知的功能,跟随船将沿着领头船设定的轨迹少人或无人驾驶。跟随船可在靠近其出发地和目的地的内河水域加入和离开船队。跟随船保持其自身的操纵能力,但将主要由领队船领导,达到跟随船少人或无人的目的。瑞典爱立信公司构建了意大利利沃诺(Livorno)港口数字孪生系统,对港口区域、货物、监控设施等进行虚拟建模,结合 VR(Virtual Reality,虚拟现实)和 AR(Augmented Reality,增强现实)提供路线规划、货物监管、作业模拟等操作,船舶注册登记时间从 3min 降低至

2min、货物平均搬运时间从8min降低至7min、普通货船装卸时间从平均18h降低至16h、泊位闲置时间从36h降低至34h、货物存储空间从5000m²减小至4500m²，提高了港口作业效率。

第三节 我国发挥内河运输优势的外部环境

基于对我国内河运输发展历史进程和公路运输得到优先发展背景的认识，在水资源支持的基础上，发挥内河运输优势还需要较高的经济社会发展水平、认同的国家发展战略、科学的技术经济政策、发达的基础设施和紧密的要素互动机制五个方面的外部环境。

一、较高的经济社会发展水平

较高的经济社会发展水平是内河运输优势显现的背景。我国拥有发展内河运输所需的水资源，运输需求大、人口密度大、单位国土面积产出高、人均GDP水平高的地区，内河运输优势将率先得到显现。随着经济社会的发展，人们出行需求和货运需求逐步增长，"有钱、有闲"的消费群体更是对休闲娱乐提出了巨大需求，特别是汽车进入家庭后，个性化出行需求显著增长，由此带来的环境和交通拥堵日益成为人们关心的问题；产业发展和人民生活水平提高，对土地资源和能源提出越来越高的需求，单位国土面积产出越高、人口密度越大和人均GDP水平越高的地区，土地作为稀缺资源的价值越能得到体现，占用土地资源的边际成本也就越高；经济社会的发展离不开能源的支撑，在追求调整能源结构的同时，煤炭、石油和天然气等资源的稀缺性使之长期价格出现上涨态势；人类的生产、生活活动在促进社会进步的同时，对自然环境造成了一定的负面影响，这种影响随着经济活动的增长而加剧，也随着人民经济水平的提高而更加关注环境质量，使良好水质、清洁大气的价值显著提高。通过发展内河运输、提高其在货物运输中的比重，可缓解公路交通拥堵压力、交通建设对土地供给的压力(或在基本不增加对土地资源占用的同时提高交通运输能力),更有利于实现经济社会高质量发展的目标。发展内河游轮和游艇业,更加适应全面小康社会"有钱、有闲"消费群体的休闲娱乐的需要。基于上述内河运输比较优势发挥的经济社会背景分析,十几年前作者提出了我国水资源丰富地区进入内河优势发挥的大致时间❶(表2-3)。随着我国内陆省(区、市)经济快速增长,特别是2005年后经济增速持续快于沿海地区,相应内河运输优势显现,较表2-3所列时间要早。

我国不同地区内河优势显现时间　　　　　　　　表2-3

省(区、市)	时间(年)	省(区、市)	时间(年)
上海	2002	广东	2002
江苏	2002	广西	2014
浙江	2002	重庆	2011
安徽	2012	四川	2012
江西	2012	贵州	2020
湖北	2007	云南	2013
湖南	2010		

二、得到认同的国家发展战略

国家内河运输发展战略是形成协调机制、制定政策、集聚发展资源和形成发展内河运输合力的依据。

发展内河运输需要水资源、桥梁净空资源、线位资源、岸线资源、陆域资源和相关基础设施财政投入等支持,涉及整个流域资源开发、经济社会发展的多

---

❶见参考文献[4]~[8]。当时是以2000年价格水平、公路发展状况和相关经济发展目标为基础,按人均GDP达到约15000元(或汽车价格相当于3倍人均GDP)时,汽车进入家庭,土地资源的价值、环境价值、能源价值不断提升,内河运输的比较优势逐渐凸显而进行的估算。上海、江苏、浙江和广东四地区必然成为我国内河运输优势首先得到发挥的地区,并为其他地区内河运输发展树立典范。其他地区内河运输优势发挥的时间,主要取决于经济发展水平,同时也取决于各个利益相关主体的认识、措施和政策。由于经济发展、地理条件、铁路公路网建设和各级政府政策的差异,进入时间相比表2-3所列结果有所差异。

个方面,得到认同的国家战略、明确的行业定位,有利于对发挥内河运输优势、发展内河运输必要性达成共识;在水资源综合利用、相关资源开发和基础设施发展规划等方面,能兼顾防洪、灌溉、供水、发电、航运、娱乐和地区经济等功能,充分认识船闸(等级与能力)、桥梁净空、运河线位等资源的终极性特性,科学制定综合长远开发规划。否则,由于船闸通航船舶等级低或通过能力小,河流桥梁净空标准低,且往往涉及一系列同标准桥梁建设的跟进,这些设施二次改造涉及面广、投资大,很容易成为制约内河运输发展的瓶颈。此外,认同的国家战略有利于调动各利益相关主体的积极性,合力推动内河运输发展;有利于在综合交通运输体系发展中实现"宜水则水,宜陆则陆",平衡运输安全、经济和环境等效益,科学制定相关技术经济政策。反之,则难以解决发展中面临的诸多挑战,难以实现内河运输的可持续发展。

三、科学的技术经济政策

科学的技术经济政策,可促进内河运输优势的发挥,使隐性优势转化为显性经济竞争力。

一是技术进步政策。相关安全、能耗和排放等技术标准是控制其外部效益的基准,其制定要兼顾经济社会、技术和行业发展水平、市场承受能力和社会要求之间的平衡。不切实际的高标准将制约内河运输发展,甚至适得其反,在监管中不可实施,出现实际不同技术标准并行的局面;技术标准低,不利于运输安全和节能减排目标的实现。良好的技术进步政策,可有效鼓励、推动内河运输不断优化装备水平,加快信息化在运输组织和管理中的应用,提高运输安全性、经济性和服务质量。

二是经济鼓励政策(内河运输隐性优势的外部化)。完成同等运输,内河运输具有运能大和环境友好的比较优势,但这一外部优势是隐性的,不能直接体现为其经济竞争力,外部效应不能直接影响客户从经济性上选择运输方式。因此,随着经济社会发展水平的不断提高,将其环境友好和减轻交通拥堵的隐性优势外部化,对于内河运输进行必要的运行补贴,鼓励企业将部分公路运输转移到内河运输,适应可持续发展的需要,同样对发挥内河运输优势具有重要影响。

四、发达的基础设施

发达的基础设施是发挥内河运输优势、提升竞争力和服务水平的基础。

一是建设以高等级航道、船闸枢纽为核心的基础设施。内河运输运能大、边际成本低的优势依赖于船舶的大型化,高等级、大通过能力的航道与船闸枢纽是支撑内河船舶大型化、发挥规模经济效益的基础,航道连续距离长、干线联通和区域成网则有利于发挥其边际成本低的经济竞争力。水利枢纽工程与内河运输密切相关,为提高水资源利用效果,应充分认识这些枢纽工程的终极性特征和对内河运输长远发展的影响,对通航设施(如船闸)通过能力、通航等级留有长远发展空间,实现两者良好结合,使通航条件得到改善、航道等级和通过能力提高。反之,两者结合得不好,轻则成为提高能力和等级的瓶颈,重则导致断航。

二是高强度集中内河系统开发和基础设施建设。我国内河运输平均运距约400km、船舶使用年限为30年,高于公路运输平均运距和汽车使用年限。更为重要的是,同样载质量的汽车在其全程运输中,可以在不同等级道路上行驶,而内河运输船舶由于吃水、回旋半径等要求,在其全程运输中对航道条件有一致性要求,相应要求在河流内河运输基础设施(包括航道、船闸等)开发建设中,需要整体规划、同步推进和集中建设,有效发挥内河长距离运输优势,否则,碎片化的开发难于发挥内河运输优势,甚至使局部建设投入"打水漂"。

三是完善局部区域基础设施。受到江河、湖泊、库区和高山等地理自然条件限制,货物运输和人们出行如果选择公路或铁路则需要长距离绕行,如库区、江河两岸的货运和人们出行,在这些地区建设完善的水运基础设施,使内河运输优势得到发挥,不但有利于人员出行和货物流动,成为民生工程,往往也会随着旅游等资源综合开发,成为区域经济发展新的增长点。

五、紧密的要素互动机制

紧密的要素互动机制是内河运输提升功能、提质增效的重要举措。

一是加强水资源综合开发中相关要素的协调,切实改变内河运输在水资源利用中的弱势地位,按照《国务院关于加快长江等内河水运发展的意见》(国发〔2011〕2号)的要求,在编制区域发展规划和修订流域综合规划过程中,要统筹水资源综合利用,充分考虑内河水运发展要求。

二是在综合交通运输体系建设中,加大对进港铁路、进港公路等多式联运基础设施的建设,强化内河运输与其他运输方式的有效衔接,按照"宜水则水,宜陆则陆"的原则,解决内河运输"最后一公里"问题。

三是沿产业链提升物流服务功能。发挥中国特色社会主义国家宏观控制能力强的优势和市场在配置资源的决定性作用,依托现代信息技术,整合内河运输产业链上下游各个要素(包括货主、航运、港口、造船、金融、配送等),形成产业链互为需求、供给的互动机制,相互支撑,提升整体服务功能和效益。

第三章
内河优势战略

人口众多、劳动力丰富、自然资源相对短缺和环境容量有限是我国的基本国情,经济社会的发展、运输需求的增长、环境和资源价值的提高,实施内河优势战略的必要性将不断凸显。我国当前正处于内河运输优势从显现到基本发挥的关键时期,实现内河优势战略就是实现内河运输发展的至臻性、支撑性和协调性。我国经济社会发展水平的地区差异性,决定了实现内河优势战略的梯度推进模式;内河运输的技术经济特性决定了实现这一战略既需要五个方面外部环境支持,以及六个内部要素的支撑。

第一节 内河运输地位与作用

我国的基本国情决定了内河运输不是一般竞争性服务业,而是实现国家可持续发展战略的重要支撑,这一定位随着经济社会的发展、资源价值提高和环境价值的凸显而日益巩固。作为综合交通运输体系中的重要组成部分,内河运输是沿江产业布局优化的重要支撑,是保障经济社会正常运行的有效力量,是具有显著环境价值、经济价值和娱乐价值的现代服务业,在我国实现两型社会发展、缓解城市拥堵以及满足人们不断提高的娱乐需求中发挥着日益重要的作用。

一、影响内河运输地位和作用的因素

交通运输是衔接生产和消费的基本环节,是国家政治、经济、文化、军事和社会正常运行的基础,在经济社会发展中具有基础性、服务性和先导性作用。内河运输作为综合交通运输体系的重要组成部分,在经济社会发展中同样具有这些作用。其在综合交通运输体系中的地位变化主要通过其占市场份额变化表示,这一份额是在国家自然条件、运输需求、法规体系以及技术发展等环境中,通过竞争与合作形成的暂时平衡。影响某运输方式在综合交通运输体系地位变化的因素主要包括以下几个方面。

1. 国家自然资源禀赋

各种运输方式对自然资源、地理等条件适应性不同,国家的自然资源、地理禀赋不同,表现为构筑基础设施和运营成本不同,使得某一地区可能非常适应某一运输方式的发展,也可能使某一运输方式难于发挥其潜在优势,导致在不同国家和地区不同运输方式起着不同的作用。我国拥有丰富的发展内河运输的资源(见第一章第一节),长江和西江下游深水航道更是兼具江海运输属性,为内河运输在国内物资和外贸物资运输发挥其作用提供了良好的自然基础。

2. 运输需求特点

经济社会的发展,对交通运输量的需求也将逐步增长,在不同时期、不同地区对交通运输有不同的需求,表现为需求量与经济增长的正相关;从运输服务质量上看,大都经历满足最基本的"运得了",到安全、便捷、高效和准时的"运得好"的转变;从关注运输适应经济发展到关注其环境效益,在适应需求的同时兼顾管制或引导需求(如限制轿车购置),尽可能降低对自然资源的占用,尽可能减少运输生产中的排放;同时由于国家地理位置、宗教文化、意识形态等差异,造成国家安全、国防交通需求的差异巨大。需求一方面引导各种运输方式提高综合供给能力,另一方面通过竞争引导不断提高服务质量。各种运输方式的技术经济特征与需求结构之间的适应性,直接影响各种运输方式在综合交通运输体系中的地位。从经济区域结构看,在改革开放30多年经济快速发展中,我国沿海地区经济首先得到更快发展,其占GDP的比重由1980年的52.4%上升到2005年61.7%,相应沿海地区对交通运输需求也保持较快增长。之后随着国家政策调整和产业转移的推进,内陆地区得到更快发展,其占GDP的比重由2005年38.3%上升为2020年的42.3%❶(图3-1)。当前,我国正处于实现中华民族伟大复兴的关键时期,经济已由高速增长阶段转向高质量发展阶段,经济长期向好,市场空间广阔,发展韧性强大,正在形成以国内大循环为主体、国内国际双循环相互促进的新发展格局,处在转变发展方式、优化经济结构、转换增长动力的攻关期。长江经济带、西江经济带等新一轮沿江开发开放战略的实施,相应将带动内河运输需求的增长。经济社会的发展同样使得资源、环境价值迅速提升,党的十八大以后,生态文明建设纳入"五位一体"总体布局,2010年后频发的雾霾天气,使全体国民在短时间内迅速提高了对保护环境重要性的认识。2020年党和国家进一步提出碳达峰碳中和目标,有利于发挥内河运输运能大、占地省、能耗低和环境友好的比较优势。

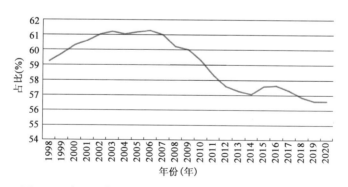

图3-1 我国沿海地区生产总值占国内生产总值的比重变化

---

❶依据国家统计局各省生产总值测算,北京计入沿海地区。

3. 国家政策导向

由于各国经济社会、文化、宗教、国防等国情不同,不同运输方式作用不同,政府通过战略、规划和经济政策引导综合交通运输体系的发展方向,包括不断提高的安全与技术准入标准、污染物排放标准、生命与事故代价这一总体政策趋势,也包括短期基础设施建设或运营上的经济补贴等,都会导致某种运输方式在综合交通运输体系中的地位的变化。在我国全面建成小康社会和面临资源环境约束日益强化的背景下,交通运输在能力上实现支撑经济社会发展的同时,对节约资源、能源和减排将更加重视,从而进一步加强对资源、能耗和排放物的监测,全面加强节能、减排技术标准和鼓励政策实施,推动环境保护设施建设,引导行业实现可持续发展。内河运输的比较优势和其在综合交通运输体系中的"短腿"日益成为人们的共识。《国务院关于加快长江等内河水运发展的意见》(国发〔2011〕2号)的发布,标志着发展内河运输已经上升为国家战略,相应地采取了一系列措施推动内河运输的发展,内河航道建设投资显著增长❶(图3-2),这也说明了国家战略和政策的作用。

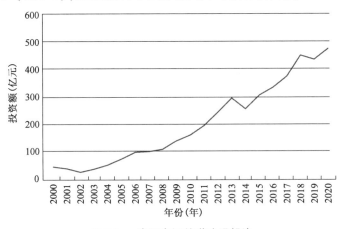

图3-2 我国内河航道建设投资

4. 技术进步推动

当代交通运输的发展是与技术进步紧密衔接的,新材料、新能源的应用,

---

❶源自交通运输部相关统计资料和统计公报。关于国内数据,未注明来源。

运输装备制造、基础设施建设的技术进步,以及信息、管理技术的进步,都将导致运输方式之间在成本、速度、安全和可靠性等方面的比较优势产生变化,从而使其在综合交通运输体系中的地位发生变化。当前,交通运输技术进步主要体现为三个方面:一是推动基础设施和支持保障体系建设;二是推动信息化与产业服务的融合,以信息化掌握、引导和带动整个产业服务水平的提高;三是积极推广应用节能、减排综合技术与设施设备,控制和减少运输生产能源消耗和污染物排放,推动新能源清洁能源的应用。

二、内河运输在经济社会中的地位和作用

内河运输是综合交通运输体系中的重要组成部分。进入 21 世纪以来,随着综合交通运输体系的建设和运输方式结构不断调整,内河运输大通道作用和比较优势逐步显现,各级政府对发展内河运输重视程度明显提高,加之经济社会发展对需求的增长,内河货运在综合交通运输体系中的地位出现缓慢上升态势(图 3-3),完成货运量、货物周转量占比由 2000 年的 5.16%、5.66% 逐步上升到 2020 年的 8.06%、7.89%❶;港口作为水陆联运的转接点,最基本功能就是从事水-水换装、水-陆换装和必要的储存和船舶服务,是综合运输的重要枢纽,2000—2020 年内河港口吞吐量保持年均 8.94% 的增长速度,2001 年以来外贸货物更是保持 11.47% 的增长,2020 年货物吞吐量和外贸货物吞吐量分别达到 50.70 亿 t 和 4.91 亿 t,形成了 17 个亿吨级大港,其中苏州港吞吐量达到 5.54 亿 t。港口的这一枢纽作用与公路、铁路场站有着很大的区别。

内河运输是沿江产业布局优化的重要支撑。我国水资源自然分布和内河运输特点,使内河运输成为运能大、连接我国东中西部、通江达海和衔接国际和国内两个市场的重要通道,对形成若干跨区域的经济区和重点产业带、优化生产力布局和资源配置,具有重要支撑作用。以长江为例,由于区位技术经济

---

❶ 由于统计口径调整,2008 年公路货运量、货物周转量比 2007 年大幅上涨 17% 和 189%,是造成内河运输当年比重下降的原因;由于统计口径调整,2013 年内河运输货运量、货运周转量同比大幅上涨 40.70% 和 50.74%,是造成内河运输当年比重跳跃式上升的原因。

条件和发展基础不同,沿江七省二市资源分布呈现东贫西丰、经济发展水平呈现东高西低的特点,分布有成渝经济区、武汉城市圈、长株潭城市群、环鄱阳湖生态经济区、皖江经济带、江苏沿江产业区和上海国际经济、贸易、金融、航运中心,全国500强企业中有近200家分布在长江沿线,上、中、下游经济发展具有互补性。2020年,长江干线完成货物通过量30.6亿t,依托21个一类水运开放口岸、3个保税港区,长江沿线港口转运了沿江90%的外贸运量,是流域外向型经济发展、吸引外资的重要依托。承担了沿江钢铁企业85%的铁矿石、沿江电厂85%的电煤运输,通过航运、港口以及公路、铁路集疏运,在集装箱、汽车滚装、粮食和矿建材料运输中发挥了重要作用,已经成为电力、钢铁、石化、汽车、装备制造和高新技术产业布局的重要依托。受到金融危机影响,东部地区依赖外贸出口、加工贸易和廉价资源的外部环境发生了根本变化,产业升级明显加快。在实施西部大开发、中部崛起、东部率先和国家经济结构调整、转型升级战略的带动下,部分产业沿长江调整布局十分明显,东、中、西部经济联系日益密切,长江作为横贯东、中、西部的水运大通道,在沿江产业布局优化的支撑作用将更加凸显。

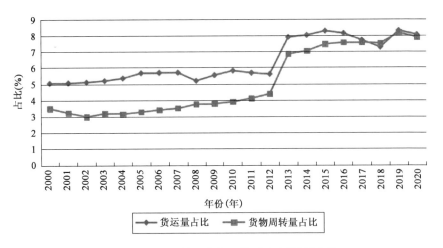

图3-3 内河运输完成货运量、货运周转量占比

内河运输是保障经济社会正常运行的有效力量。我国中西部地区天然河流、水库和湖泊众多,特别是一些山区河流地区,居民分布点多面广,由于种种

原因,渡运成为这些地区出行的重要方式。这些分布广泛的内河渡运为这些地区的居民对外交通、生产生活、学生上学等日常出行发挥了重要作用,深受当地群众的欢迎和肯定,有效保障了沿岸经济社会正常运行。如广西2020年底拥有渡口862道,渡船1657艘,年渡运量达到1600多万人次,主要为群众赶集、农耕及学生上学出行服务,如不经过渡口,最长需要绕行2.5h;云南拥有渡口461道,渡船529艘,分布在金沙江、澜沧江、元江、南盘江、怒江干流及支流两岸,航线距离多数在10km以内,如公路绕行距离均在40~50km之间,且公路等级不高。除作为区域经济社会发展的支撑外,遇到非常时期(如救灾、应急物资抢运等),内河运输往往是恢复社会正常秩序的有力手段,具有超经济的社会公益作用。界河在维护国家领土主权、航行安全以及促进区域经济文化交流等方面发挥着重要作用。而内河是一条打不垮、炸不烂的运输线,对保障战时运输具有特殊作用,如发生在1938年的"宜昌大撤退"。在发生洪涝灾害(如1998年全流域性特大洪水)时,内河运输在抗洪救灾中发挥着其他运输方式无法替代的作用;在发生雨雪冰冻灾害(如2008年)时,在其他运输方式受阻的情况下,内河运输也在各类物资抢运中发挥了十分重要的作用。

内河运输具有显著的环境价值,以及自身经济价值和娱乐价值。随着我国经济社会的发展,2020年我国人均名义GDP超过1万美元,我国进入高收入国家行列,经济发展、城镇化和人民生活水平的提高,加之人均拥有私家车数量的增长,使土地资源和环境价值进一步提高,交通拥堵的问题日益显现。党和国家提出碳达峰碳中和目标,我国生态文明建设进入了以降碳为重点战略方向、推动减污降碳协同增效、促进经济社会发展全面绿色转型的关键时期,这一背景将使得内河运输土地占有少和环境友好的比较优势得到进一步发挥;大力推动公转水,发展内河运输增强运输能力,有利于资源节约型社会和可持续发展目标的实现。交通运输是国民经济发展中的一个重要的产业部门,20世纪90年代以来,我国运输增加值快速增长,2000年达到3413亿元,进入21世纪,交通运输、仓储和邮政业呈现加快发展态势,增加值快速增长,

2020年达到41561.7亿元,占GDP的4.1%。内河运输是我国综合交通运输体系的重要组成部分,其发展可以支撑和带动相关产业发展,自身具有较大的经济价值,对GDP和就业贡献显著;经过改革开放40年的快速发展,我国已经形成一批"有钱""有闲"的消费群体,该群体具有消费水运提供舒适的房间和各种娱乐活动的经济能力,也有充裕的时间享受水运提供的高质量服务。随着全面建成小康社会的推进和人口结构的调整,这类消费群体数量将迅速增加,从而带动游艇业、游轮经济、水上观光(沿江、库区、湖区等)、钓鱼、体育赛事等休闲娱乐业的发展,成为沿江地区消费转型升级的热点。

第二节 内河优势战略解析

一、发展内河运输的原则

以习近平新时代中国特色社会主义思想为指导,深入贯彻党的十九大和十九届历次全会精神,认真贯彻"共抓大保护、不搞大开发""生态优先、绿色发展"等精神,立足新发展阶段、贯彻新发展理念、构建新发展格局,以推动高质量发展为主题,以深化供给侧结构性改革为主线,以改革创新为根本动力,加快建设安全、便捷、高效、绿色、经济的现代化内河运输体系,更好服务交通强国建设和国家重大战略实施。

结合内河运输发展规律和实际,我国内河运输发展应遵循以下原则。

(1)坚持以服务国家战略实施,助力中国特色社会主义现代化强国建设为根本目的。发挥内河运输的比较优势,不断提高综合运输能力、服务质量和效率,适应我国经济社会发展需要,以满足人民日益增长的美好生活需要,为我国实现可持续发展提供安全、便捷、高效、绿色、经济的现代化内河运输服务,为推动沿江产业优化布局、区域协调发展提供支撑。

(2)坚持以国家安全和运输安全为基本出发点。首先是适应国家应对突发事件、保障国家安全的需要,在技术装备和管理体制上满足维护国家主权、领土领水主权、应对自然灾害、打击有组织犯罪在信息传递、救援人员、物资运送、人员疏散等对水运的要求。其次是形成具有规模能力、高效、可靠的内河运输通道,通过加强交通安全管理和设施建设的投入,提高内河运输本质安全水平和安全事故应急处置能力,完善安全管理体系机制,防范化解安全生产重大风险,创新安全监管和应急救助手段,不断满足人们日益增长的安全要求。

(3)坚持生态优先、绿色发展,走低碳、循环、可持续发展之路。坚持"共抓大保护、不搞大开发""生态优先、绿色发展",全面贯彻落实《中华人民共和国长江保护法》,注重生态环境保护修复,注重资源节约集约利用,加快推进绿色低碳发展,推动内河运输与生态文明建设协同共进。把生态环保理念融入内河运输发展的全过程和各环节,正确处理当前与长远、开发与保护、发展与生态的关系。生态优先、绿色发展是推进内河运输高质量发展的时代命题。要坚持在发展中保护、在保护中发展,正确处理好船舶、港口、航道、企业等各要素与生态环境的关系,以绿色航道、绿色港口、绿色船舶、绿色运输组织方式为抓手,重点做好港口和船舶污染防治、新能源和清洁能源推广应用、资源集约利用等工作,提升绿色发展水平。

(4)坚持改革引领、创新驱动,实现内河运输高质量发展。按照国家统一部署,坚持改革、创新体制机制,完善内河航道、界河和运输管理体制;结合重大基础设施建设和规模需求优势,改进科技创新体制和人才激励机制,使企业逐步成为科技创新的主体。通过行业科技进步与技术创新,不断提高水运的科技含量,用高新技术特别是信息技术、互联网技术、节能减排技术改造内河运输产业,提高运输生产力与服务水平,推动内河运输自身可持续发展;逐步将拥堵、排放和环境等隐性成本显性化,创新综合运输经济政策,鼓励各种运输方式协调发展,鼓励企业在注重经济效益的同时,注重社会效益。努力降低生产和建设对于自然环境的不利影响,实现与经济、社会、技术与环境的协调发展。

(5)坚持发挥市场在资源配置中起决定性作用和更好发挥政府作用,科学推动内河运输发展。坚持中央政府做好各种运输方式基础设施发展规划，调动中央和地方政府两个积极性，推动形成优势互补、有效衔接的综合交通运输体系。充分发挥市场在配置各种运输方式比较优势的决定性作用，实现"宜水则水，宜陆则陆"；形成科学的内河运输法规体系，建立有法可依、有法必依、违法必究的规范执法体制和有效的执法监督机制，全面推动技术标准的基础作用，推动建立和完善统一开放、竞争有序的内河运输市场。加强对基础研究、技术创新和管理创新的投入，有效保障安全、能耗、排放等基准水平以抑制外部负效应，全面扩大技术和管理创新的正外部效应。充分发挥市场在资本、技术和人力等要素配置的决定性作用和企业在市场中的主体作用，利用资本市场实现企业重组、调整企业结构，通过市场竞争全面提升内河运输服务质量、效益。

(6)坚持以水资源综合效益最大化为前提，科学开发、保护内河运输资源。在"统筹协调水运、水利、水电发展，统筹协调水运、公路、铁路发展，统筹协调水运资源开发与水生生物资源养护、水生态环境保护❶"的基础上，充分利用自然资源，从岸线、陆域、净空、线位（运河和航道）、航道等级与能力、船闸通航等级以及通过能力等方面，切实制定具有终极特征的长远内河运输资源开发、保护、维护和建设规划，保障内河运输长远发展所需优良资源的可得性与经济性。

二、内河优势战略解析

基于人口众多、劳动力丰富、自然资源相对短缺和环境容量有限的基本国情，面对全面建成社会主义现代化国家的艰巨任务，我国内河运输发展的战略使命为：建立起以先进技术武装的，保障客货运输安全、便捷、高效和环境友好的内河运输系统，满足社会进步、经贸发展、人民生活水平提高和国家安全不断提高的需求。

---

❶引自《国务院关于加快长江等内河水运发展的意见》（国发〔2011〕2号）。

随着全面建成小康社会的推进和人民生活的不断提高,土地和各种资源稀缺性日益显现,汽车进入家庭后更使个性化出行需求显著增长,交通拥堵日益成为人们关心的问题,环境问题特别是"雾霾问题"的出现,使全体国民对改善环境质量的呼声越来越迫切,"双碳"目标使经济发展对资源能源消耗更加敏感,完成同样的国内运输,选择发展内河运输有利于缓解对土地、能源和环境的压力,凸显了实施"内河优势战略"的必要性:是构建现代综合交通运输体系、调整优化沿江沿河地区产业布局、促进中西部地区经济协调发展和促进节能减排的需要,也是内河运输转型升级、实现自身可持续发展的需要❶。

"内河优势"战略:紧密结合地区自然条件、经济发展水平和水系综合开发,通过内河航道高等级化、船舶标准化、码头专业化、水资源综合利用最优化,发挥运能大、占地省、能耗低和环境友好的比较优势,适应国家可持续发展的需要。

如图3-4所示,内河优势战略内涵包括三个方面:一是至臻性,就是不断提升运输服务安全性、便捷性、经济性和可预期性,不断减小建设生产对环境的影响。通过建设三级以上高等航道和区域成网,船舶大型化、标准化与码头专业化,使内河机动船在千吨级以上运行,表现为逐步向自身最具经济竞争力的状态发展(图3-5);二是支撑性,作为基础性、服务性和先导性产业,除个别船闸枢纽设施外,内河运输整体具有适度超前的运输能力,在区域经济社会发展中发挥支撑作用;三是协调性,即内河运输发展与区域技术经济发展水平相协调,与其他运输方式在港口实现有效衔接,与防洪、灌溉、供水、发电和区域经济发展相协调实现水资源利用最优化,自身内部船舶、港口、航道和运输组织方式等相关要素相互协调。

从内河运输内部看,实现"内河优势"战略主要需要五个方面的外部支撑(见第二章第三节)和六个方面的内部支撑(图3-6)。

---

❶引自《国务院关于加快长江等内河水运发展的意见》(国发〔2011〕2号)。

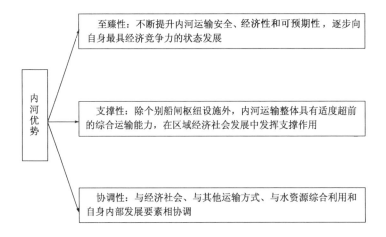

图 3-4　内河优势战略内涵示意图

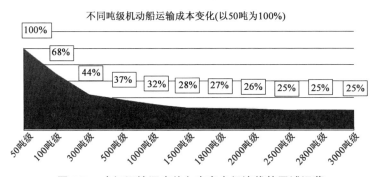

图 3-5　内河运输逐步趋向在自身经济优势区域运营

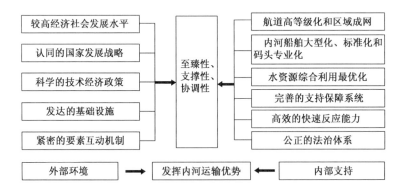

图 3-6　发挥内河运输优势内部和外部支撑示意图

一是航道高等级化和区域成网。紧密结合地区水资源条件、经济发展水平和水系综合开发,对航道实行系统性、高强度集中建设,通航设施等级、能力和航道等级结构全面改善,形成以高等级航道为主体的层次分明、干支相通、通江达海的内河运输通道,航道水深基本达到稳定,长江干线下游南京以下形成12.5m海航性质深水航道,长江干线中上游航道水深南京至芜湖9m、芜湖至武汉6m、武汉以上4.5m,西江航运干线以全线建成一级航道为目标,其他流域干线及支流以三级航道为主。

二是内河船舶大型化、标准化和码头专业化。以内河运输需求增长为动力,结合航道整治工程、大型水利设施建设带来的航道等级提高、航行条件改善,实现船舶大型化。建立与经济社会发展水平相适应的船舶安全技术标准、能耗和排放标准,形成相应的准入管理机制,推动船舶标准化。实现码头专业化,形成专业化内河集装箱、液体散货、滚装运输系统,内河港口逐步融入现代物流服务体系。

三是水资源综合利用最优化。拥有内河航道、运河发展终极规划,做到合理开发、高效利用和有效保护,持续为内河运输发展提供必要的战略资源。形成良好的水资源综合利用协调、沟通机制,明确内河运输在水资源综合开发利用中的地位和作用,在区域发展规划和流域综合规划中,统筹水资源综合利用,充分考虑内河水运发展要求,逐步消除通航河流碍航设施,船闸、升船机等基础设施通航等级、能力、桥梁净空等资源能够适应内河运输长远发展需要。

四是完善的支持保障系统。形成以先进技术装备的,反应快速化、管理信息化、航测自动化的水上支持保障系统。具有功能完善、规模化的教育、培训和研发系统。

五是高效的快速反应能力。形成布局合理、性能优良的综合储备能力,能够快速反应和自如应对突发事件。具有完善的政府、内河运输企业与相关产业互动机制。

六是公正的法治体系。形成完备的内河运输法律规范体系、高效的法治实施体系、严密的法治监督体系和有力的法治保障体系,为内河运输持续发展营造良好的环境。

实现内河优势战略目标有两种可能推进模式,即优势先行和梯度推进模式,见表3-1。从我国经济社会发展实际看:①区域发展具有不均衡性,进入内河运输优势显现时间也有差异,科学的法规体系、规范的执法体制和有效的监督机制尚在建设中。②《国务院关于加快长江等内河水运发展的意见》(国发〔2011〕2号)的出台,使内河运输在水资源综合利用中的弱势地位有所改善,但做到优先配置不具有现实性。③随着经济社会的发展和内河运输优势的显现,国家和地方对自然资源、财政资源和经济政策呈现有向内河倾斜的趋势,建设投资明显加大。但桥梁净空资源、碍航枢纽、船闸通过等级与能力等资源,优先支持内河运输所需资金巨大,即使实现规划的高等级航道建设目标,也面临难于解决融资的尴尬。④内河运输比较优势的显性化经济政策目前尚处于研究阶段,距离实际政策颁布在理论上、操作上均不成熟。⑤我国整体技术创新能力在不断提高,但仍有较大差距,基础设施建设关键技术、节能减排技术和信息化应用等都是一个渐进过程。基于上述分析,虽然发展内河运输已经上升为国家战略,优势先行模式虽可使战略目标实现时间缩至最短,但对资源和政策环境支持要求过高;而梯度推进模式可分阶段逐步实现战略目标,对资源和政策环境支持经过争取可望实现。因此,今后很长时间整体仍将采取梯度推进模式,但不排除局部地区采取优势先行模式的可能。

内河优势战略推进模式的分类及含义 表3-1

推进模式	优势先行模式	梯度推进模式
含义	充分利用发展优势与机遇,在区域发展规划和流域综合规划过程中,优先将自然资源、财政资源和经济政策向内河运输倾斜,全面加大对内河航道和枢纽的建设,消除基础设施瓶颈,迅速实现航道高等级化、船舶标准化、大型化和码头专业化,快速推进内河运输至臻性,使其在区域经济社会发展中的支撑作用显著提高	把握内河运输发展优势与机遇,在区域发展规划和流域综合规划过程中,充分考虑内河水运发展要求。暂时回避难于解决和改善的弱点,集中财力、重点投入,积极消除瓶颈,缓解不足;结合地区经济和技术发展水平以及需求规模、质量上的差异,分梯度推进高等级航道化和船闸枢纽建设,全面推进船舶标准化和码头专业化,逐步实现内河运输至臻性,使其在区域经济社会发展中的支撑作用不断提高

经济社会发展对交通需求、资源价值和环境价值的日益提高,使发挥内河运输比较优势成为人们的共识,特别是《国务院关于加快长江等内河水运发展的意见》(国发〔2011〕2号),更是明确了发展内河运输的必要性、方向和国家政策取向。随着国家综合实力提升和内河运输业的发展,再经过15年的努力,2035年实现内河运输至臻性、支撑性和协调性,充分发挥内河运输的比较优势,内河运输在区域经济社会发展中的先导作用得以体现。

第四章
内河优势战略进展评价

进入21世纪,在我国经济社会持续快速发展的背景下,内河运输经历了战略准备、战略框架和比较优势全面显现基本发挥三个阶段的发展,从整体看,基本实现了预期目标。本章从我国内河运输发展历程入手,分析评价了社会对内河优势战略认识,从内河运输的各方面要素入手对战略总体进展进行了评价,最后对照原提出的2011—2020年为内河运输优势全面显现和基本发挥阶段的发展目标进行了预期目标对标评价。

第一节 内河优势战略认识评价

随着经济社会的发展,不同地区相继进入内河运输比较优势显现的环境,对内河运输发展重视和投入明显提高,特别是《国务院关于加快长江等内河水运发展的意见》(国发〔2011〕2号)的发布,标志着发展内河运输上升为国家战略,进一步厘清了对发展内河运输的认识和思路,各地相继提出了加快内河运输发展的规划、指导意见和政策措施,社会对内河运输优势和发展的必要性的认识跨上新台阶。

一、我国内河运输发展历程的认识

19世纪至20世纪中叶,是欧洲、美国等国家和地区大力发展内河运输时期,经过100多年努力,在陆路运输尚不十分发达的背景下,形成了密集的由自然河流、运河构成的连接主要城市和经济区河道网,虽然今天相当部分城市运河网已经演变为观光、休闲娱乐功能,但仍可看到历史上的辉煌。同期,我国由于内忧外患、国力衰弱以及技术落后等原因,在世界内河运输大发展的关键100多年,反而处于停滞甚至出现衰退的场面,没有形成欧洲、美国那样的运河网络,从而使内河运输没有走上与欧洲、美国类似的道路,没有在陆上运输尚未发达的背景下形成内河运输基础设施网络。

经济社会发展水平和交通运输发展政策选择,决定了2000年前内河运输发展的曲折性。在改革开放政策的推动下,我国经济社会快速发展,而交通运输一度成为发展的"瓶颈",基于当时的经济社会条件、各种运输方式的技术经济特点以及高速公路在欧美作用的认识,公路运输得到高度重视,"要想富,先修路"是这一时期人们对发展交通的基本认识,而"贷款修路,收费还贷"的政策,更是激发了各方面投资公路建设的积极性,解决了公路建设特别是高速公路建设所需资金问题,公路建设取得的巨大成就,促进了网络化、"门到门"、机动性、便捷性和个性化优势的发挥,公路在国内贸易、人们出行中的地位迅速提高,公路运输客运量占我国客运量的93%,公路运输货运量占国内货运量的约80%。而相比之下,2000年前,我国内河运输发展则是"一波三折",成为综合交通运输体系的"短腿",这一态势使人们对内河运输发展一度"悲观失望"。造成这一现象的原因主要有两个方面:一是经济社会发展水平低。在陆路运输优先发展的背景下,2000年前内河运输主要发挥的是运能大的优势,其占地省、能耗低和环境友好的比较优势没有显现;二是基于上述原因和公路运输机动性、"门到门"服务和个性化服务等方面的明显优势,政府选择将资源优先向公路运输配置,"要想富,先修路"是当时政策的注释,对内河基础设施建设投入很低。通过内河运输比较优势发挥的经济社会背景分析,作者在十几年前以论文和著作的形式提出了我国水资源丰富地区进入内河优势发挥的大致时间❶(表2-3),"对内河运输别失望也别着急"(见参考文献[6]),在陆路运输已经得到先发的背景下,中国内河运输必将走过不同的发展历程,经济社会的发展也必然推动内河运输比较优势的显现。

> **评述4-1 对我国内河运输优势发挥外部环境及若干问题的认识**
>
> 基于对内河运输比较优势、区域水资源和经济社会发展水平的分析判断,十几年前,我国提出了内河运输比较优势在不同地区得到显现的时间表。
>
> (1)对内河运输比较优势发挥的基本认识。回答了2000年前为什么不被重视、发展缓慢而曲折,也解释了2000年后为什么会得到快速发展,揭示了2000—2020年的20年是发挥内河运输优势的战略机遇期。
>
> (2)为什么没有写黑龙江。黑龙江松花江主通道是内河"四纵四横"主通道之一,表2-3公开发表后曾经受到黑龙江同行的质询。由于黑龙江有冬季冰冻封航问题,内河运输能力供给与第一产业运输需求在季节上吻合,但难以适应工业化过程中对运输供给能力均衡性的要求,因此未列。但作为界河,属于应关注的战略问题(见参考文献[4])。从实际发展看,2020年全国内河港口吞吐量是2000年的5.5倍,而黑龙江内河港口吞吐量持续负增长,说明了其发展的特殊性。
>
> (3)对于三峡船闸货运量的基本认识。我国在20世纪80年代开展三峡工程规划论证时,通过分析当时川江运量需求和船舶运输组织条件,规划了5种万吨级船队和一种干支直达的3000吨级船队作为三峡工程建

---

❶见参考文献[4]~[8]。

> 成后的过闸代表船型和主要运营组织形式,设计主要有两线船闸和一个垂直升船机,两线船闸总通过能力为1亿t/年,可以适应2030年川江内河运输发展的需要。而到2011年双向实际过闸量突破1亿t,比预期水平提前了19年,2020年达到1.38亿t。原预测值之所以远低于发展实际,就在于论证三峡工程时,经济社会发展水平尚没有达到内河运输比较优势显现的条件,基于当时运量增长"一波三折"、徘徊上升趋势所作的预测,即使在20世纪90年代论证也会得出大体相当的结论;而重庆、四川内河运输比较优势显现时间大体在2011年和2012年,也是这一时期过闸运输需求快速增长的具体体现。

二、我国内河运输过去"一波三折"和进入21世纪后较快平稳发展的认识

1. 2000年前的"一波三折"

1978年至20世纪80年代中期,改革开放和经济社会发展推动交通运输需求快速增长,在此背景下,各种运输方式都得到快速发展,但仍难以适应发展的需要,20世纪80年代中期一度成为经济社会发展的"瓶颈"。20世纪80年代中期至2000年,国内外政治经济环境发生了较大变化,面对复杂的国内外形势,以邓小平南方谈话为标志,我国明确了中国特色社会主义道路;20世纪80年代中后期到20世纪90年代,国家大力加强基础工业和基础设施的重点建设,交通运输业加快了改革与发展,建设和运输生产都取得了显著成就。而在这一时期,内河基础设施建设缓慢,"八五"和"九五"期末内河建设投资仅有24亿元和55亿元;1985—2000年,内河运输受到政治、经济波动影响较大,运输需求"一波三折"(图4-1~图4-3),先后出现1987年、1989—1990年、1997—1998年三次衰退,特别是受到亚洲金融危机冲击,1997年和1998年内

河运量分别出现20.2%和6.1%的负增长,2000年尚没有恢复到危机前的水平(2000年全国货运量是1996年的81%、内河港口内贸吞吐量是1996年的96%),直到2004年才超过1996年运量水平(全国2004年货运量是1996年的108%)。之所以在每次波动中内河运输出现比其他运输方式更大的波动,主要原因在于这一时期内河运输的优势主要体现为运输能力,而节约土地、能源和环境友好的比较优势在这一时期没有显现;加之自身远没有达到自身经济运行状态,1995年和2000年内河机动货船平均吨位只有51t和79t,与公路货车处于同一水平,经济上缺乏竞争力,一旦社会货运需求出现小幅下滑,内河运量就会首先受到冲击,出现更大的波动。

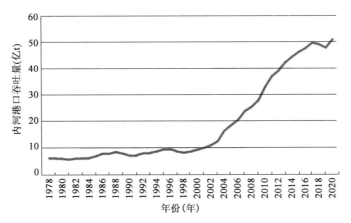

图4-1　内河港口吞吐量变化

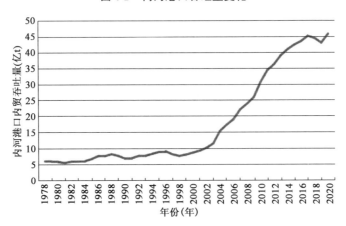

图4-2　内河港口内贸吞吐量变化

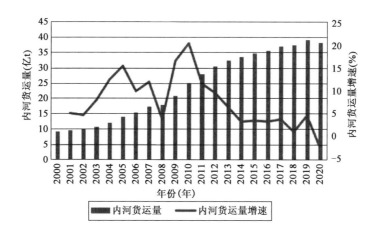

图 4-3 内河运量变化❶

2. 2000—2010 年的快速发展

随着我国加入 WTO 和重化工工业的推进,经济社会进入新一轮快速增长期,运输需求旺盛,2000—2010 年我国国内运输需求年均增长 9.1%。经济社会的发展、土地价值提高、能源价值高位徘徊和环境价值的提高,水资源丰富地区相继进入内河运输比较优势显现期,内河建设投资也随之明显加快,"十五"和"十一五"期末分别达到 113 亿元和 335 亿元(图 4-4)。内河货运量摆脱了"一波三折"的徘徊缓慢上升态势,2000—2010 年年均增长 10.6%,2010 年达到 18.86 亿 t。内河港口内贸吞吐量 2000—2010 年年均增长 13.6%,2010 年达到 32.88 亿 t。这一时期,在市场需求、基础设施建设和船型标准化补贴政策双轮推动下,也是船舶大型化取得显著进展时期,机动货船平均吨位由 2000 年的 79t 增长到 2010 年的 528t,规模经济使内河运输经济竞争力有所提高。

3. 2011—2020 年的稳定发展

2010 年后频发的"雾霾天气",使全体国民在短时间内迅速提高了对保护

---

❶根据 2013 年开展的交通运输业经济统计专项调查,对公路水路运输量统计口径进行了调整,此处 2013 年增长率为 2012 年和 2014 年的平均数,2012—2000 年货运量数值为按增长率倒算的同口径数值。

环境重要性的认识。随着我国经济社会快速发展,资源、环境约束日益加剧,发展交通运输与减少能耗、减少环境污染的矛盾日趋尖锐。社会经济总量发展引起了人们对环境保护、能源结构转型升级的重视,促进了内河水运比较优势的显现。内河建设投资大幅增长,"十二五"内河建设投资较"十一五"增长50%,5年投资达到接近2500亿元,"十三五"期内河建设投资进一步增长超过了3000亿元。长江干线航道系统治理,南京以下12.5m深水航道形成,进一步促进了内河运输的发展。内河运量继续保持稳定增长,2010—2020年维持了7.3%的年均增速❶,2020年达到38.15亿t。内河港口内贸吞吐量2010—2020年保持4.4%的增长,2020年进一步增长到50.70亿t。在市场需求、基础设施建设和"十二五"船型标准化政策推动下,船舶大型化快速发展,机动货船平均吨位由2010年的528t,进一步增长到2020年1443t,基本进入内河运输经济至臻性阶段。

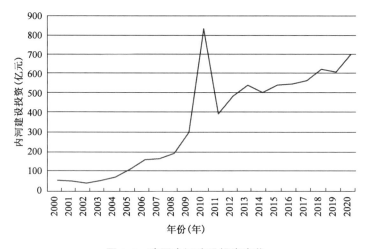

图 4-4 我国内河建设投资变化

通过上述分析可以看出,虽然表2-3是基于2000年经济社会发展趋势作出的分析判断,但比较客观地回答了2000年前内河运输发展会走过漫长曲折

---

❶《2013年交通运输行业发展统计公报》显示,2013年内河货运量32.4亿t,与2012年统计口径有所不同。在2010—2010年数据中,2008年公路统计口径调整,读者对2007年前和2008年后运输结构进行分析时应注意。

道路,甚至一度使人们失望的原因;揭示了 2000 年后随着经济社会发展,内河运输比较优势必然显现和各级领导的重视,在长江三角洲和珠江三角洲得到优先发展,也说明了 2000—2020 年是内河运输发展的战略机遇期。

三、社会对内河运输优势认识

进入 21 世纪,随着经济社会的发展,内河运输的比较优势逐步得到显现,大力发展内河运输、加快长江黄金水道建设,作为建设资源节约型和环境友好型社会的最佳选择之一,已经逐步成为国家、沿江省市和社会各界的广泛共识。

2004 年 1 月,长江三角洲交通发展座谈会明确指出,长三角地区水网密布,发展水运具有天然的优势;长三角以长江、大运河为主干的内河航道网连接了区域内主要城市和 80% 以上的县级市,沟通了主要资源地和消耗地,内河运输担负着华东地区物资交流和港口集疏运任务,为省市间的经济交流和外贸物资运输提供了便利的条件,在服务区域经济发展中发挥了独特的作用。要加快高等级内河航道网建设,提高内河航道等级,形成苏浙沪通畅衔接的航道网。

由上海市、湖北省、重庆市和交通部共同发起,沿江上海、江苏、安徽、江西、湖北、湖南、重庆、四川、云南七省二市和交通部及国家有关部委参加的"合力建设黄金水道,促进长江经济发展"高层座谈会,共同签署了《"十一五"期长江黄金水道建设总体推进方案》,以长江黄金水道建设为重点的内河水运建设取得新的开端,对长江水运乃至全国内河运输的发展起到重要的指导和推进作用。

《国民经济和社会发展第十一个五年规划纲要》明确将单位 GDP 能耗下降 20%、耕地保有量年均减少小于 0.3%、主要污染物排放总量减少 10% 等列为"十一五"发展约束性指标,明确提出,提高内河通航条件,建设长江黄金水道和长江三角洲、珠江三角洲高等级航道网,推进江海联运。

2010年8月25日,国务院常务会议专题研究部署推进长江等内河运输发展工作,提出要用10年时间建成畅通、高效、平安、绿色的内河水运体系。

2013年7月21日,习近平总书记视察武汉新港时提出,"长江流域要加强合作,发挥内河航运作用,把全流域打造成黄金水道"[1],进一步明确了国家对发展长江等内河水运的高度重视。2014年9月,国务院印发《关于依托黄金水道推动长江经济带发展的指导意见》(国发〔2014〕39号),提出"长江是货运量位居全球内河第一的黄金水道,长江通道是我国国土空间开发最重要的东西轴线,在区域发展总体格局中具有重要战略地位";首要战略定位为打造"具有全球影响力的内河经济带""发挥长江黄金水道的独特作用,构建现代化综合交通运输体系,推动沿江产业结构优化升级,打造世界级产业集群,培育具有国际竞争力的城市群,使长江经济带成为充分体现国家综合经济实力、积极参与国际竞争与合作的内河经济带",突出了发展长江航运的重要性。2016年3月25日,中共中央政治局审议通过《长江经济带发展规划纲要》,确立了长江经济带"一轴、两翼、三极、多点"的发展新格局,其中"一轴"就是以长江黄金水道为依托,发挥上海、武汉、重庆的核心作用,"两翼"分别指沪瑞和沪蓉南北两大运输通道,"三极"指的是长江三角洲、长江中游和成渝三个城市群,"多点"是指发挥三大城市群以外地级城市的支撑作用。长江经济带战略实施后,内河运输特别是长江的内河运输受到了国家进一步的高度重视。2016年1月4日,习近平总书记来到重庆果园港码头前沿平台,视察长江航运和港口装卸作业。2018年4月25日,习近平总书记在荆州港码头登上轮船,顺江而下,察看长江沿岸生态环境和发展建设情况,听取长江航运和航道治理、河势控制和护岸工程、非法码头整治等情况汇报。2020年11月14日,习近平总书记在南京召开的全面推动长江经济带发展座谈会上谈到推进畅通国内大循环时,提出要构建统一开放有序的运输市场,优化调整运输结

---

[1] 出自《行走在荆楚民众中间——习近平总书记在鄂考察纪实》,http://jhsjk.people.cn/article/22302846。

构,创新运输组织模式❶。2021年8月25日,国务院总理李克强主持召开国务院常务会议,在部署全面推动长江经济带发展的财税支持措施中提出"支持提升长江黄金水道功能,着眼更好发挥长江航运能耗和成本低优势,实施重大航道整治,增强长江干线航运能力,提升支流航道等级"。

2019年2月,中共中央、国务院印发了《粤港澳大湾区发展规划纲要》,提出完善内河航道集疏运网络,构建以粤港澳大湾区为龙头,以珠江-西江经济带为腹地,带动中南、西南地区发展,辐射东南亚、南亚的重要经济支撑带,突出了珠江-西江航运的重要性。

评述4-2　沿江部分地区加快内河运输发展的部分措施

(1)上海。2003年6月提出《"一环十射"高等级航道建设规划》,2005年发布《"一环十射"航道水系规划》蓝图;2008年发布《内河港区布局规划(2007—2020年)》;2011年发布《关于加快本市内河水运发展的意见》;2012年发布《内河运输"十二五"规划》;2016年印发的《"十三五"时期上海国际航运中心建设规划》对内河运输发展作出了相关部署;2021年印发《上海国际航运中心建设"十四五"规划》,全力支撑上海打造国内大循环的中心节点、国内国际双循环的战略链接,2025年集装箱水水中转比例不低于52%、集装箱海铁联运量不低于65万TEU。

(2)江苏。2011年发布《关于加快长江等内河水运发展的实施意见》;2015年印发《关于贯彻落实〈国务院关于依托黄金水道推动长江经济带发展的指导意见〉的实施意见》;2017年印发《关于深化沿江沿海港口一体化改革的意见》;2020年印发《江苏内河运输高质量发展实施方案》;2021年印发《江苏省"十四五"水运发展规划》,以沿海地区高质量发

---

❶ 出自《人民日报》(2020年11月16日01版)。

展推动沿江沿海沿河沿湖融合发展、协调发展,全面推进江苏水运现代化建设;同年印发《江苏省"十四五"综合交通运输体系发展规划》,打造长江经济带运输结构调整样板。

(3)浙江。2004年发布《内河运输发展规划》;2007年提出全力实施"港航强省"重大战略;2012年发布《内河水运复兴行动计划》;2014年发布《推进绿色内河运输的实施意见》;2016年印发《浙江省海洋港口发展"十三五"规划》,发展重要海河联运内河港,联动发展义乌国际陆港及其他内河港;2021年印发《浙江省综合交通运输发展"十四五"规划》,提出加快建设畅达的现代水运网;同年印发《浙江省水运发展"十四五"规划》,明确在"强港口、畅内河、兴航运、促融合、重创新、筑底色、优治理"7个方面取得突破;同年印发《浙江省海洋经济发展"十四五"规划》,加快建设现代化内河运输体系,建成一批现代化内河港区。

(4)广东。2004年发布内河运输发展规划,2012年发布加快内河水运发展的实施意见;2020年出台《广东省航道发展规划(2020—2035年)》,分近、中、远期对全省航道发展进行规划;2021年印发《广东省内河运输绿色发展示范工程船舶LNG动力改造补贴实施方案》,提出内河运输绿色发展,推进LNG动力船舶应用;同年印发《广东省水运"十四五"发展规划》,提出加快航道扩能升级,完善一流港口建设和港口集疏运体系,充分发挥水运比较优势和潜力。

(5)湖北。2006年发布《关于加快全省长江水运业发展的意见》;2008年提出建设武汉新港;2009年发布《关于武汉新港建设和管理若干问题的意见》;2009年发布《关于进一步促进全省水运事业又好又快发展的意见》;2010年发布《湖北省长江港航建设专项资金管理办法》;同年发布《湖北省关于加快武汉新港发展若干扶持政策的通知》;2021年国务院《关于加快长江等内河水运发展的意见》(国发[2011]2号)明确提出建设武汉长江中游航运中心;2012年发布《关于加快推进湖北水运业跨越式发展的意见》;同年发布《内河运输发展规划(2011—2030年)》;2014年发布《武汉长江中游航运中心总体规划纲要》;同年推进长江湖北段港口整合制定《推进湖北省长江港航资源整合工作的实施方案》;2016年出台了《关于加快武汉长江中游航运中心建设的实施意见》;2021年印发《湖北省"十四五"综合交通运输发展规划》,提出到2025年率先在现代内河运输等交通强国试点领域实现突破,同年印发《"十四五"湖北水运发展规划》。

(6)湖南。2009年发布《湖南省人民政府关于加快水运业发展的意见》;2011年发布《湖南省内河水运发展规划》;2021年批复《湖南省"一江一湖四水"水运高质量发展规划》;同年印发《"十四五"湖南水运发展规划》。

(7)重庆。2009年1月,国发〔2009〕3号文件明确提出建设重庆长江上游航运中心,同年发布《关于充分发挥长江黄金水道作用进一步加快建设长江上游航运中心的决定》;2011年发布《关于进一步加快重庆水运发展的意见》;2012年发布《关于加快发展长江邮轮旅游的意见》;2016年发布《关于加快长江上游航运中心建设的实施意见》;2021年印发《重庆市推动交通强国建设试点实施方案(2021—2025年)》,设立内河水运集约绿色发展试点。

(8)江西。2010年发布《关于策应长江黄金水道建设提升水运发展水平的若干意见》;2013年印发《江西省人民政府关于进一步加快交通运输事业发展的意见》;2017年印发《关于加快建设九江江海直达区域性航运中心的实施意见》;2021年印发《江西省水运"十四五"发展规划》,正在编制《江西省综合立体交通网规划》水运篇章、《江西省内河航道与港口布局规划(2021—2050年)》和《江西省内河运输发展规划(2021—2035年)》。

(9)四川。2005年与交通部联合发布《关于加快嘉陵江航电结合、梯级开发的协议》;2012年发布《关于加快长江等内河水运发展的实施意见》;2016年印发实施《四川省"十三五"内河水运发展专项规划》《高等级航道达标升级2016—2020年专项工程方案》《渡口改桥2016—2020年建设推进方案》《水上交通安全监测巡航救助一体化建设专项工程方案(2016—2020年)》;2020年印发《关于贯彻落实〈交通强国建设纲要〉加快建设交通强省的实施意见》,提出推动港口资源深度融合,协同重庆共建长江上游航运中心。

(10)云南。2008年发布《关于加快水运事业发展的若干意见》;同年发布《内河运输发展规划(2006—2020年)》;2012年发布《关于贯彻国务院加快长江等内河水运发展意见的实施意见》;2022年印发《云南省"十四五"综合交通运输发展规划》,推进船舶装备技术升级,推进内河运输船舶标准化。

(11)广西。2007年发布《内河水运发展规划》;2009年发布《关于打造西江黄金水道促进区域经济协调发展的若干意见》;同年发布《广西西江黄金水道建设规划》,提出"要加快西江黄金水道开发,提高通航能力""大力发展西江水运";2017年印发《广西综合交通运输发展"十三五"规划》;2020年印发《广西基础设施补短板"五网"建设三年大会战总体方案(2020—2022年)》;2021年编制了《西部陆海新通道(平陆)运河航道规划》。

(12)贵州。2012年发布《贵州省水运发展规划(2012—2030)》《贵州省关于加快水运发展的意见》;2013年印发《贵州省水运建设三年会战实施方案》;2016年发布《贵州省交通运输科技"十三五"发展规划》,提高内河航道建设与维护领域技术水平,优化内河货运组织技术;2022年发布《贵州"十四五"水运交通发展规划》。

第二节　内河优势战略进展总体评价❶

以干线航道等级提升、船舶标准化与大型化、港口结构优化与功能等提升为标志,内河运输至臻性取得显著进展;以内河运量和港口吞吐量快速增长为标志,内河运输支撑性进一步显现;以法规体系建设、发展规划制定和省部协调机制建立等为标志,内河运输协调性稳步推进。

一、出海航道建设基本完成,干线航道等级提升取得历史性成就

为适应内河运输快速增长和船舶大型化的需要,战略框架阶段内河航道投资明显加快,由2004年约50亿元提高到2020年的478.3亿元,三级和五级以上航道里程分别净增近6078km和9854km,占我国等级航道比重达到21.4%和49.3%,较2004年分别提高7.7和11.0个百分点。我国拥有众多通江达海具有航运价值的河流,其中长江、珠江与沿海形成π字形海运通道,是我国境内两条最具海运价值的内河通道。

长江干线南京以下12.5m深水航道整治提前完成,标志着南京至长江出海口431km的12.5m深水航道全线贯通,5万吨级船舶可直达南京,10万吨级船舶可乘潮抵达南京,15万吨级船舶可乘潮减载到达江阴。珠江广州港出海航道建设,实现了广州港由内河港向海口港,广州港出海航道水深13.0m,10万吨级集装箱船不乘潮单向通航、兼顾12万吨级散货船乘潮单向通航、5万吨级集装箱船不乘潮双向通航。出海航道的建设对船舶大型化的适应性大大改善,南京及以下内河港口货物吞吐量总量由2010年的8.24亿t增长至2020年的21.66亿t,广州港全港货物吐吞量由2004年的2.15亿t增长至

---

❶战略准备阶段战略进展评价见参考文献[4],战略框架阶段进展评价见本书第1版。

2020年的6.12亿t,取得了显著的经济社会效益。美国的密西西比河下游深水航道水深13.7m,英国的莫塞河13.6m,这与我国长江、珠江的出海航道水深较为接近。出海航道水深主要是满足海船进江的需要,长江口维护水深12.5m,考虑到乘潮因素,可进出吃水14.5m水深的散货船,满足5万吨级集装箱船满载双向通航、5万吨级其他海轮减载双向通航要求,且10万吨级海轮可减载通航至南京,20万吨级海轮可减载乘潮通航至江阴。根据IHS船舶数据,吃水在14.5m之内的干散货船数量占总量的80%。因此,当前长江与珠江的出海航道已满足绝大多数海船进江需求,继续深挖航道建设维护费用巨大,超大型船舶挂靠海港后进行工程转运更具有经济性,我国内河出海航道建设基本完成。

长江干线依托长江口整治和三峡工程,使航道等级、通航能力大幅提升,基本解决了中游、上游瓶颈河段通航问题,实现了除上游宜宾至重庆段为三级航道外,重庆以下全部为一级航道。举世闻名的三峡五级船闸,设计和施工建设达到了多项"世界之最",2020年三峡船闸通过量1.37亿t(含客船折算量);西江航运干线通过实施扩能工程,已达到二级航道标准,修建了西津、贵港、桂平、长洲等船闸,其中长洲四线船闸设计年单向通过能力1.36亿t,2020年货物通过量达1.51亿t;京杭运河通航条件显著改善,山东段为三级航道,江苏苏北段为二级航道、苏南段"四改三"工程全面推进,浙江段为四级或五级航道。京杭运河苏北段沿程共设有10个航运梯级,分布28座大型船闸,2020年苏北运河10个梯级船闸累计货物通过量20.32亿t。

二、船舶大型化实现超预期,船队结构不断优化

依托经济社会发展和内河运输比较优势显现,在需求快速增长的背景下,2004—2020年内河船队规模年均增长8.3%,2020年货运船舶达到1.36亿载重吨,其中机动货船年均增速更是高达10.3%,2020年达到1.30亿载重吨。船舶大型化取得显著进展,机动货船平均载重吨由2004年的205t增长到2020年的1443t(图4-5),运营边际成本明显下降,长江水系内河货运船舶平

均吨位达到1204t(源自参考文献[27]);船队专业化水平显著提高,形成了一批专业化干散货船、化学品船、油船、集装箱船和滚装船等。客运船舶朝向旅游化方向发展,舒适性和休闲娱乐功能明显提高。

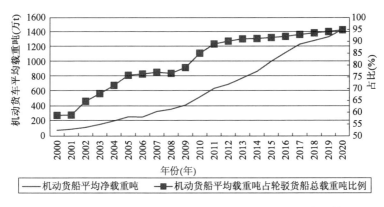

图4-5 内河机动货船平均吨位和占内河货运船队比例变化情况

三、港口吞吐能力实现适度超前,结构优化、功能提升取得初步成就

在经济贸易发展的推动下,我国内河港口吞吐量持续快速增长,2004—2020年年均增长7.3%,2020年达到50.70亿t,稳居世界第一;为了适应经济社会发展对内河港口的需求,2004年后港口建设明显加快,2005—2010年年均投资增速为4.32%,2011—2020年仍保持了每年170亿~250亿元的投资规模,港口吞吐能力迅速增长,吞吐能力适应性实现了从整体偏紧到适度超前的转变。通过新建和技术改造,内河码头大型化、专业化和机械化水平显著提高,其中依托下游出海航道整治,建设了一批适应江海运输的大型专业化码头,2020年万吨级以上泊位达到454个,较2000年、2010年分别增加321个、136个,其中5万吨级以上达到137个,10万吨级以上达到12个;在加快码头建设规模的同时,结合城市工业化进程,拓展了港口工业功能。发展中注重与其他运输方式有效衔接,基本建成煤炭、石油、矿石、集装箱和滚装等专业化运输系统,并以此为基础,拓展了港口物流服务功能。

四、支持保障系统能力显著提升,安全形势保持稳定

按照"三步走"和"四化"目标,海事系统通过启动电子巡航系统,构建统一的巡航监控预警平台,推进监管现代化。海事建设基本实现了长江干线全覆盖的搜救体系,启动实施了巡航救助一体化,并初步形成了重点船舶 GPS、重点水域 CCTV(Closed Circuit Television,闭路电视)、重点港区 VTS(Vessel Traffic Service,船舶交通服务)和现代海巡艇互为补充的现代化水上监管系统的框架雏形,长江干线安全监管能力不断加强,应急救助能力稳步提升。

通过 110 调度指挥系统工程、长江航运公安金盾信息网工程,实现了长江航务公安局、公安分局、派出所三级广域网络互通互联,以快速反应系统和治安防控系统建设为中心,基本建成长江航运公安内联外通的有线、无线系统 350 无线通信工程等,配置公安船艇及刑侦装备,水陆域机动和应急反应能力显著增强。通过建设船岸通信网、长途传输网、电话交换网、电视电话会议网、移动应急通信、船舶自动识别系统(Automatic Identification System,AIS),为支持保障系统和港航单位的信息化服务提供了高速、宽带的传输通道,扩大了信息服务深度与广度,为保障航运安全提供安全通信服务。

截至 2018 年,长江干线建设 VTS 雷达站 75 座、AIS 基站 67 座、VHF(Very High Frequency,甚高频)基站 66 座、CCTV 监控点 517 个、气象采集站点 55 个,对外运行 12 个船舶交管中心,雷达覆盖水域将达 1300km,AIS、VHF 全线贯通,CCTV 重点水域覆盖。搜救技术不断革新,从传统的依靠人工抛投救生衣、救生圈,转变为使用水上搜救机器人、搜救直升机、无人机搜寻和抛投救生圈等科技手段,不断提升搜救效率和能力,人命救助成功率高达 98% 以上。

在 2020 年内河货运量是 2004 年 4.16 倍、2010 年 2.02 倍的背景下,水上船舶交通事故件数、造成死亡失踪事故件数、沉船数分别下降 75%、90% 和 77%[1],较 2010 年分别下降 58%、35%、61%,安全形势稳定。

---

[1] 由于没有公开的内河数据,这里用全国水上船舶交通事故统计数据说明。

五、运量快速增长,支撑性作用凸显

第三章第一节中分析了内河运输在沿江产业布局优化重要支撑作用。随着经济社会的发展和内河运输比较优势的显现,内河运输得到快速发展,江海运输得到快速发展,武汉以下基本实现集装箱班轮江海直达洋山港。2020年,长江干线完成货物通过量30.6亿t,长江成为世界货运最繁忙的河流,在区域经济社会发展的支撑性作用进一步凸显。2020年全国完成内河港口吞吐量是2004年的3.10倍,其中外贸吞吐量4.9亿t,内贸吞吐量45.8亿t,集装箱3001万TEU,内河规模以上港口完成煤炭吞吐量9.1亿t,金属矿石7.5亿t,石油天然气和制品1.4亿t,为区域经济快速发展和外向型经济开发发挥了重要支撑作用。2019年,内河港口完成旅客吞吐量507万人次,客运量1.55亿人次[1],以长江三峡豪华游轮为代表的内河游轮旅游快速发展,接待游客109.3万人次,有力支撑了长江中上游区域旅游经济发展。内河客运量中,贵州、四川、云南、重庆、湖南等中西部地区占比显著提高,如重庆市2019年完成旅客吞吐量196万人次、占比38.7%。经济适用、方便快捷的内河客圩渡等对保障中西部地区广大居民日常出行等民生问题的力度不断加强。

2020年新冠肺炎疫情暴发以来,内河运输表现出了良好的韧性,内河航道、港口、船舶运行平稳、有序、顺畅,有效保障了特殊时期沿江省市的水路物资运输。2022年上海市新冠肺炎疫情暴发期间,内河集装箱运输企业泛亚航运承担了疫情期间上海市保供运输的重要责任。面对集装箱货车运力不足、跨省运输不畅等痛点、难点,为保障上海地区的物资供应,泛亚航运充分调动航运资源,包括协调沿海内贸航线、长江内支线的船舶舱位,筹集安排集装箱箱源,尤其是确保各种不同食材新鲜完好的冷箱,全力解决安徽、江苏、江西、重庆以及辽宁等各地援助上海大米、食用油、蔬菜等民生物资运输瓶颈问题。泛亚航运在上海市新冠肺炎疫情高发期的保供运输,体现了水路运输在特殊

---

[1] 由于2020年受到新冠肺炎疫情影响,内河港口完成旅客吞吐量大幅下降,故此处使用2019年数据。

时期发挥的关键作用和强韧性。

内河运输在区域交通中的地位见表4-1。

内河运输在区域交通中的地位(单位:万t)　　　　表4-1

省(区、市)	2010 年				2020 年			
	铁路货运量	公路货运量	内河港口吞吐量	沿海港口吞吐量	铁路货运量	公路货运量	内河港口吞吐量	沿海港口吞吐量
上海	959	40890	9019	56320	494	46051	5999	65105
江苏	6812	123500	145130	13847	8549	174624	264106	32447
浙江	4386	103394	33941	78846	4500	189582	44009	141447
安徽	12091	183658	32502	—	7735	243529	54095	—
江西	5677	88445	21131	—	4553	141899	18755	—
山东	21314	264366	6546	86421	31586	267230	5725	168881
湖北	6249	71020	18783	—	5363	114346	37976	—
湖南	6094	127635	19254	—	4592	176442	13580	—
重庆	2280	69438	9668	—	2194	99679	16489	—
四川	8051	121017	6388	—	7771	157598	1360	—
贵州	7991	30834	889	—	5801	79412	23	—
云南	5497	45665	419	—	4919	115620	422	—
广东	8562	140689	16958	105299	9649	231170	26437	175788
广西	9092	93552	6707	11923	9269	145323	17346	29567
黑龙江	17717	40582	395	—	12603	35521	277	—

六、法规体系进一步完善,内河水运市场建设取得新进展

在水路运输领域,2008 年发布了《国内水路运输经营资质管理规定》,2009 年发布了《老旧运输船舶管理规定》,2012 年发布了《国内水路运输管理条例》(2013 年配套发布《国内水路运输管理规定》);在港口领域,继《港口法》颁布实施后,2005 年发布《港口统计规则》,2007 年出台了《港口建设管理规定》和《港口规划管理规定》,2009 年发布了《港口经营管理规定》,2012 年发布《港口危险货物安全管理规定》;在航道领域,2007 年发布了《航道建设管理规定》,经过长期努力,《航道法》于 2014 年颁布,2019 年发布了《通航建筑

物运行管理办法》,2020年发布了《航道养护管理规定》;在海事领域,2004年发布了《内河海事行政处罚规定》,2005年发布了《防治船舶污染内河水域环境管理规定》,2006年发布了《内河交通事故调查处理规定》,2007年发布了《中华人民共和国船员条例》,2008年发布了《船员服务管理规定》,2015年发布了《内河禁运危险化学品目录(2015版)》(试行)、《内河海事行政处罚规定》,2018年发布了《船舶载运危险货物安全监督管理规定》。

各省(区、市)先后出台了规范港口、水路运输、航道管理等地方性法规和政府规章100多件。国家、地方出台的水运法律法规以及规章等,初步构成了我国水运法规体系,为建立和完善统一开放、竞争有序的市场,促进内河运输管理体制的改革提供了有力的法治保障。一是《港口法》的实施和港口管理体制改革,极大调动了各类资金投资建设码头的积极性,奠定了码头公司跨地区投资、经营的基础,促进了以资本为纽带的港口自然资源、经营资源整合和港口功能的提升,形成了上海国际港务(集团)股份有限公司(以下简称"上港集团")等沿长江流域码头运营商,市场在资源配置、运输组织优化和港口在转运的作用等方面功能进一步显现。二是内河水路运输市场的法规实施依法加强了市场准入的源头监管,严格企业经营资质审核,加强水路运输业年度核查,建立了老旧运输船舶强制报废制度,推动了个体运输船舶经营人公司化发展。

评述4-3　沿海港口企业在长江沿线码头投资经营情况

为充分发挥长江"黄金水道"和上海港的龙头优势,上港集团以上海港为母港,通过管理、资本和技术输出,培育集装箱市场,设立支线航运企业,发展内陆运输和综合代理业务等综合措施,率先推进长江流域的码头运营项目,开拓货源市场,增强上海港对长江流域的集聚与辐射能力,提供"点、线、面"覆盖长江流域的港口物流一体化服务。上港集团实施的长江战略,以先发优势为基础,以"航运为主线、物流为支撑、码头为依托"的一体化网络运行模式为依托,构建快速物流通道,点线面全面铺开,目前,上港集团已在长江沿线布局15个码头,覆盖了九江、嘉兴、扬州、张家港、武汉、南京、太仓、芜湖、重庆、安吉、江阴、宜宾、城陵矶等港口,2020年,上海港集装箱水-水中转比例达51.6%。

宁波港集团积极对接长江经济带战略,服务建设舟山江海联运服务中心,2009年,宁波港投资的太仓武港码头正式投产,目前已在长江布局6个码头,而且基本全部实现控股,覆盖包括苏州、太仓、南京、江阴等港口。

中远海运港口从自身战略发展需求出发,在长江上重点发展两个项目:长江支尾的南通通海码头和中上游的武汉阳逻国际港二期水铁联运项目,2019年出售江苏的南京港龙潭码头、扬州远洋码头和张家港码头等资产。

七、发展规划、机制进一步完善,推动内河运输协调发展

在水资源综合利用方面,随着内河运输优势的显现,在编制(或修订)区域发展规划、流域综合规划过程中,航运功能有所强化(统筹兼顾防洪、灌溉、供水、发电、航运等功能),内河运输在统筹水资源综合利用中的弱势地位有所改善,碍航闸坝总体数量稳定,船闸和升船机数量稳步增长(表4-2)。在水资源综合利用协调机制方面,长江航务管理局(以下简称"长航局")与长江水利委员会等主要涉水涉航部门建立了合作机制,2012年,长航局与水利部长江水利委员会签署了《关于加快长江水利和航运发展合作协议》;2016年,与农业部长江流域渔政监督管理办公室签署了《共同开展长江大保护合作框架协议》,充分调动中央、地方、行业三方积极性,共同推进长江绿色发展与水资

源的综合利用保护。

通航河流上永久性建筑物　　　　表 4-2

年份(年)	碍航闸坝(座)	船闸(座)	升船机(座)
2005	1801	826	42
2010	1825	860	43
2015	1839	865	45
2020	2611	769	43

在综合交通运输体系建设方面,随着管理体制的逐步完善,在交通运输发展中更加注重发挥各种运输方式的比较优势,"宜水则水,宜陆则陆",内河运输是综合交通运输体系的"短腿"得到普遍共识,特别是《国务院关于加快长江等内河水运发展的意见》(国发〔2011〕2号)的发布,为推动内河运输发展、全面实现《全国内河航道与港口布局规划》和《长江干线航道总体规划纲要》奠定了基础。2020年,在交通强国建设战略框架下,《内河航运发展纲要》发布,提出到2035年,内河千吨级航道达到2.5万km,引领内河航道的规模化发展;内河货物周转量占全社会比重达到9%,引导内河运输在运输结构调整、综合交通运输体系中发挥更加突出的作用。2021年2月,中共中央、国务院印发了《国家综合立体交通网规划纲要》,其中国家综合立体交通网布局中水运部分包括国家航道网和全国主要港口。国家航道网由国家高等级航道和国境国际通航河流航道组成。其中,"四纵四横两网"的国家高等级航道2.5万km左右,与2000年研究早期战略目标终于实现了规划衔接❶;国际通航河流主要包括黑龙江、额尔古纳河、鸭绿江、图们江、瑞丽江、澜沧江、元江等。全国主要港口合计63个,其中沿海主要港口27个、内河主要港口36个。《国家综合立体交通网规划纲要》进一步将2.5万km左右的内河高等级航道发展目标上升为国家层面的规划。

在内河运输内部,为完善长江航运行政管理体制机制,推进长江航运治理

---

❶引自《中国水运发展战略探索》。

体系和治理能力现代化,2016年4月,交通运输部党组站在贯彻落实"四个全面"总体布局的高度,作出了深化长江航运行政管理体制改革的重大决策,出台了《关于深化长江航运行政管理体制改革的意见》。此次改革涉及范围广、调整幅度大、职能转变彻底,成为自1984年以来长江航运行政管理体制的又一次重大改革。长航局作为部派出机构的地位和作用强化,实现了权责统一。通过改革,长航局归口管理长江航运事务的职能定位、职责分工得到明确,长航局系统各单位通过长航局"一个口子"与交通运输部机关有关司局进行工作联系,形成了对上汇总、对下抓总的管理新格局。长航局机关全面实施了新的"三定"规定,机关运转高效有序。长江干线实现统一管理,江苏海事局、长江干线四川段水上安全监管已纳入长江海事局管理;长江口航道管理局纳入长江航道局管理。长江海事、航道分别建立了相应的工作规则,深度融合、有序推进。长江航道局实现政事企分开,长江航道局将长江航道行政管理职能移交长航局机关,现场执法职责移交长江海事局;长江航道工程局有限责任公司挂牌成立,建立了内部各项管理制度和运行机制。改革后的长江航道局,公益服务职能得到强化,管理层级优化,管理效能大幅提升。长江干线水上综合执法全面实施,2017年1月1日起,由长江海事局统一实施长江干线宜宾至江苏浏河口段的水上综合执法,该举措大大方便了管理相对人,提升了执法效能。与此同时,建立了长江干线海事机构和长航公安机关的联动机制。目前,"海事执法、公安保障、技术支持"的联动执法模式已经形成,"资源整合、信息共享、动静结合、上下联动"的工作机制全面建立。2018年12月,中共中央办公厅、国务院办公厅印发《行业公安机关管理体制调整工作方案》,确定长江航运公安局直接归属公安部领导。通过相关规划和政策,推进内河航道、港口、船舶、支持保障系统协调发展,通过技术进步提高运行效率。通过建立航运企业数据库、船舶数据库、航运公共信息平台网站、货物公共信息系统,为用户提供综合信息服务平台,保障船舶、货物等航运信息流通共享顺畅,实现了较高水平的三峡与葛洲坝两坝间统一调度、联合运行,为充分发挥船闸通过能力和三峡航运效益服务等提供保障。

第三节 优势全面显现、基本发挥阶段预期目标评价

基于对经济社会发展的判断、内河运输优势的显现和发展趋势的认识,提出了内河运输优势基本发挥阶段(2011—2020年)预期发展目标(见本书第1版),到2020年整体基本实现了至臻性基本实现、协调性显著改善、有效支撑经济社会发展的原预期目标。对其中典型发展指标选取理由进行了解析,如为什么选择三级和五级航道作为航道建设目标?为什么选择机动货船而不是驳船队作为大型化的目标?以期人们进一步认识内河运输技术经济特性和发展规律。对比发展实际与原预期目标,分析一致和误差的原因,将对分析判断未来趋势,提供有益的帮助。

一、内河运输需求保持较快增长,略超预期目标

基于对我国经济社会发展2020年将全面建成小康社会、美丽中国和人均收入倍增等目标、内河运输比较优势逐步显现以及与经贸发展相关关系分析,预测到2020年全社会内河货运量将达到约35亿t,平均运距逐步增长到约400km,内河港口吞吐量将达到约60亿t,其中集装箱吞吐量约3000万TEU。表4-3显示了2020年预期与发展实际的对比,可以看出,原需求预期指标整体符合实际。内河货运量、平均运距略微高于预期、误差较小,集装箱吞吐量与预期值一致。内河港口吞吐量增长低于预期,造成这一现象的主要原因一是内河非法码头整治及港口污染治理、淘汰落后产能调整期,2018年内河港口吞吐量下降1.3%;二是统计口径调整,2019年1月起港口统计范围由规模以上港口调整为全国所有获得港口经营许可的业户,采用企业一套表联网直报系统汇总行业数据,2019年数据与2018年比按可比口径计算,内河港口货物吞吐量可比口径增速按照同一企业两年均存在的原则,用"2019年规模以上港口企业数据"除以"2018年规模以上港口企业数据"计算得到2019年较

2018年增长9.0%,据此计算同口径2020年内河港口吞吐量为57亿t,与预测值较为接近。

内河运输优势基本发挥我国内河需求、完成运量预期与实际对比　　　表4-3

项目	年份			误差
	2010基础年	2020年预期	2020年实际	
全社会完成内河货运量(亿t)	18.86	35	38.15	-8.26%
内河运输平均运距(km)	294	400	418	-4.31%
全国内河港口吞吐量(亿t)	32.88	60	50.70	18.34%
全国内河港口集装箱吞吐量(万TEU)	1458.64	3000	3000	0.00%

内河货物周转量占全社会货物周转量的比重由2010年的3.9%提高到2020年的7.89%,内河运输有效地支撑了经济社会的发展。内河货运量连续多年居世界第一位,2020年全国内河货运量完成38.15亿t,到2020年底,全国内河航道通航里程超过12万km,居世界第一,长江干线连续多年都成为全球内河运输最繁忙、运输量最大的黄金水道。长江航运干线、西江航运干线、京杭运河、长江三角洲和珠江三角洲航道网、其他重要支流航道已成为区域综合立体交通网的骨干。内河运输承担了能源、原材料、集装箱、商品汽车等大宗物资运输,初步形成了专业化运输体系,有效降低了社会综合物流成本,在综合交通运输体系中的作用日益提升,见表4-4。依托内河运输比较优势,沿江沿河发展形成了电力、冶金、石化、汽车、装备制造、电子电器等产业集聚带,带动东部地区产业加速向中西部地区转移。以长江为例,长江沿线共有一类开放水运口岸21个,长江航运完成了沿江地区所需的85%的铁矿石、85%的电煤和90%以上的集装箱运输。

内河运输在地区经济社会发展中的作用　　　表4-4

省(区、市)	2010年				2020年			
	内河货运量(万t)	占全社会货运量比重(%)	内河货物周转量(亿t·km)	占全社会货物周转量比重(%)	内河货运量(万t)	占全社会货运量比重(%)	内河货物周转量(亿t·km)	占全社会货物周转量比重(%)
上海	1779	2.04	38.3	0.20	4168	3.00	223.8	0.68
江苏	35714	19.95	694.1	12.42	61611	22.27	2079.7	19.09

续上表

省(区、市)	2010年				2020年			
	内河货运量(万t)	占全社会货运量比重(%)	内河货运周转量(亿t·km)	占全社会货物周转量比重(%)	内河货运量(万t)	占全社会货运量比重(%)	内河货运周转量(亿t·km)	占全社会货物周转量比重(%)
浙江	26735	15.63	378.7	5.32	23133	7.70	361.8	2.94
安徽	30376	13.32	952.3	13.31	112602	30.07	5171.5	50.49
江西	6081	6.04	114.7	4.22	10200	6.49	211.4	5.27
山东	4174	1.39	186	1.57	3794	1.20	153	1.47
湖北	9916	10.61	547.8	17.69	32625	20.34	2001.8	37.81
湖南	15724	10.51	286.1	9.78	19728	9.82	337	12.95
重庆	9422	11.58	1206.8	59.87	19708	16.19	2264.2	64.19
四川	5237	3.90	75.1	4.15	6527	3.80	291.76	10.20
贵州	910	2.29	12.7	1.26	1231	1.42	37.5	2.96
云南	402	0.78	6.9	0.73	519	0.43	7.2	0.46
广东	22678	11.79	282.7	4.95	41564	12.06	591.4	2.17
广西	9880	8.56	382.8	13.08	26351	14.06	1087.6	26.15
黑龙江	1015	1.71	7.0	0.38	441	0.91	3.2	0.20

内河运输有力支撑国家重大战略实施。近年来,党中央对实施长江经济带战略不断加大力度。长江经济带"一轴、两翼、三极、多点"的发展新格局中的"一轴"就是以长江黄金水道为依托,发挥上海、武汉、重庆的核心作用,构建沿江绿色发展轴,依托长江黄金水道推动经济由沿海溯江而上梯度发展。京杭运河黄河以北的复航对京津冀战略的实施、西江干线下游出海航道的改善以及上游及支流能力的提升对粤港澳大湾区战略的实施都起到了一定的支撑作用。

二、建设投资大幅增长,航道高等级化符合预期

高等级航道是发展内河运输的基础,"十二五"以来,我国内河水运基础设施补短板的力度不断加大,基本建成了以长江干线、西江航运干线、京杭运河、长三角和珠三角高等级航道网为主体、干支衔接、通江达海的内河航道体

系。"十三五"期新升级改善内河航道里程5000km,其中新增高等级航道里程2600km。2020年全国内河航道通航里程达到了12.77万km,其中高等级航道达标里程1.61万km。原预期到2020年内河三级及以上航道里程达到15000km、五级及以上航道里程力争达到35000km(见本书第1版),从发展实际看,尽管内河航道建设投资加快,三级和五级以上航道里程显著增长,但高等级航道里程增加速度低于预期,详见表4-5、图4-6、图4-7。

内河航道建设预期目标与实际对比　　　　　　　　　　表4-5

预期目标	实现情况
千吨级以上航道里程达到1.5万km以上	基本实现,实际达到14384km,略低于预期
300吨级以上航道里程力争达到3.5万km	没有实现;实际达到33201km,但较2010年战略框架阶段,与预期目标的差距显著缩小

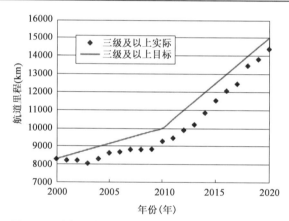

图4-6　内河三级以上航道里程发展实际与目标对比

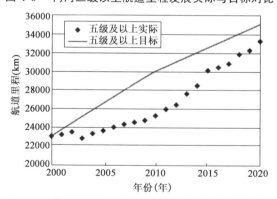

图4-7　内河五级以上航道里程发展实际与目标对比

**评述 4-4　为什么选择三级、五级航道作为衡量航道建设的
　　　　　　指标以及相关启示**

我国等级航道分为 7 级,通过分析不同吨级船舶的经济性,可以看出:

(1) 运输经济性的拐点约在 300 吨级。随着船舶大型化,运输经济性逐步改善,但由图 3-5 可以看出,曲率半径最小点大体对应 300 吨级。即在大型化过程中,300 吨级以下大型化经济性十分明显,300 吨级后则逐步减弱,因此,选择 300 吨级作为内河运输经济性通道的基点。

(2) 千吨级以上大型化效益基本实现。从图 3-5 中可以看出,船舶达到千吨级以上,大型化边际成本降低十分有限。

基于船舶经济性和航道等级提升的边际成本不断提高的特点,选择三级、五级航道作为衡量航道建设的目标;随着运距的增长,大型化的边际收益越高,相应航道等级应进一步提高,应通过技术经济和环境可行性分析,确定更高的建设等级,特别是干线航道等级。

图 3-5 也揭示了对于有条件的六、七级航道,应在技术经济和环境可行的情况下,集中力量、系统整治,将航道等级尽可能提高到五级以上;对于整治经济成本高、环境敏感或因其他原因不宜进行整治的六、七级航道,从长远发展看,其经济性上难于与日趋发达的公路运输进行竞争,即六、七级航道作用在货运方面将呈现逐步萎缩态势(由于自然地理因素,公路需要长距离绕行的情况例外),但随着内河旅游客运、娱乐性船舶的发展,未来六、七级以及等外航道具有发展为旅游航道的前景。另外,欧洲正在探索古老的城市水道发展小型无人船快递配送的前景。

从实际发展看,随着国民经济的发展和内河运输优势的不断显现,我国对内河航道建设投入的不断加大,由"九五"的 177 亿元、"十五"的 226 亿元、

"十一五"的612亿元,增长到"十二五"的1303亿元、"十三五"的2084亿元。按照"突出重点、注重效益"的原则,以长江水运干线、珠江水运干线、京杭运河、长江三角洲、珠江三角洲"两横一纵两网"水运主通道建设为重点,我国加快了内河运输基础设施建设,在战略框架阶段取得历史性成就基础上,长江干线南京以下12.5m深水航道工程、荆江航道整治工程、武汉至安庆段6m水深航道整治工程等重大项目相继完工。西江航运干线广东段达到一级标准,广西段加快船闸扩能和贵港以下一级航道建设。京杭运河通航条件显著改善,山东段为三级航道,江苏苏北段为二级航道、苏南段"四改三"工程全面推进,浙江段为四级或五级航道。结合现代信息技术发展,数字化、智能化航道建设取得了显著成就。高等级航道相继实施了数字航道建设工程,长江干线已建成数字航道。长三角高等级航道网、西江航运干线等应用船联网实现船闸联合调度。

但是,我国内河航道建设仍然是综合交通运输体系的最薄弱环节和"短板",具体表现为:一是高等级航道供给不足。我国航道通航里程超过12万km,其中三级及以上高等级航道仅为1.44万km。美国、欧盟的航道通航里程内河货运量远小于我国,但美国、欧盟相当于我国三级的同等级航道分别为4万km、2.43万km。二是高等级航道东中西部分布不均衡,干支衔接不畅。航道基础设施建设仍处于干线和中下游整治为主阶段,长江、珠江上游及中西部支线航道系统治理滞后较多。截至2020年底,西部渝川黔滇四省市除长江干线航道外,三级及以上航道占比仅为2.3%(含长江干线占比5.9%),中部皖赣鄂湘四省除长江干线航道外三级及以上航道占比为15.4%,不能有效发挥长江黄金水道在长江经济带区域协调发展中的辐射带动作用。三是节点瓶颈、断航问题长期存在。三峡枢纽货物通过能力常态化不足的瓶颈制约没有得到缓解,2011年,三峡船闸通过量首次超过1亿t,提前19年达到设计通过能力,三峡坝区船舶平均待闸时间21h,随后船闸拥堵不断加剧,2020年三峡坝区日均待闸船舶达到585艘、110h。一些水电水利枢纽未同步建设通航设施,形成航道断点。如珠江水系红水河龙滩水电站不通航,阻断了红水河近

600km 的航道畅通,贵州不能经西江水运通道与珠三角衔接和出海;还有右江百色水利枢纽不通航,阻断了右江超 400km 航道的畅通,云南不能经西江水运通道与珠三角衔接和出海。四是长江、珠江等主要水系尚未连通,航道网络化程度不高,通达性差。历史上长江、珠江水系的连通形成了重要的南北水上交通要道,对实现祖国南北统一和经济文化交流发挥了重要作用。沟通长江、珠江两大水系的湘桂、赣粤运河连通工程对湘桂赣粤地区乃至整个中西部地区发展意义重大,但由于涉及跨流域、多省(区、市)、多部门,至今深入系统的前期研究工作尚未完成。

内河运输在综合交通运输体系中的地位和作用不突出,内河航道建设速度远低于公路、铁路。世界内河运输发达国家在铁路、公路运输兴起之时,内河运输已经经历了较大规模、统一标准的建设,具有了相当大的发展规模,因此,综合运输发展阶段仍能占有稳固的地位。我国幅员辽阔,通航河流众多,具有发展内河水运的良好条件。但新中国成立之后很长一段时间由于对内河运输的比较优势认识不足,内河水运开发程度不高,大多处于自然状态,无法实现长距离、大规模运输,内河运输载量大、成本低的技术经济特点无法显现,未能发挥出自身的比较优势。因此,我国内河运输在尚未成线成网,就经历了铁路建设先行、公路民航崛起,铁路的快速、大量运输,公路的灵活机动、迅速方便,表现出强劲的竞争力,进一步掩盖了内河运输的地位和作用。

长期以来,内河航道建设资金投入不足是制约内河运输发展的主要原因。内河航道因为资金投入大、建设周期长、涉及面广、见效慢,在交通系统基础设施投资中处于弱势地位。航道建设资金投入在相当长一段时间内来源不足,且不稳定。虽然 2000 年之后,国家用于内河建设的总投资逐步加大;内河航道等级得到一定改善,但建设资金的不足、内河航道等级低、连通性差仍然是内河优势难于发挥的重要原因。2000—2020 年我国内河建设投资规模仅相当于公路建设投资规模的 3%。

港口基础设施建设和发展符合预期目标,基本实现至臻性。重点建设了一批规模化、集约化共用港区,如重庆果园、武汉阳逻港区等,港口设施和服务能力明显改善,总体适应了经济社会发展需要。截至2020年底,内河港口拥有生产性泊位16681个,与2010年相比,生产性泊位数量减少36.3%,货物吞吐量增加54.2%。内河货运泊位大型化、专业化趋势加快,内河港口结构明显优化。港口枢纽作用进一步加强,对承接产业转移和促进区域经济结构调整的作用明显增强。以重庆长江上游航运中心、武汉长江中游航运中心、南京区域性航运物流中心为代表,内河港口日益成为重要的综合交通枢纽、区域性物流中心和对外开放的重要依托。

三、内河船队保持加快增长,船舶大型化快于预期

依托经济社会发展和内河运输比较优势的不断显现,2004—2010年、2010—2020年❶内河运量分别年均增长12%和7%,平均运距分别年均增长3.7%和3.6%,在市场需求和激励政策推动下,内河船队规模同期分别实现了12.0%和6.3%快速扩张。货运船队(机动货船+驳船)由2010年的7436万t增长到2020年的1.37亿t,船舶艘数由14.2万艘下降为9.9万艘,船舶保持快速大型化趋势,平均吨位由524t增长到1384t。结合我国内河运输需求特点分析,机动货船将成为内河船舶的主要发展方向,《中国水运发展战略探索(第2版)》和本书第1版分别提出到2010年、2020年内河机动货船平均吨位达到400t和1200t的目标。2004—2017年机动船快速发展,占比持续上升(图4-8),2012年突破90%,2020年达到近95%。内河机动货船规模、大型化速度继续快于驳船发展速度,说明了选择机动货船作为船舶大型化战略目标的合理性、预见性。机动货船平均吨位在2010年、2020年分别达到530t和1443t,预期目标分别提前1年和3年实现,2020年比2010年增长172%,平均吨位增速比预期高45%。

---

❶2004年为战略准备阶段,内河运输比较优势开始在经济贸易发达地区显现;2010年为战略框架阶段,内河运输比较优势得到基本显现,比较优势开始发挥;2020年为内河比较优势全面显现、得到基本发挥阶段。

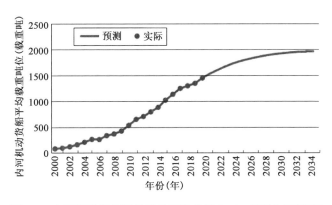

图 4-8　内河机动货船平均吨位变化趋势(2020 年后为预测值)

船舶大型化速度取决于新增和更新船舶大型化两大因素,其中新增船舶大型化主要得益于基础设施的改善、市场需求推动和市场竞争,而运力结构调整政策则加快更新,进一步推动了船舶大型化的历史进程。具体来看,这一阶段造成船舶大型化速度高于预期的原因主要包括以下三个方面:一是运力规模增速快于预期。基于当时对运输需求增速放缓和运力供给过剩、机动货船新增运力增长速度放缓的判断,进行了平均吨位的测算,但实际在长江经济带战略等政策引领沿江经济社会保持较快发展的带动下,内河运输需求在 2010—2020 年仍保持了较快的增长速度,总运力规模随之增大,带动了运力的新增和更新,由于新造船舶平均吨位不断增加,2020 年达到 2000t 以上,从而使平均吨位高于预期。二是航道基础设施条件改善明显使得新造船平均吨位大幅增加。"十二五""十三五"全国内河高等级航道建设加快,为内河运输拉开新一轮发展序幕,2020 年全国内河一级、二级、三级航道较 2010 年分别增加 455km、1022km、3627km。长江干线"十二五"实施航道整治工程 25 个、"十三五"24 个,长江干线重庆至长江口 2426km 达到一级航道标准。完成下游深水航道建设,12.5m 深水航道全线贯通;加强中游航道整治,荆江航道整治工程完工运行,"645"工程建设武汉至安庆段 6m 水深航道整治工程全面完工并投入试运行,通航"瓶颈"打通、中游航道更加畅通;推进上游航道建设,航道等级全面提升。从通航船舶来看,2010 年长江下游江苏太仓以下常年可通航 5 万吨级海轮;南京以下常年可通航 3 万吨级海轮;芜湖以下常年可

5000吨级船舶,季节性通航2万吨级船舶;武汉以下常年可通航3000吨级船舶和万吨级船队;宜昌以下可常年通航2000吨级船舶,季节性可通航5000吨级船舶,宜宾以下可常年通航1000吨级船舶,季节性通航3000吨级船舶。2021年,5万吨级海轮可满载直达南京港,10万吨级海轮可减载抵达南京港,20万吨级海轮可减载乘潮抵达江阴港;万吨级船舶常年直达武汉港;5000吨级船舶季节性或减载到达重庆。三是"十二五"内河船型标准化政策实施至2017年加速了船舶的更新和运力结构调整。2021—2035年,随着内河运输需求的增长,内河船舶将继续保持大型化发展趋势,在运输需求年均增长3.5%、船舶更新率降至1%的情景下,预测2035内河机动货船平均吨位将达到1962t。

评述 4-5　　　　为什么选择了机动货船?

大功率推轮和分节驳顶推技术的引进,促进了我国内河运输组织方式革新和驳船队的发展。进入21世纪,机动货船在市场竞争中逐步取得优势地位,这是在我国内河运输需求、发展环境变化背景下,市场配置资源的结果。

(1) 发展条件变化改变了机动货船和驳船队的经济性对比。①机动货船大型化:与20年前相比,我国机动货船平均吨位提高了10倍,5000吨级已经成为三峡主力船型,下游主力船型已达7000吨级,最大达到18000吨级,驳船队的相对规模优势大大削弱或已经不具备优势。②港口大型化与专业化:码头条件的改善使作业效率大幅提高,如武汉钢铁集团公司(以下简称"武钢")原干散货卸货效率约100t/h,现在则大幅提高到单机700t/h,以往2000t甲板驳、分节驳对应的作业方式使码头效率无法发挥,加之装卸作业前后通常需要等待港作拖轮进行取送作业,严重影响港口装卸效率的发挥。2005年起,马鞍山钢铁股份有限公司(以下简称

"马钢")就开始拒绝千吨及以下驳船进港,重庆钢铁(集团)有限责任公司(以下简称"重钢")从2008年起拒绝使用驳船承运国内矿,部分港口对到港船舶的装卸顺序是先机动货船、后驳船。③运输服务质量不断提高:驳船船队队形大、航速慢、操纵难,其航行安全风险远大于自航船;同时驳船抗风能力差,在长江下游遇6级风需停航避风,也影响航行周期和船舶效率。机动货船相对于船队具有航行速度快、抗风能力强、靠离码头作业环节少、装卸时间短等优势,运行周期较船队大为缩短,更能满足货主对运达期限和资金占用时效性的要求;由于驳船人员少,特别是无人驳,常常发生船舶设备和货物被盗、发生海损找不到责任方的情况,而自航船24h有人值班,有效避免了被盗和无头海损情况的发生。④货源结构变化:长江干线传统的煤、矿两大货源,过去上下水基本对流,为大型船队高效运行提供了条件。如从美国进口的4413kW推轮,下水顶推20艘载重2000t的分节驳,由汉口运煤到镇江谏壁电厂,上水由镇江顶推3.6万t矿石到武钢。现在货物流量、流向格局发生了变化,一方面进口铁矿石运量大幅提升,上水货源增长迅速,与之相反,下水煤炭运量则急剧下滑,难以组织对流的大型船队,也是加速船队不断萎缩的重要原因;驳船队对矿建材料、集装箱、商品车、载货汽车等运输需求适应性差,货源组织难度高于机动货船。⑤市场发生巨大变化:由计划为主、市场为辅演变为市场主导,由运输"瓶颈制约"演变为运力供求适度超前或运力过剩,由高运价、低成本演变为低运价、高成本(和20年前相比,人员和燃料成本提高7倍,驳船取送费大幅上升,而运价下跌,如原武汉—上海的下水煤炭35元/t,上水矿石平均42元/t,目前在成本上升的背景下,运价下降约50%)。

(2)美国为什么以驳船队为主导,而我国和欧盟不是?美国驳船队与机动货船的市场比重为85∶15,欧盟为25∶75,我国为15∶85,与美国正好相反,原因主要是两个方面:①美国内河岸线、水域富裕。我国陆地面积960万km^2、人口超过13亿,欧盟陆地面积432万km^2、人口5.02亿,而美国陆地面积916万km^2、水域面积47万km^2、拥有3.13亿人口,是一个拥有广阔的陆地和水域国土的国家,这是欧盟和我国无法比拟的国情。加之航道基础设施完善,丰富的港口岸线资源使在港时间长竞争劣势不凸显。②需求结构与我国有很大差别。美国内河货物运输平均运距约750km,适宜发挥驳船队单位功率对应顶推吨位大和边际成本低的优势。运输批量大、稳定的长距离运输的大宗货物运量比重高于我国。我国内河岸线紧张,第一大货源是矿建材料,其次才是煤炭、矿石等,且平均运距约300km。这是通过市场竞争导致选择不同运输方式的主要原因。欧盟需求特点与我国相差不大,平均运距也在300km左右,且岸线较美国紧缺,所以也是机动货船主导的格局。

(3)船组及编队航行的运输方式值得关注。参照欧洲的发展经验,未来我国内河船舶也可能以机动船与驳船组合实现船舶大型化发展,即由具备顶推或拖带功能的机动货船与若干驳船编组,既有效融合机动船操纵性好、时效性强、装卸效率高的优势,又兼顾驳船运输单位功率吨位大、边际成本低、节能减排的优势。编队航行是随着智能化技术在内河船舶领域的应用,由具有导航和控制系统的领队船及若干具有轨迹感知功能的跟随船编队,跟随船可在航行途中自由加入和离开船队,具有组队灵活多样、运行经济高效的特征,可实现船舶配员减量化甚至无人化。

四、船舶技术状况持续提升,船舶标准化进展低于预期

船舶标准化就是结合我国经济社会和内河运输发展技术经济水平,通过合理制定、规范执行相关船舶安全、节能、环保和装备技术标准等,不断提高资源利用效率、维护船员体面劳动和降低内河船舶可能带来的安全与环境负效

应的一项系统工程。从标准化发展来看,为适应经济社会高质量发展的需要,综合采取了淘汰水泥船、挂桨机船、小吨位过闸船、单壳液货船等措施,鼓励建造了一批LNG动力和川江及三峡库区大长宽比示范船,纯电池动力客船也陆续投入使用,相继出台了船舶安全、污染物排放、燃油等技术标准,提高了船舶安全和绿色运营水平,整体技术状况得到有效提升,但整体进展低于预期。

在实际推进过程中,2003年在京杭大运河、2006年在川江和三峡库区、2009年在长江干线以及2013年开始在"两横一纵两网十八线"等全国主要通航水域实施了一系列船型标准化工程,按照"开前门、关后门、调存量、推示范"的工作思路,综合采取行政、经济和技术等政策,强制淘汰挂桨机船、水泥质船、小吨位过闸船、单壳液货船等,鼓励15年以上老旧船提前退出市场,鼓励建造高能效、清洁能源和三峡船型,2020年平均船龄降至10年,内河船舶技术落后状况得到改善。结合经济社会发展水平和内河运输发展实际,一系列船舶安全、能耗、排放标准发布,内河船舶标准化取得了一些成就,但总体进展低于预期。

相关法规标准文件

(1)《内河船舶法定检验技术规则》(交运发〔2011〕391号)(强化安全、环保)。

(2)《营运船舶燃料消耗限值及验证方法》(JT/T 826—2012)、《营运船舶CO_2排放限值及验证方法》(JT/T 827—2012)和《内河运输船舶标准船型指标体系》(强化能耗)。

(3)针对大气污染,2016年,环境保护部、国家质检总局联合发布《船舶发动机排气污染物排放限值及测量方法(中国第一、二阶段)》(GB 15097—2016),大幅提高对船舶发动机的排放标准;2018年《船舶大气污染物排放控制区实施方案》要求长江干线、西江干线通航水域,大型内河船和江海直达船舶应使用符合新修订的船用燃料油国家标准要求的燃油,其他内河船应使用符合国家标准的柴油。

(4) 针对水污染,2018 年环境保护部发布《船舶水污染物排放控制标准》(GB 3552—2018),相关要求与法规水平相当。

(5) 2019 年发布《内河船舶法定检验技术规则(2019)》(中华人民共和国海事局 2019 第 23 号公告),整合了 2015 年、2016 年、2018 年历年的修改通报,对内河船舶检验制度、安全与防污染技术要求等方面进行了全面、系统的修订。2019 年版《内河船舶法定检验技术规则》较 2011 年版《内河船舶法定检验技术规则》主要变更内容见表 4-6。

表 4-6 2019 版《内河船舶法定检验技术规则》较 2011 版《内河船舶法定检验技术规则》主要变更内容

提升方面	主要变更内容
安全技术要求方面	规定船舶配备(包括 AIS 和 ECS 配备)电子定位装置需满足北斗性能标准
	修订完善客船技术条款,将客船分为六类,明确要求旅游船(观光区域和卧席客舱)和游览船(仅设观光区域)的观光区域均面积不小于 0.4m² 且不计入乘客定额计算等
防污染要求方面	规定本规则生效之日起新建内河船舶要配备生活污水处理或储存装置
	基于《船舶发动机排气污染物排放限值及测量方法(中国第一、二阶段)》(GB 15097—2016),明确了船舶用柴油机试验标准
	规定在长江航行的小于 600 载重吨油船的货油舱区域应采用双壳结构或等效型式
	制定船舶使用岸电时船载装置的电气要求、船舶应用磷酸铁锂电池作为动力推进的消防安全技术要求等

(1) 相关标准缺乏及时更新或发布较晚。一是相关标准没有及时跟上技术进步。例如,船舶配员标准没有随着航道条件、信息化和自动化水平提高及时修订,导致配员标准高于欧洲,在实际执行中部分船舶存在长期配员不足的现象;二是应与船队发展、淘汰鼓励经济政策同步,相关安全、环保标准发布错过了船队规模快速扩张和大量老旧船舶淘汰更新的发展阶段,我国严格的标准主要是 2011 年和 2018—2020 年发布的,而 2018—2020 年内河运输需求增

长速度已降至2%的水平,直接影响内河船舶标准化进展;三是内河运输全过程中会对两岸产生安全、环境影响,这与海洋运输主要影响仅来自船舶进出港、码头作业不同,内河相关标准应不低于海洋运输,甚至要高于海洋运输。从与海船相关标准的发布时间对比来看,内河船舶防止空气污染等环保标准发布一般晚于海上。以NO_x排放为例,分别在2011年实施Ⅰ阶段、2015年实施Ⅱ阶段,现有内河船舶艘数的71%建造于Ⅰ阶段实施要求之前,加之内河船舶实际运营中发动机维护不足等,是持续推进船舶标准化的严峻挑战。

(2)船舶标准缺乏严格执行、配套政策措施和监督。由于有关标准自由裁量空间、机构人员编制与装备水平等种种原因,存在实际执行中标准不一的问题,导致"两套标准"并存,存在为追求降低造船成本、部分船舶技术水平低的现象;在能耗和污染物排放方面,缺乏必要的配套基础设施、法规和执法、监督机制。例如:①船舶生活污水排放方面,2011年后建造船舶需按照法规要求配备储存柜或污水处理装置;2011年9月1日前建造的运输船舶,通过内河船型标准化补贴资金政策进行了船舶生活污水储存柜或污水处理装置改造,但实际上由于当时港口、沿岸污水接收设施配套不足,导致相关要求难以落地,直到国家加大长江经济带船舶港口污染物专项治理之后才从根本上发生转变;②船舶燃料油含硫标准方面,《船舶发动机排气污染物排放限值及测量方法(中国第一、二阶段)》(GB 15097—2016)和《船舶大气污染物排放控制区实施方案》等标准,由于执法监督能力不足和油品全流通环节监管体系尚未形成,在实际执行中挑战重重。

评述4-6　内河船舶标准化进展相对缓慢原因分析

1. 基本矛盾

经济技术水平相对(欧美)较低与内河运输需求巨大、单位排放要求较高之间的矛盾,是我国内河船舶标准化相对缓慢的基本原因。

(1) 内河运输发展阶段。当前,我国经济社会尚处于内河运输比较优势全面显现和基本发挥的阶段,航道基础设施仍需加快建设、补足短板,基础设施条件的变化,必然引发船型与运输组织方式发展的变化。

(2) 内河船舶发展相关积累。我国工业化尚未完成,与欧美后工业化社会在发展积累上存在差距,经济社会发展水平承载能力、技术研发投入、内河水文基础数据积累、船舶基础技术理论研究能力、工业发展体系不配套等,均难以适应创新发展、制定适于我国国情的内河船舶技术标准体系的需要。

(3) 经济环境承载能力。2017年我国内河运量37.1亿t,遥居世界首位,其中长江是世界运输最为繁忙的河流,干线运量25亿t(含海进江)、27个断面年平均日船舶流量702.9艘,这一水平已超过美国密西西比河与欧洲莱茵河之和,且我国单位国土面积人口密度高,即使制定与欧美同样的排放标准,我国内河船舶排放总量也要远高于欧美。

2. 标准水平与执行能力、政策相协调要求

有效控制内河船舶运输带来的负效应,需要政府制定并严格执行船舶安全技术标准、污染排放标准、能耗标准等,适应经济社会发展需要。内河船舶技术标准水平应与经济社会发展水平、技术支持水平和政府严格执行标准能力相协调。标准水平过高,超越经济社会发展水平承载能力、技术保障能力和政府严格执法、有效监督的能力,可能引发普遍不执行技术标准,而形成市场"潜标准"和政府颁布技术标准并存的现象;水平过低、缺乏一定超前性,不仅不能有效控制建设和生产过程中的负效应,还面临不得不对技术标准频繁调整的实际,有失政府威信。

例如,船舶建造安全技术标准。我国《内河船舶法定检验技术规则》在安全方面与欧盟要求相当,甚至有些要求高于欧盟。而我国实际执行技术标准水平差异较大,致使部分低质量船舶进入市场,这些船使用至

15年已难以保证安全,而欧盟船舶普遍超过40年船龄,依然船况良好。

又如,创新内河船舶标准化。基于我国经济社会发展水平、内河基础设施尚处于补短板阶段和内河船舶市场发展实际,曾提出按照15年寿命制定中国特色船舶安全技术标准,按照此标准建造的船舶,更能适应在技术变化、装备进步和基础设施完善背景下船舶及时更新的需要,使船舶技术状况、船貌与经济社会发展水平和技术进步不断保持适应。但由于未引起政府重视,加之内河水文基础数据缺乏积累、船舶基础技术理论能力的不足、船用钢板及装备工业发展体系不配套等,迄今仍未取得任何进展。

再如,船龄强制淘汰政策。欧美对内河船舶没有船龄强制报废制度,只要船舶年检时符合相关检验规范和安全技术标准,就可以继续使用,加之受欧美航道条件长期保持稳定、船东使用习惯及文化影响,船龄普遍较长。根据欧盟统计局的数据,2016年,法国内河船舶中建造日期在1974年及以前(船龄大于或等于42年)的船舶共524艘,占内河船舶总艘数的70%;芬兰内河船舶中建造日期在1974年及以前的船舶共108艘,占内河船舶总艘数的56%。由于船舶使用年限很长,欧洲内河船舶建造时对使用材料、配备设备以及工艺的要求相对较高,运营中更注重保养维修,40多年的船舶仍具有良好的船况和船容船貌,形成一道内河风景线。相比之下,我国在制定了类似技术规范和标准的基础上,还以船龄为标准实行强制报废制度。根据《老旧运输船舶管理规定》,我国内河船中除高速客船外,主要流域各类船型的强制报废船龄在30年左右。同时,我国近年来政策引导老旧运输船舶提前拆解,提前淘汰的货船(15~30年船龄)和客船(10~25年船龄)可获得资金补助,进一步加速了我国内河船舶更新换代的步伐。实际上,船东大都根据市场需要,结合基础设施建设时期特点,一般按照15年左右的实际使用寿命考虑建设投资和维修保养,到期就会更新运力,从而有更好的经济性、能效和市场适应性。由于使用周期较短,我国内河船舶建造时更多追求的是高载货量和低建造成本,用材和工艺要求相对较低,使用期间缺乏维修保养,虽然船龄年轻,但船况、船容船貌却比不上欧洲的老船,与沿江城市发展水平也不协调。

评述4-7　　内河船舶标准化的基本认识

在参考文献[4]中,作者对船舶标准化的基本认识概括为三个方面。

(1) 降低船舶负外部性。政府通过相关建造技术标准、装备配置标准和拆解标准的制定,提高船舶全生命周期的安全运营水平和安全应急水平,降低运输生产中能源消耗、污染物排放水平,降低船舶拆解对环境的影响,提高资源利用效率。内河运输相对于公路运输,在安全、能耗和排放等具有比较优势,但仍然具有负外部性,且内河具有强流动性、水系互相连通,环境承载力低于海洋,航线距离城市大都较近,甚至紧邻城市核心区。随着我国环境和生态价值的日益提高,在注重发挥内河运输比较优势的同时,作为世界内河运输量最大的国家,其对水质、大气等的影响将提上议事日程,需要逐步提高船舶技术标准,适应经济社会发展对内河运输环境友好的要求。由于船舶使用寿命长,其标准化是一个过程。

(2) 船舶主尺度是否具有负外部性? 一般而言,尺度不具有负外部性,在满足相关规范的基础上,由企业根据航线运量、基础设施条件、设备配置、能源价格与动力配置等优化确定,外部条件的变化将直接影响主尺度最终选择。在外部环境趋于稳定的背景下,市场驱动逐步形成相对集中的船舶主尺度,增加主尺度约束降低了优化潜力。由于我国内河航道、船闸等基础设施采取的是"碎片化"推进模式,船闸尺度缺乏统一性,航道建设也没有经历集中、高强度、系统化建设阶段,决定了我国船舶尺度的多样性,甚至可以称为杂乱。无论通过市场或是政府力量,船舶主尺度的集中化都是一个缓慢的过程,并随着基础设施的完善和技术进步而逐步形成;由于内河运输长期在水资源综合利用上长期处于弱势地位,部分船闸等级低、通过能力不足已经成为制约内河运输发展的因素。政府应结合船舶发展实际,通过相关政策不断对尺度进行引导,提高船闸利用效率,加速市场统一尺度的步伐。

(3)平均船龄逐步上升。随着船舶大型化、标准化和政府执行力的提升,船舶的实际使用寿命将逐步提高,拆解实际年龄逐步接近30年的技术寿命,提高资源利用效率。

五、长远发展规划取得突破,协调性发展符合预期

《国家综合立体交通网规划纲要》《内河航运发展纲要》对内河运输特别是内河航道的发展作出了战略性的长远发展规划。一是提出了把建设千吨级航道作为内河水运的主攻方向和战略重点来抓,明确2035年前再新增1万km以上的千吨级航道,而且把千吨级航道作为本次"四横四纵两网"国家高等级航道规划发展的基本标准,进一步体现了国家发展千吨级航道的政策导向。二是打通南北向跨流域水运大通道,建设新大运河,统筹推进长江、珠江、淮河等主要水系间的京杭运河黄河以北段复航工程以及平陆运河等运河沟通工程,形成京杭运河、江淮干线、浙赣粤通道、汉湘桂通道纵向走廊。针对我国内河水运南北联系不畅、水系间相互分割的问题,在广泛征求意见的基础上,统筹考虑水系间运河沟通工程的必要性和可行性,研究提出了4条南北向

纵向廊道,有利于完善综合立体交通网,并为国土开发和经济发展提供水运支撑。经过多年的发展建设,运河沟通工程的重要组成部分赣江、北江、湘江、钱塘江、信江等航道建设已取得重大进展,为打通4条纵向廊道奠定了良好基础。2022年3月,平陆运河项目正式批复立项,湘桂赣粤运河处于规划前期研究阶段,正在加快从战略角度对有关重大问题进行研究。但由于新增1万km千吨级航道仍尚未发布具体线路规划,《全国内河航道与港口布局(修订)》尚未发布,仍无法有效保护水运发展航道资源。

界河航道管理体制改革持续推进,逐步实现中央垂直管理。2014年12月,《航道法》由中华人民共和国第十二届全国人民代表大会常务委员会第十二次会议通过并颁布实施,明确规定国务院交通运输主管部门主管全国航道管理工作,并按照国务院的规定直接管理跨省、自治区、直辖市的重要干线航道和国际、国境河流航道等重要航道。《国务院办公厅关于印发交通运输领域中央与地方财政事权和支出责任划分改革方案的通知》(国办发〔2019〕33号)明确对于国境、国际通航河流航道,中央承担专项规划、政策决定、监督评价职责,建设、养护、管理(包括航运管理)、运营等具体执行事项由中央实施或委托地方实施,由中央承担支出责任。2020年底印发的《航道养护管理规定》(交通运输部令2020年第20号)明确规定交通运输部主管全国航道养护管理工作,并按照国务院的规定直接负责跨省、自治区、直辖市的重要干线航道和国际、国境河流航道等重要航道的养护管理工作。2021年5月公开的交通运输部水运局机构职能中显示,其负责国际和国境河流运输及航道管理工作。

江海直达、干支直达、江海联运的运输方式更加合理完善。长三角港口群逐步实现更高质量协同发展,以江海联运服务为重点的区域港口功能布局进一步优化。上海港以集装箱干线运输、集装箱江海联运、邮轮运输、高端航运服务为重点,着力打造智慧高效的集装箱枢纽港、国际一流的邮轮母港;宁波舟山港以大宗能源、原材料中转运输及对应的江海联运服务为重点,加快推进舟山江海联运服务中心建设;长江南京以下江海联运港区以干散货江海联运和集装箱、干散货江海直达为重点,加快推进南京区域性航运物流中心、南通通州湾长江集装箱运输新出海口建设,提升苏州(太仓)港作为上海港远洋集装箱运输喂给港的功能;有序整合芜湖、马鞍山港口资源,提升江海联运中转功能。长江、淮河干流、京杭大运河和浙北高等级航道网集装箱运输江海河联运系统建设有序推进,长江沿江港口至上海港、宁波—舟山港的集装箱运输航线优化发展,集装箱运输近洋航线有序发展,沪苏"太申快航"精品航线实现"五定"(定线、定船、定时、定航次、定运价)运行,"国际班列+江海联运"新模式、新通道加快探索。沿海、沿江港口加强江海联运合作与联动发展,推动沿海港航企业采用商业模式整合沿江港口资源和航运资源,推动江海港口协同发展。2020年我国各省(区、市)港口航线布局优化动态见表4-7。2020年长江干线江海联运量完成10.2亿t,煤炭、金属矿石、矿建材料等干散货合计占江海联运量的65.2%;集装箱占13.0%,其中外贸集装箱量占70%以上。浙江省完成江海联运量3.2亿t,其中舟山完成江海联运量2.6亿t,铁矿石、粮食进江量分别占长江经济带铁矿石、粮食进口量的46.0%、80.0%;完成海河联运量3762万t,增长14.5%,其中散货海河联运量3355万t,增长10.2%,主要运输货种为煤炭、黄沙和油品;集装箱海河联运量36.9万TEU,增长64.8%。上海港水水中转比达到51.6%,增长约3.0%;其中,集装箱国际航线完成吞吐量3074万TEU、内支线565万TEU、国内航线712万TEU。

2020年我国各省(区、市)港口航线布局优化动态 表4-7

地区	航线布局优化动态
上海	开通苏州高新区—上海港洋山深水港区集装箱河海直达运输航线,上海航线网络遍布全球,上海港已成为全球集装箱航线最多、航班最密、覆盖面最广的港口
江苏	全省已开辟运行远洋和近洋国际集装箱航线80条。开通常熟港首条国际化远洋散集班轮航线,连云港港远东滚装新航线,南京—关西—广岛、南通—东京—名古屋外贸航线,开通张家港至上海外高桥、洋山港区五定班轮航线,睢宁—沙集港、淮安—武汉集装箱航线,太仓港至邳州、盘锦、锦州、天津、厦门内贸航线,加密南京—营口内贸航线,金坛到太仓内河支线。省港口集团共有外贸干线120班/月,内贸干线84班/月,外贸内支线1130班/月,内河支线314班/月
浙江	优化内贸航线,加密集装箱运输航线,开通外贸新航线温州—符拉迪沃斯托克(海参崴)快速航线,探索舟山粮食"散改集"多式联运模式运输,率先开辟华东沿海入川运输新航线

续上表

地区	航线布局优化动态
安徽	芜湖港增开芜湖—上海宜东内贸直达航线、芜湖—上海外高桥港区外贸直达航线,郑蒲港首条江海直达航线、"阜阳—蚌埠—上海"集装箱航线,蚌埠至太仓"港航巴士"正式开通,深化与上港集团合作,推进"长江空箱调拨中心"建设,推动进口重箱业务
江西	九江开通至川渝地区周航线,南昌港开通至上海港日航线,推动九江—日本大阪、神户国际直达航线前期工作
河南	周口港开通至上海港、连云港港等5条集装箱运输航线
湖北	武汉—日本(大阪、神户)集装箱江海直航航线实现班轮化运转。开通日本(大阪、神户)—武汉—欧洲集装箱铁水联运国际中转新通道。开通武汉—徐州、武汉—淮安集装箱班轮航线。打造阳逻—仙桃进口棉花水运专线,开通武汉经开港直达上海"汉申线"集装箱班轮航线。武汉—长沙滚装汽车航线实行常态化运行,新开发苏南常熟线和苏中如皋线。整合短驳航线,保障集装箱短驳航线高效运营
重庆	推动完善嘉陵江、乌江等干支直达航线和水-水中转航线,开行嘉陵江川渝段集装箱班轮运输
四川	"天天直航快班(升船机)""水-水中转航班"优化加密,宜宾、泸州港至重庆"水-水中转"班轮常态化运行,增开泸州—九江、广元—重庆集装箱班轮航线,全省集装箱班轮航线达12条,每周开行班轮14班

下篇

形势与目标措施

2020年我国实现了全面建成小康社会的目标,经济社会发展迈上新台阶,开启了全面建成社会主义现代化强国的第二个百年奋斗目标新征程,资源、环境价值的提高和"双碳"目标的要求,将为内河运输比较优势由全面显现、基本发挥向充分发挥创造良好的社会环境。基于内河运输发展面临的经济社会、需求、政策和技术环境分析,本篇论述了进一步发展面临的十大挑战,按照内河运输七要素的战略分析模型(DESSPOR),对各个战略要素发展和关联性进行了分析,提出了2035年发展目标和2050年发展展望,从规划、建设、政策、体制机制等方面提出了政策措施,以进一步提升内河运输至臻性、支撑性和协调性。

第五章
内河运输发展的环境分析

我国已开启全面建设社会主义现代化国家新征程,进入高质量发展阶段,当前和今后一个时期,我国发展仍然处于重要战略机遇期。加快构建以国内大循环为主体、国内国际双循环相互促进的新发展格局,将推动内需运输需求的稳定增长,环境和资源价值的提高将进一步凸显内河运输的比较优势,发挥内河运输优势将面临更加有利的政策环境、更加完善的法律法规体系和日益严格的安全与节能环保法规;要求内河运输在提高供给能力的同时,适应国家安全、自如应对突发事件和可持续发展对内河运输的需要,全面提高运输系统韧性和服务质量;围绕资源深度开发、高效利用和节能减排,加快高质量发展;围绕工程建设、船舶运输和港口功能提升,加快技术创新、体制机制创新和政策创新,推动内河运输向更加安全、便捷、高效、绿色和经济的方向发展。

第一节 我国经济社会发展环境分析

2020年,我国国内生产总值突破100万亿元;污染防治力度加大,生态环境明显改善;对外开放持续扩大,共建"一带一路"成果丰硕。展望未来,当今世界正经历百年未有之大变局,新一轮科技革命和产业变革深入发展,我国已经开启全面建设社会主义现代化国家新征程。党的十九大对实现第二个百年奋斗目标作出分两个阶段推进的战略安排,即到2035年基本实现社会主义现代化,到21世纪中叶把我国建成富强民主文明和谐美丽的社会主义现代化强国。

一、经济贸易保持平稳较快增长,综合国力继续提升

自改革开放以来,我国经济保持高速增长。"十二五""十三五"期我国经济社会发展取得新的历史性成就。经济运行总体平稳,经济结构持续优化,国内生产总值从41万亿元增加到超过100万亿元。区域重大战略扎实推进,对外开放持续扩大,经济和对外贸易保持平稳和较快增长,我国在世界经济贸易中的地位不断提高(表5-1),成为全球第一贸易大国。面对全球贸易保护主义、单边主义抬头,我国实施更加积极主动的开放战略,大力推动共建"一带一路"和国际产能合作,推进自由贸易区建设,对外贸易和投资结构不断优化。GDP占世界比重由2010年的9.21%提高到2020年的16.28%,外贸进出口总额占世界比重由2010年的9.04%提高到2020年的11.54%。2020年我国GDP达到101万亿元,外贸进出口总额达到32万亿元,分别位居世界第二位和首位,是全球唯一实现经济正增长的主要经济体。人民生活水平明显改善,2020年城镇居民人均可支配收入32189元,农村居民人均可支配收入17131元。

我国经济贸易占世界比重和地位变化　　　　表5-1

年份(年)		1978	1980	1990	2000	2005	2010	2015	2020
经济贸易占世界比重(%)	进出口	0.79	0.92	1.63	3.62	6.68	9.67	11.87	13.13
	出口	0.76	0.89	1.78	3.86	7.25	10.31	13.73	14.74
	进口	0.82	0.96	1.48	3.39	6.12	9.04	10.04	11.54
经济贸易在世界位次	进出口	29	26	15	8	3	2	1	1
	出口	30	28	14	7	3	1	1	1
	进口	27	22	17	9	3	2	2	2

续上表

年份(年)	1978	1980	1990	2000	2005	2010	2015	2020
GDP 占世界比重(%)	1.74	1.70	1.59	3.60	4.81	9.21	14.71	16.28
GDP 在世界位次	10	11	11	6	4	2	2	2

资料来源:国家统计局,WTO,世界银行。

《中华人民共和国国民经济和社会发展第十四个五年规划和2035年远景目标纲要》提出,2035年,我国将基本实现社会主义现代化。经济实力、科技实力、综合国力将大幅跃升,经济总量和城乡居民人均收入将再迈上新的大台阶,关键核心技术实现重大突破,进入创新型国家前列。人均GDP达到中等发达国家水平,中等收入群体显著扩大,基本公共服务实现均等化,城乡区域发展差距和居民生活水平差距显著缩小。2035年人均GDP达到中等发达国家水平,蕴含着未来15年我国GDP增速需要保持在合理区间,"十四五"时期我国有望跨越中等收入门槛,成为高收入国家。英国智库——经济和商业研究中心(CEBR)于2020年12月26日发布年度报告,预测中国将在2028年超越美国成为全球最大的经济体。

经过改革开放40多年发展的积累,我国货物贸易已居世界首位,随着经济增长、产业转型和消费升级对能源、资源、先进设备、高端零部件、高档消费品仍有较强的进口需求,我国进出口总量位居世界列的格局短期内不会发生改变,我国货物进出口的流向也将随六大经济走廊的贯通而更加多元化。2020年,我国机电产品出口金额为10.66万亿元,较2019年增长了6%。我国的产业链优势体现为如下五个方面:一是我国是唯一拥有联合国产业分类当中全部工业行业的国家,拥有全球规模最大、行业最全、配套最完备的制造业体系;二是我国具有强大的工业产能优势和规模经济优势,在世界500多种主要工业产品当中,我国有220多种工业产品产量位居世界第一,而且各个主要产业均具有产量规模居世界前列的大型企业集团;三是产业链的高效运行需要仓储、运输、信息等多要素支撑,我国在物流体系、信息技术、大数据技术等方面具有综合优势,保障了产业链的畅通运转;四是我国产业的区域布局合理,许多省市都已形成了面向世界市场的各类产业集群,成为国内产业链体系的重要节点,亦延伸融入国外的产业体系当中,国内外产业链形成良好的互动、互助、共赢的合作局面;五是国内拥有世界最大规模的消费市场,对国内各产业链形成强大的需求拉动,而且需求端与供应端初步形成良好的内循环格局。

二、经济结构调整力度加大,发展可持续性不断增强

坚持深化供给侧结构性改革。推进供给侧结构性改革重点是推进"三去一降一补"。"十三五"期间,退出大量煤炭落后产能,超额完成"十三五"煤炭去产能目标;关停落后煤电机组超3000万kW,煤电装机控制在11亿kW以内;启动首批71家智能化煤矿建设,14个大型煤炭基地产量增长到全国的96.6%,还取缔了1亿多吨"地条钢",钢铁行业基本建立了健康、有序、公平的市场竞争环境。党的十九大报告指出,我国经济已由高速增长阶段转向高质量发展阶段,必须坚持质量第一、效益优先,以供给侧结构性改革为主线,推动经济发展质量变革、效率变革、动力变革。

形成消费和投资推动型增长模式。2020年面对新冠肺炎疫情冲击,我国充分展示了中国特色社会主义制度的优越性,在抗击疫情和经济发展方面取得举世瞩目的成就,GDP增长2.3%,是主要经济体中唯一实现正增长的国家。需求动力正由投资驱动向消费驱动转变,最终消费支出对经济增长的贡献率总体呈现上升趋势,资本形成总额对经济增长的贡献率总体呈现稳中趋降态势,货物和服务净出口对经济增长的贡献率总体呈现下降趋势(表5-2),表明经济增长越来越依靠内需,尤其是消费的拉动作用进一步增强。党的十九大报告提出,要完善促进消费的体制机制,增强消费对经济发展的基础性作用,"十四五"及中长期培育和壮大国内潜力巨大的消费市场将成为推动新时代经济高质量发展的永恒需求动力。

三大需求对国内生产总值增长的贡献率和拉动　　　　表5-2

年份(年)	最终消费支出		资本形成总额		货物和服务净出口	
	贡献率(%)	拉动(百分点)	贡献率(%)	拉动(百分点)	贡献率(%)	拉动(百分点)
2010	47.4	5	63.4	6.7	−10.8	−1.1

续上表

年份(年)	最终消费支出		资本形成总额		货物和服务净出口	
	贡献率(%)	拉动(百分点)	贡献率(%)	拉动(百分点)	贡献率(%)	拉动(百分点)
2011	65.7	6.3	41.1	3.9	-6.8	-0.6
2012	55.4	4.4	42.1	3.3	2.5	0.2
2013	50.2	3.9	53.1	4.1	-3.3	-0.3
2014	56.3	4.2	45.0	3.3	-1.3	-0.1
2015	69.0	4.9	22.6	1.6	8.4	0.6
2016	66.0	4.5	45.7	3.1	-11.7	-0.8
2017	55.9	3.9	39.5	2.7	4.7	0.3
2018	64.0	4.3	43.2	2.9	-7.2	-0.5
2019	58.6	3.5	28.9	1.7	12.6	0.7
2020	-22.0	-0.5	94.1	2.2	28.0	0.7

资料来源：国家统计局。

第三产业业已成为拉动经济增长的主动力和新引擎。产业动力正由第二产业向第三产业转变，第三产业对经济增长的贡献率从2010年的39.0%一路升至2019年的63.5%，累计提高24.5个百分点，2020年受新冠肺炎疫情影响回落至47.3%；第二产业对经济增长的贡献率从2010年的57.4%一路降至2019年的32.6%，累计降低24.8个百分点，2020年进一步增加至43.3%；第一产业对经济增长的贡献率波动较小（表5-3）。党的十九大报告明确提出，要支持传统产业优化升级，加快发展现代服务业，"十四五"及中长期推动产业结构、产品结构转型升级将成为推动新时代经济高质量发展的新型产业动力。

三次产业对国内生产总值增长的贡献率和拉动作用　　　表5-3

年份(年)	第一产业		第二产业		第三产业	
	贡献率(%)	拉动(百分点)	贡献率(%)	拉动(百分点)	贡献率(%)	拉动(百分点)
2010	3.6	0.4	57.4	6.1	39.0	4.2
2011	4.1	0.4	52.0	5.0	43.9	4.2
2012	5.0	0.4	50.0	3.9	45.0	3.5
2013	4.2	0.3	48.5	3.8	47.2	3.7

续上表

年份(年)	第一产业		第二产业		第三产业	
	贡献率(%)	拉动(百分点)	贡献率(%)	拉动(百分点)	贡献率(%)	拉动(百分点)
2014	4.5	0.3	45.6	3.4	49.9	3.7
2015	4.4	0.3	39.7	2.8	55.9	3.9
2016	4.0	0.3	36.0	2.5	60.0	4.1
2017	4.6	0.3	34.2	2.4	61.1	4.2
2018	4.1	0.3	34.4	2.3	61.5	4.2
2019	3.9	0.2	32.6	1.9	63.5	3.8
2020	9.5	0.2	43.3	1.0	47.3	1.1

资料来源:国家统计局。

新产业新业态新模式发展加快。2020年规模以上工业中,高技术制造业占规模以上工业增加值的比重为15.1%,全年高技术产业投资比上年增长10.6%。《中华人民共和国国民经济和社会发展第十四个五年规划和2035年远景目标纲要》提出,要着眼于抢占未来产业发展先机,培育先导性和支柱性产业,推动战略性新兴产业融合化、集群化、生态化发展,战略性新兴产业增加值占GDP比重超过17%。

继续推进城镇化进程。2010年以来我国常住人口城镇化率在突破50%后仍保持快速增长趋势,2020年达63.9%,上升了近14个百分点。根据《中华人民共和国国民经济和社会发展第十四个五年规划和2035年远景目标纲要》,2025年我国常住人口城镇化率将达到65%。从发达国家城镇化的一般规律看,我国当前仍然处于城镇化率有潜力以较快速度提升的发展机遇期。在以人为核心的新型城镇化战略推动下,历史上千百年的"乡土中国"正日益发展为"城镇中国",成为实现高质量发展的重要力量"源泉"。

三、区域重大战略深入实施,城乡区域发展协调性明显增强

改革开放40多年来,我国区域经济发展大体经历了沿海地区率先发展,到加快中西部发展、追求区域和谐发展的转变。断续推动西部大开发、东北全面振兴、中部地区崛起和东部率先发展,深入推进京津冀协同发展、粤港澳大

湾区建设、长三角一体化发展，推进长江经济带共抓大保护，编制黄河流域生态保护和高质量发展规划纲要，推动成渝地区双城经济圈建设，促进革命老区、民族地区、边疆地区、贫困地区加快发展，发展海洋经济。《中华人民共和国国民经济和社会发展第十四个五年规划和2035年远景目标纲要》提出，深入实施区域重大战略、区域协调发展战略、主体功能区战略，健全区域协调发展体制机制，构建高质量发展的区域经济布局和国土空间支撑体系。

  深入实施区域重大战略。加快推动京津冀协同发展，高标准高质量建设雄安新区，加快启动区和起步区建设，推动管理体制创新。全面推动长江经济带发展，坚持生态优先、绿色发展和共抓大保护、不搞大开发，协同推动生态环境保护和经济发展，打造人与自然和谐共生的美丽中国样板，围绕建设长江大动脉，整体设计综合交通运输体系，疏解三峡枢纽瓶颈制约，加快沿江高速铁路和货运铁路建设。积极稳妥推进粤港澳大湾区建设，加快城际铁路建设，统筹港口和机场功能布局，优化航运和航空资源配置。提升长三角一体化发展水平，提高长三角地区配置全球资源能力和辐射带动全国发展能力，加快基础设施互联互通，实现长三角地级及以上城市高速铁路全覆盖，推进港口群一体化治理。扎实推进黄河流域生态保护和高质量发展，建设黄河流域生态保护和高质量发展先行区。

  深入实施区域协调发展战略。深入推进西部大开发、东北全面振兴、中部地区崛起、东部率先发展，支持特殊类型地区加快发展，在发展中促进相对平衡。积极拓展海洋经济发展空间。坚持陆海统筹、人海和谐、合作共赢，协同推进海洋生态保护、海洋经济发展和海洋权益维护，加快建设海洋强国。

  提升城镇化发展质量。坚持走中国特色新型城镇化道路，深入推进以人为核心的新型城镇化战略，以城市群、都市圈为依托促进大中小城市和小城镇协调联动、特色化发展，使更多人民群众享有更高品质的城市生活。健全农业转移人口市民化配套政策体系，加快推动农业转移人口全面融入城市。发展壮大城市群和都市圈，分类引导大中小城市发展方向和建设重点，形成疏密有致、分工协作、功能完善的城镇化空间格局。加快转变城市发展方式，统筹城市规划建设管理,实施城市更新行动,推动城市空间结构优化和品质提升。

四、推动绿色发展,促进人与自然和谐共生

"十二五"以来,我国牢固树立"绿水青山就是金山银山"的理念,加快推进生态文明建设,生态环境质量明显改善,资源环境可持续发展能力不断增强,节能减排进展明显,资源能源利用效率显著提升,生态文明建设成效之大前所未有。2020年9月,习近平主席在第七十五届联合国大会一般性辩论上发表讲话时指出,中国将提高国家自主贡献力度,采取更加有力的政策和措施,二氧化碳排放力争于2030年前达到峰值,努力争取2060年前实现碳中和。❶《中华人民共和国国民经济和社会发展第十四个五年规划和2035年远景目标纲要》提出,坚持"绿水青山就是金山银山"理念,实施可持续发展战略,完善生态文明领域统筹协调机制,构建生态文明体系,推动经济社会发展全面绿色转型,建设美丽中国。

提升生态系统质量和稳定性。科学划定自然保护地保护范围及功能分区,加快整合归并优化各类保护地,严格管控自然保护地范围内非生态活动。健全生态保护补偿机制,加大重点生态功能区、重要水系源头地区、自然保护地转移支付力度,鼓励受益地区和保护地区、流域上下游通过资金补偿、产业扶持等多种形式开展横向生态补偿。完善市场化多元化生态补偿,鼓励各类社会资本参与生态保护修复。

持续改善环境质量。深入打好污染防治攻坚战,坚持源头防治、综合施策,强化多污染物协同控制和区域协同治理。建立健全环境治理体系,建立地上地下、陆海统筹的生态环境治理制度,推进精准、科学、依法、系统治污。积极应对气候变化,"十四五"时期单位GDP能源消耗累计降低13.5%,单位GDP CO_2 排放累计降低18%。完善能源消费总量和强度双控制度,重点控制化石能源消费;实施以碳强度控制为主、碳排放总量控制为辅的制度,支持有

---

❶出自《人民日报》(2020年09月23日01版)。

条件的地方和重点行业、重点企业率先达到碳排放峰值;推动能源清洁低碳安全高效利用,深入推进工业、建筑、交通等领域低碳转型;加大甲烷、氢氟碳化物、全氟化碳等其他温室气体控制力度。协同推进减污降碳,不断改善空气、水环境质量,有效管控土壤污染风险。

加快发展方式绿色转型。坚持生态优先、绿色发展,推进资源总量管理、科学配置、全面节约、循环利用,协同推进经济高质量发展和生态环境高水平保护。全面提高资源利用效率,深化工业、建筑、交通等领域和公共机构节能。全面推行循环经济理念,构建多层次资源高效循环利用体系。大力发展绿色经济,坚决遏制高耗能、高排放项目盲目发展,推动绿色转型实现积极发展。壮大节能环保、清洁生产、清洁能源、生态环境、基础设施绿色升级、绿色服务等产业,推广合同能源管理、合同节水管理、环境污染第三方治理等服务模式。推动煤炭等化石能源清洁高效利用,推进钢铁、石化、建材等行业绿色化改造,加快大宗货物和中长途货物运输"公转铁""公转水"。强化绿色发展的法律和政策保障。实施有利于节能环保和资源综合利用的税收政策。

第二节 我国内河运输发展需求环境分析

我国已转向高质量发展阶段,全面建设社会主义现代化国家的战略推进,对内河运输提出了更全面、更高的要求:在提升供给能力适应内河运量稳定增长的同时,要求内河运输向更加安全、便捷、高效、绿色、经济的方向发展,提高内河运输服务质量,助力加快交通强国建设,适应国家安全战略、经济战略和可持续发展战略的需要。

一、提升内河运输安全水平,适应国家安全战略新需求

当前我国经济社会发展面临复杂多变的周边环境,边界河流的战略性作用凸显。新时期国家安全战略要求全面提高公共安全保障能力,提高内河运

输安全生产水平。同时,新冠肺炎疫情全球暴发和自然灾害频发,对应急抢险救灾运输通道安全保障性要求不断提高,保证内河运输的安全、高效、畅通仍是未来长期任务。

适应全面提高公共安全保障能力需求。党的十九大报告强调要树立安全发展理念,健全公共安全体系,弘扬生命至上、安全第一的思想。新时期全面提高公共安全保障要求坚持人民至上、生命至上,健全公共安全体制机制,严格落实公共安全责任和管理制度,保障人民生命安全。随着内河运量快速增长,船舶通航密度不断加大,但由于安全监管和搜救能力增强,内河运输船舶水上交通事故数量呈现不断减少趋势(表5-4)。虽然内河运输事故率较低,但由于其利用江河湖泊等水资源进行运输,载货量大、旅客集中,分布广泛的农村客运更是事关广大百姓生命财产安全和民生问题,一旦发生安全事故,可能直接造成严重的人员、财产损失,甚至会造成巨大负面影响。例如,2015年"东方之星"事故造成400余名旅客与船员遇难,造成了极大的社会影响。内河危险品运输近年来发展仍较快,内河港口石油及制品、化工原料及制品的吞吐量由2010年的约1.8亿t上升到2020年的2.7亿t(2019年为2.8亿t),若发生液体危险品泄漏、爆炸事故❶,极易扩散,将直接对水域造成环境和生态污染,严重影响沿江经济活动和人民生活,甚至成为环境灾难。经济社会发展和人们生活水平的提高,使人的生命价值、劳动能力和肢体完整性的价值将得到更好地体现,同时环境价值越来越高,安全事故造成的人员伤害和环境的代价将明显提高,相应对内河运输安全性提出更高的要求。因此,要求政府应完善相关安全技术标准,加强资质准入管理、安全执法和监督检查,不断提高从业者水平,提高本质安全水平;加强对老旧运输船舶,特别是运输危险货物重点船舶监管;加快形成完善的支持保障系统,为安全运营提供支持保障。提高装备技术水平和对安全突发事件的反应能力,在已发生事故的情况下,能够快速反应,把造成的危害损失降至最低。人为因素是造成安全事故和环境污染

---

❶ 比如天津"8·12"事故、大连"7·16"事故、青岛"11·22"事故影响极大。

的重要因素,包括疏忽和业务素质低下、有缺陷的安全管理程序、执法与监督系统不严等。在航运市场低谷、企业经营困难时期,企业要切实加强安全管理,严格执行相关安全规则,更要注重加大从业人员的业务素质教育和培训;政府要制定严格的安全监督处罚条例,尽可能减少人为因素造成的安全事故。重特大水上安全事故不断警示我们统筹发展和安全,保障人民生命和财产安全。内河运输特别是旅客运输和危险品运输,关系旅客生命安全和水域水资源安全,需要不断提高安全生产水平,适应全面提高公共安全保障能力的国家安全战略。

我国历年内河运输船舶水上交通事故情况　　　　　　　　　　表5-4

年份(年)	2001	2005	2010	2015	2020
事故件数(件)	645	532	331	212.5	138
重大事故件数(件)	231	91	69	2.5	17
死亡人数(人)	490	479	329	222	196

适应界河经济通道、外交通道和战略通道需求。界河承载着国家政治、国防、外交和交通等诸多国家职能,涉及国防安全、领水领土主权和航行权益,体现国家形象。界河航道往往是重要的国防战略通道,作为边境交通战备体系的重要组成部分,要求有效提高应对各种突发事件的能力,保障紧急情况下国家战略物资的水上运输和部队快速调动。和平时期,内河通道还是保障边境驻军后勤供应和执行水上巡逻的重要通道;由于河流的特殊性,通过水利工程、扩岛围田,会造成部分河段急剧淤浅成滩、导致断航,甚至可能直接影响领水、领土面积,影响、削弱对区域的监控、控制和处置突发事件的能力。我国界河主要包括中俄、中朝、中越和中缅等区域,涉及北仑河、水口河、平儿河、元江、李仙江、澜沧江、瑞丽江、怒江、鸭绿江、图们江、额尔古纳河、贝尔湖、黑龙江、乌苏里江、松阿察河、兴凯湖和抚远水道主要河流,总里程超5300km,它们既是我们国防的第一线,也是保证沿边经济发展和应急物资运输的主通道,周边既有军事强国,也有世界敏感地区。从历史上看,无论国家间关系是否友好,借航道航行管理、水利工程对领土、领水的主权之争一刻也没有停止过。

随着我国的崛起,复杂地缘形势日益显现,维护界河稳定、清晰和通畅,加强界河管理,才能适应我国经济社会发展对界河经济通道、外交通道和战略通道的要求,有效维护我国领土、领水主权。

适应有效应对恐怖袭击的需求。随着我国国际地位的提升,我国面临的反恐形势在最近几年来日益严峻复杂,从2008年的"3·7"事件,西藏和新疆的严重恐怖暴力犯罪事件,到2013年以来的天安门金水桥撞车事件和昆明火车站恐怖事件、乌鲁木齐"5·22"事件等,普通人民群众的人身和财产安全受到恐怖主义挑战。港口是区域性综合运输枢纽,部分港区人流密度大、流动性强,有些港区还是危险品等货物集散地,一旦遭受恐怖袭击,将会对经济社会发展、生命财产和人民生活等造成严重影响。特别是内河水资源的环境承载力有限,一旦毒性、腐蚀性等液体化学危险品遭受恐怖袭击,将对水资源安全构成严重威胁,甚至成为环境灾难,因此,要求内河运输不断适应提高反恐安保要求。

适应关键时刻发挥应急通道的作用需求。内河运输既是国民经济的"大动脉",也是国防和军事物资运输,以及抢险救灾的生命线。1998年大洪灾中,抗洪部队采用摩托化开进、铁路输送、水路输送和大空运等多种方式,迅速、安全、准时将20多万名部队人员和军事、救灾物资迅速输送到抗洪一线;2008年南方罕见的雨雪冰冻灾害,正值春运高峰期,严重影响了公路、铁路、民航等交通运输部门的正常运行,但内河运输始终保持了安全畅通,为抗击自然灾害发挥了关键作用。2020年新冠肺炎疫情暴发以来,全国内河航道、港口始终保持正常运行,进一步凸显了内河水运的韧性。内河作为综合运输通道的重要组成部分,大量国民经济发展急需的电煤、铁矿石等均通过四通八达的内河水系运输到内陆广大地区,长江、京杭大运河通道是沿海电煤运输的重要辅助通道,在平抑南方电荒中发挥了重要作用,三峡水利枢纽建设所需的大量特种、重大机械均通过内河运输完成。同时,内河运输是一个国家的主权行为,能有效保障国家重点物资运输的信息安全。未来随着我国中西部地区经济发展,内河运输对于国家重点物资运输安全的保障作用会更加重要。

二、提高内河运输服务质量,适应国家经济战略新需要

加快构建以国内大循环为主体、国内国际双循环相互促进的新发展格局将引领我国由"世界工厂"向"世界市场"转变,形成强大的国内市场要求提高供给体系和循环体系的适配性。随着区域经济协调性进一步增强,产业链上的分工更加细化,同时现代信息技术的发展以及互联网化颠覆了传统的生产和贸易方式,催生了生产组织方式和消费方式的变革,要求内河运输在提高传统大宗物资的运输能力的同时,发挥内河运输服务的先行和引导作用,适应和促进沿江经济结构的优化和调整,提高内河运输的可靠性、可预期性、便捷性、经济性和韧性等服务质量。

(1)日益提高的可靠性和可预期性要求。现代生产和物流体系要求按照确定的时间、确定的数量和确定的成本将货物送达,这就意味着必须提高船舶到港的可预期性和班轮的准班率。港口尽可能有效地进行货物装卸,集疏运系统要顺畅、高效,不能因为拥挤等原因受阻。面对多因素影响可能导致的不确定性,需付出艰苦的努力切实提高可靠性。

(2)提高运输效率,降低运输成本。为了保持企业的竞争力,运输需求方总是希望得到更高效率、更低成本的内河运输服务,面对提高职工收入、资源价格上涨等成本上升的压力,要求内河运输企业做精主业、创新服务,船舶大型化、提升港口功能和信息化技术应用等都是为适应客户的这一需求而发展和形成的。

(3)最低的货物损坏。损坏最小越来越成为货物运输的焦点。随着货物价值的普遍提高,准时运输和零库存需求将快速发展,越来越难以忍受货物损坏,因为其经营活动只能维持最低库存规模,而损害的货物可能对整个生产线产生影响。

(4)融入全程物流链服务。为了更好地组织生产,客户对全程物流链管理的要求越来越高,对货物承运者提供全程物流服务和货物状态信息提出越来越高的要求,需要内河货物承运人融入全程供应链服务中,成为提供"门到

门"的全程物流服务的一环。为适应这一需求,内河运输须以现代物流的理念,通过和其他运输方式有效衔接,充分发挥内河港口物流园区优势,形成综合交通运输体系,提高集疏运换装的经济性和便捷性,全面改善信息服务水平,提供全方位物流服务。

(5)持续提升内河运输韧性。内河运输通江达海,运输市场不具备明显的地域限制,既具备融入全程供应链的柔性,也具备韧性,特别是在特殊情况下,韧性强可以成为内河运输的明显优势。如2020年以来,在新冠肺炎疫情影响下,客户对全程物流各环节的韧性和在特殊时期提供可靠服务的需求显现,彰显了内河运输韧性优势。内河运输应进一步增强港口、船舶、航道等生产要素在特殊时期服务的稳定性、可靠性,构建新型水陆联运系统,保障国内国际物流和供应链稳定。

三、提升内河运输绿色水平,适应国家可持续发展战略新要求

随着经济社会发展水平提高,人们对大气和水资源环境越来越关注。相对公路和铁路,内河运输作为绿色的运输方式,其比较优势在未来将得到更加充分的发挥。党的十九大报告全面阐述了加快生态文明体制改革、推进绿色发展、建设美丽中国的战略部署,明确指出"我们要建设的现代化是人与自然和谐共生的现代化,既要创造更多物质财富和精神财富以满足人民日益增长的美好生活需要,也要提供更多优质生态产品以满足人民日益增长的优美生态环境需要"。内河运输在资源合理高效利用、水污染防治、大气污染防治、减少温室气体排放等方面都要适应国家生态文明建设、美丽中国建设、可持续发展战略,推动内河运输全面绿色转型。

适应国家国土空间规划和用途管控要求。强化国土空间规划和用途管控,划定落实生态保护红线、永久基本农田、城镇开发边界以及各类海域保护线,是国家完善生态安全屏障体系提升生态系统质量和稳定性的重要举措。长江干线、淮河干流、岷江等高等级航道沿线分布着众多的不同时期规划的各类国家级、省级、市级或县级环境敏感保护区,包括珍稀鱼类、水产种植、自然

湿地、饮用水资源等。相关内河航道项目前期工作、项目环评及生态修复保护专题工作等都需要适应新的生态保护要求。未来内河新增 1 万 km 高等级航道的建设、重大水系沟通运河工程都需要协调和适应国土空间资源、水资源的综合利用和生态保护。此外,港口岸线节约高效利用也是适应岸线资源管控要求的需要。《中华人民共和国长江保护法》规定,要制定河湖岸线保护规划,严格控制岸线开发建设,促进岸线合理高效利用。

适应国家大江大河和重要湖泊湿地生态保护要求。内河运输可能产生的水污染物包括油类、化学品、生活污水及灰水、船舶垃圾等,此外噪声和振动对水生物生态造成了一定影响。在国家不断重视长江等内河生态保护的宏观政策下,沿江各省市当前内河船舶水污染防治以"零排放"为目标,多数采取收集上岸处理的方式,因此,对船舶的技术要求较低,而以严格有效的管理手段为主适应水环境保护要求。在生态保护方面,《中华人民共和国长江保护法》规定"国务院交通运输主管部门会同国务院自然资源、水行政、生态环境、农业农村、林业和草原主管部门在长江流域水生生物重要栖息地科学划定禁止航行区域和限制航行区域。禁止船舶在划定的禁止航行区域内航行。因国家发展战略和国计民生需要,在水生生物重要栖息地禁止航行区域内航行的,应当由国务院交通运输主管部门商国务院农业农村主管部门同意,并应当采取必要措施,减少对重要水生生物的干扰",未来内河船舶在噪声和振动方面的控制将会被逐步重视。

适应国家大气污染防治行动的要求。内河船舶大部分都使用传统的化石能源燃料,这些燃料燃烧之后会产生 SO_x、NO_x、PM 等大气污染物,对空气质量会产生一定影响。我国内河船舶的硫排放控制主要通过控制燃油硫含量实现,目前内河船舶的硫排放控制标准已达到世界先进水平。但是 NO_x、HC 等污染物的排放控制仍较车辆等处于落后地位。《中华人民共和国国民经济和社会发展第十四个五年规划和 2035 年远景目标纲要》提出"地级及以上城市 $PM_{2.5}$ 浓度下降 10%,NO_x 和挥发性有机物(VOCs)排放总量分别下降 10% 以上"的"十四五"发展目标。未来内河船舶的绿色发展仍需要适应国家总体要求,提升大气污染防治水平,特别是 NO_x 的排放控制。

适应碳达峰碳中和的应对气候变化国家自主贡献目标要求。实施碳强度控制、碳排放总量控制,推动能源清洁低碳安全高效利用,深入推进工业、建筑、交通等领域低碳转型,是国家落实2030年应对气候变化国家自主贡献目标,制定2030年前碳排放达峰行动方案的重要举措。从行业排放结构看,国内碳排放主要来自电力行业、制造业、采掘业及交通运输行业,碳排放总量占比全国碳排放量91%。交通运输行业减排任务艰巨,在各种运输方式中公路运输排放占比最高,未来内河运输一方面需要承接"公转水"货运需求,另一方面需要不断强化能耗低的比较优势,适应国家总体减排要求。

此外,国家鼓励发展循环经济,创建节约型社会。《中华人民共和国国民经济和社会发展第十四个五年规划和2035年远景目标纲要》提出"全面推行循环经济理念,构建多层次资源高效循环利用体系",内河运输体系中除基础设施外,船舶是最大的经营性设施,且技术使用寿命一般都长达几十年,需要按照循环经济的理念,发展再制造产业,加强对船舶进行全生命周期管理,适应循环经济发展需要。

四、内河运输需求持续增长

国家经济结构调整和产业布局优化,特别是长江经济带、粤港澳大湾区、长三角一体化发展、黄河流域生态保护和高质量发展等区域重大战略的提出,对内河运输发展具有极其重要的意义,为内河客货运输需求奠定了坚实的基础。"双碳"目标下,加快运输结构调整将促进大宗货物和中长途货物运输"公转水"发展,提高内河运输在全社会总运输需求中的分担比例。党的十九大报告提出,从2020年到2035年,在全面建成小康社会的基础上,再奋斗15年,基本实现社会主义现代化;从2035年到21世纪中叶,在基本实现现代化的基础上,再奋斗15年,把我国建成富强民主文明和谐美丽的社会主义现代化强国。基于国民经济与内河货运量、港口吞吐量相关关系分析,同时考虑随着经济发展水平提高、内河运输比较优势不断显现、竞争力不断提高等因素,货运需求将随着经济贸易的发展而增长,预计2021—2035年内河货运需求年均增速约3%,2035年后,第三产业在经济发展的作用更为显著,对内河运输量的需求弹性将逐步下降,预计2035—2050年年均增速约0.5%,主要表现为对运输服务质量的提高。

1. 水上休闲娱乐需求❶

进入21世纪以来,随着我国水上客运结构调整,水上客运量扭转了长期下降趋势,开始出现恢复性增长,内河客运量由2005年约1.25亿人次缓慢增长到2019年的1.55亿人次(2020年受疫情影响下降至8228万人次)。其中,传统客运量仍不断下降,主要是由于人们生活水平的提高和出行需求结构的变化,公路、民航、高铁等基础设施的完善,常规水上客运速度慢劣势显现,开始逐步退出市场,长江沿线安徽、江西、湖北和湖南等传统水上客运发达地区客运量不断萎缩。旅游客运发展较快,一方面普通客运不断向旅游化转型,另一方面邮轮游艇等水上休闲娱乐新业态不断出现,极大带动了水上旅游客运发展。

目前,内河水上休闲娱乐需求主要包括游轮旅游、城市观光游和库区游等。以长江三峡游轮为代表的内河游轮起步较早,改革开放以来经历了交通观光旅游、三峡观景主题游览、三峡观景游与休闲游结合,逐步发展到今天的游轮目的地旅游阶段。2016年以来,长江游轮行业一直保持快速发展态势,以长江三峡游轮为代表的内河游轮旅游产品,已成为高端休闲产品的典范,初步形成我国规模最大的内河游轮群和较为完整的游轮服务体系。2019年长江三峡游轮接待量109.3万人次,从事长江干线省际旅游客运游轮52艘,其中35艘豪华游轮,内河水运休闲娱乐性强的比较优势开始逐步显现。城市观光游方面,我国城市水上观光游最有代表性的有:上海的浦江游、重庆的两江游(长江、嘉陵江)、宜昌的两坝(葛洲坝、三峡大坝)一峡(西陵峡)游、武汉的两江游(长江、汉江)以及广州的珠江夜游等,另外还有钱塘江夜游、闽江

---

❶ 传统意义上,内河运输作为交通运输业一部分仅统计水路客运量,但随着各类水上休闲娱乐业态日益丰富,难以区分客运和旅游活动,参照欧洲经验,本书采用水上休闲娱乐需求进行展望。

夜游;上海的浦江游超过300万人次、珠江游超过300万人次、重庆的两江游超过200万人次。库湖景区游船方面,随着休闲时代的到来以及度假旅游需求大众化、度假市场的扩大化,我国少数湖泊度假地以其良好的生态环境成为我国休闲度假的主要目的地,如浙江千岛湖、无锡太湖和常州天目湖度假区,凭借优越的区位条件和旅游资源禀赋,已经发展成为比较有特色的休闲度假湖。以千岛湖为例,已由单纯湖岛观光发展为"观光在湖区,度假在综合体,休闲在乡村"的综合型湖泊旅游度假目的地,游船共约174艘,年游客数796万人。

从未来发展看,包括内河旅游客运在内的水上休闲娱乐需求将保持快速增长态势,成为我国内河运输发展的重点,也是体现建设"人民满意"交通的重要组成部分。一是随着我国消费群体的形成,以及海上邮轮旅游方式在我国的普及,人们对乘坐游轮旅游的接受程度会进一步提高,内河豪华游轮发展仍具有较大潜力。二是城市水上观光游和库湖区游船,随着城市群构建、乡村振兴战略的实施,旅游业的快速发展将带动游船旅游需求进一步大幅增长。三是从欧美的发展经验来看,随着经济社会发展水平的不断提高,在各类河流、湖泊上的游艇、帆船、摩托艇、水上运动设备等将有较快的发展。从需求特点看,水上休闲娱乐的个性化、品质化特点日益突出,即要求内河运输提供更加安全、便捷、绿色、高效的运输服务,更加要求适应旅游服务特点,不断加强服务创新,突出"旅游产品"导向,打造优质精良、便捷高效、绿色智能、安全健康的高品质水路旅游产品,更好地满足人民群众多元化、高品质出行需求。

2. 集装箱运输需求

我国内河集装箱运输近年来发展迅速,2020年内河港口完成集装箱吞吐量3001万TEU,超过了2010年的两倍,占全国港口集装箱吞吐量的11.55%,仍处于发展时期。2020年长江内河港口集装箱吞吐量达2202万TEU,超过四分之三的运量集中在南京以下港口,并以内贸、内支线运输为主。外贸集装箱方面,除部分港口开通了一些到日韩和东南亚的近洋航线外,大部分外贸集装箱都通过上海港中转,主要有两种方式:一是通过海船或者特定航线江海直达船运输到上海港洋山港区;另一种方式是通过内河集装箱船运输到外高桥或太仓港区后,再通过外高桥港区与洋山港区之间的穿梭巴士转运到洋山港区。近年来,随着江海直达运输优势的体现,长江集装箱运输公司通过企业间联合运营、舱位共享等方式,江海直达运输航线迅速增多,上海港洋山港区的江海直达集装箱航线最远已经开辟到武汉,2020年上海港集装箱水-水中转比达到51.6%。长三角地区短途集装箱运输取得较快发展,一是嘉兴港内河集装箱运输的发展,2020年嘉兴港总体完成集装箱吞吐量约195.57万TEU;二是湖州市安吉港至上海港的集装箱运输发展,安吉港主要开通了至上海港的短距离集装箱航线,2020年集装箱吞吐量达到了31.8万TEU。1972年,广东省在珠江水系率先开展内河集装箱运输,1978年起开展外贸集装箱运输。随着改革开放以来腹地经济和外贸的高速发展,珠江外贸集装箱运输获得了空前的发展,1996年内贸沿海集装箱航线的开通,为珠江集装箱运输带来了新的发展契机。珠江集装箱运输主要为香港、深圳和广州三大国际集装箱港口提供支线运输服务。香港以国际中转为主,与内地的集装箱干支线江海联运长期以来是其主要集疏运方式,开通了从珠三角到西江的集装箱驳船支线,自改革开放以来一直方兴未艾;广州南沙港有上百条内河集装箱支线畅通广东、广西各内河港口。2020年珠江水系内河港口完成集装箱吞吐量1393万TEU。

未来,内河集装箱运输需求主要取决于四个方面的动力:一是经济社会的发展,在国家长江经济带、珠江-西江经济带战略的推动下,沿江地区经济社会和规模化产业集群的发展,对运输的需求将进一步增长;二是伴随着产业结构的调整和集装箱运输技术的发展,适箱货的比重将逐步提高,参照沿海港口经验内河集装箱化率仍有较大上升的空间;三是运输结构调整,随着大中城市交通拥堵问题的显现,沿江地区内河集疏运作用的提高,在国家政策支持下将不断吸引大宗货物公转水、散改集,内河集装箱运输未来发展潜力巨大;四是运输通道不断完善,以上海国际航运中心为龙头,以长江上游重庆、中游武汉、下游南京、苏州、南通各港为区域性中心,以各种类型的地区性喂给港为补充的长江集装箱运输体系将进一步发展完善,特别是苏州港、南通港和南京港有望进一步发挥江海转运枢纽作用,集装箱运输得到较快发展,真正成为上海国际航运中心集装箱运输的一翼。预计内河集装箱运输需求 2021—2035 年增长较快,占内河总货运量的比重将不断提高,2035 年内河港口集装箱吞吐量有望达到 6000 万 TEU。

长江沿线专业化集装箱码头能力将继续增长,集装箱运输船舶将进一步提高专业化、大型化水平,特定航线江海直达运输船舶数量继续增加,市场相对集中化与参与经营企业多样化趋势并存,集装箱运输组织方式也将不断优化完善,水-水中转、水-陆中转、内外贸同船运输、江海直达、起运港退税等方式将进一步发展完善,集装箱运输对流域经济的拉动效应和促进产业集聚效应将不断增加。

3. 其他新兴货类运输需求

从莱茵河货运发展的经验及对未来的展望,结合我国经济社会发展趋势,以下市场的运输需求将会逐步显现。一是工程设备、重型和超大货物运输市场。受能源转型和电力需求增加影响,变压器、大型发电风车等超大型货物运输将受到陆上或其他交通方式运输能力的限制。内河运输凭借运量大、空间不受限制以及灵活性的优点,将成为这类细分市场运输方式的最佳选择。二是回收、循环经济运输市场。目前,莱茵河地区内河运输已经积极参与回收材料的运输,预计未来该运输模式的分担率将进一步增加。废弃物运输符合大宗、低值的内河运输特点。未来随着我国循环经济的发展,也将带来废弃物的运输需求。三是生物质能源运输。促进能源转型需要更多的生物燃料,另外,为应对食品生产减少,需要更多生物质能源运输,内河运输具有能大容量运输这些物料的优势。四是氢、甲醇、合成燃料运输。在未来的能源系统中,氢、甲醇、合成燃料可能会成为重要的能量来源,与电力和电池结合使用。尽管目前使用内河运输这些燃料仍处于初级阶段,其他替代措施如管道运输等也存在较大可能,但预测 2030 年以后使用内河运输的潜力巨大。

4. 矿建材料运输需求

矿建材料[1]是我国内河运输的第一大货种。2020年,全国内河港口[2]完成矿建材料吞吐量16.08亿t,占比达到31.72%,比第二大货种煤炭高出10个百分点。目前内河运输的矿建材料主要包括石灰石、碎石等石料和黄沙等,主要用于沿岸各地建筑业。自2001年以来,随着我国沿江沿河地区基础设施建设的快速发展,带动矿建材料运输高速发展,2000—2010年矿建材料港口吞吐量年均增长速度达到18.05%,但随着沿江省(区、市)城镇化进程以及对非法采砂的打击,内河矿建材料运输需求增速放缓,矿建材料港口吞吐量2010—2015年年均增速5.92%,2015—2020年年均增速6.75%,占内河港口吞吐量的比重由2010年的33.23%下降至2020年的31.72%。

从运输结构上看,矿建材料绝大部分是内贸运输。黄沙、砂石料的供给资源分布非常广泛,大部分需求均能在周边地区满足,也有部分库湖区所产优质黄沙运输距离较长,总体看地域运输需求分布比较均衡,很难形成类似煤炭、矿石等其他大宗干散货的运输大通道。目前内河矿建材料运输的主要地区集中在长江中下游,包括浙江杭嘉湖地区、上海、江苏以及安徽、湖南等地,最大的调出港为江苏镇江,2020年出港量8254万t,主要供应长江经济带地区经济发展所需基础设施建设。从贸易结构上看,矿建材料运输在供给和需求端均比较分散,不容易形成产业链,主要由个体经营者运输,一些经营者普遍采用贸易和运输结合的经营方式,在产地采购黄沙后,自行运输到需求地销售,赚取贸易差价。

展望未来,2025年我国城镇化率将达到65%,根据对内河矿建材料吞吐量和沿江省(区、市)主要经济指标的分析,其与建筑业、固定资产投资等指标存在高度相关性,随着未来我国新型城镇化的推进,"十四五"内河矿建材料增长势头有望继续维持但增速放缓。远期,随着沿江省(区、市)进入工业化

---

[1] 根据交通运输部对矿建材料的统计范围,矿建材料主要包括砖、瓦、沙子、石料及石料加工品、石灰、水泥制品、玻璃,以及未命名的矿建材料,例如防火保温材料、建筑用土渣等。

[2] 从2019年1月起,港口统计范围由规模以上港口调整为全国所有获得港口经营许可的业户。

中后期阶段,城镇化建设基本完成,矿建材料的运输需求在基本维持稳定后会出现下降趋势。

5. 煤炭内河运输需求

煤炭是我国内河运输的主要货种之一。2020 年全国内河港口货物吞吐量中煤炭及其制品 9.10 亿 t,占比 17.94%。

内河运输通道历来是国内北煤南运、西煤东运的重要通道。一是海进江煤炭运输,衔接到沿海煤炭运输,采用海船直接由北方下水港运输到南京以下长江港口,再转运至长江沿线港口。随着煤炭运输格局的调整,2000 年以来海进江煤炭一直保持快速增长态势,由 21 世纪初的几百万吨,迅速上升到 2019 年约 2.5 亿 t。2019 年 9 月浩吉铁路全线通车投入运营,浩吉铁路由北起内蒙古鄂尔多斯市境内浩勒报吉南站,终到江西省吉安市境内吉安站,连接蒙陕甘宁能源"金三角"地区与鄂湘赣等华中地区,纵贯内蒙古、陕西、山西、河南、湖北、湖南、江西七省(区),线路全长 1813.544km,设计年输送能力为 2 亿 t。2020 年,浩吉铁路受集疏运端配套基础设施不完善、铁路运价未全面形成优势等因素影响,全年实际完成运量仅为 1700 万 t 左右;估算浩吉铁路替代沿海煤炭海进江程运输的运量为 500 万~800 万 t。未来随着浩吉铁路能力释放,对湖南、湖北海进江煤炭的影响将持续增强。二是以长江沿线煤炭中转港为主的长江煤运通道,主要通过铁水转运等方式,将山西南部、安徽、河南、河北、湖北等煤炭产区的煤炭运往长江中下游沿线以及长江三角洲水网地区主要港口和煤炭用户货主码头。随着海进江煤炭运输的发展,"三口一枝"通道煤炭运输不断减弱,南京浦口港区已于 2019 年因城市建设需要关停,芜湖裕溪口港区煤炭年通过能力仅 600 多万吨,武汉汉口港区煤炭下水量下降接近减半,宜昌枝城港区煤炭下水量增长较快,2019 年宜昌港煤炭及其制品出港量为 4397 万 t,较 2015 年增加 2514 万 t。浩吉铁路铁水联运主要通过襄阳、荆州、岳阳等煤炭储备基地进行,覆盖范围包括湖北地区(武汉、黄石、鄂州等)、湖南地区(长沙、湘潭、岳阳等)、江西地区(九江、南昌、丰城等),并能辐射到长江沿线的安徽及重庆部分地区,到 2030 年,浩吉铁路铁水联运煤炭储备基地的煤炭运输量预计为 4900 万 t。三是京杭运河煤炭运输通道,主要通过济宁港、枣庄港、徐州港下水供应江苏省内需求,煤炭下水量稳定增长,2020 年济宁港和枣庄港共计煤炭及其制品出港量 3692 万 t、徐州港煤炭及其制品出港量 2205 万 t。四是西南煤炭外运通道。长江上游西南地区煤炭,通过长江水运调运至长三角地区,即传统上的"川煤外运"。近几年受四川、云南、贵州、重庆等上游省(市)火力发电建设、下游需求放缓以及外贸进口煤炭冲击等影响,运输需求大幅下滑,2020 年通过三峡船闸的煤炭下行运量已降 155 万 t,并有进一步下降趋势。

展望未来,"双碳"目标下,到 2030 年非化石能源占一次能源消费比重达到 25% 左右,风电和太阳能发电总装机容量达到 12 亿 kW 以上。"十四五"现代能源体系规划和分领域能源规划,把发展非化石能源、推动能源低碳转型放在突出位置,初步测算"十四五"时期清洁能源占能源消费增量的比重将达到 80%,比"十三五"要提高 20 个百分点,非化石能源将成为能源消费增量的主体。因此,未来我国能源结构将呈现石油、煤炭等占能源消费的比重将有所下降,天然气、非化石能源等清洁能源的比重有所提高的变化趋势。未来随着我国能源结构调整,内河煤炭运输需求将会出现达峰后逐步下降的趋势。

6. 铁矿石内河运输需求

2020 年全国内河港口货物吞吐量中金属矿石 7.49 亿 t,占比 14.77%。我国钢铁产量自 1989 年突破 6000 万 t 以来,一直保持稳定的增长势头,2020 年我国粗钢产量达到 10.53 亿 t,占全球粗钢产量的 56.5%,稳居全球第一。在钢铁生产快速发展带动下,对炼钢原料需求持续旺盛。由于我国尚处于工业化阶段,累计钢铁消费量小,钢铁尚未进入大规模循环时期,炼钢所需原材料主要依赖铁矿石。我国铁矿石资源较为丰富,但由于产量和品位等原因,不能完全满足我国钢铁产量逐年增加的需要,长期以来,我国大量从巴西、澳大利亚等国进口铁矿石,2020 年进口铁矿石达到 11.7 亿 t,铁矿石进口量占全球铁矿石进口量的 70% 以上。海运进口铁矿石到港后,可通过船舶、火车和汽车运输至钢厂。从国内物流费用来看,水运成本具有较大的优势,而且作为大宗货物,铁矿石可长期保存,因此对运输时间长短不敏感,有条件的钢铁企业会优先选择水路方式进行运输。从运输格局看,由于长三角和长江沿线地区经济发达,分布有宝钢、武钢、马钢、重钢等大型钢铁生产企业,生铁产量较高,约占全国的三分之一,对于进口铁矿石需求较大,主要利用长江口附近的深水港口进口矿石,通过水-水中转或者江海直达运输将矿石运到长江沿线码头,也有部分矿石经北仑港或上岸后,用火车运至内地钢厂。铁矿石海进江近年来保持快速增长趋势,随着长江下游港口码头对大型船舶接驳能力增强,大型铁矿石载运船舶"减载进江"情况愈发普遍,苏州、江阴、泰州等港口成为主要转运港,2020年江苏内河港口金属矿石吞吐量5.21亿t,超过了2010年的两倍。

展望未来,近期来看我国工业化、城镇化的发展将持续推动钢铁需求的增长,但受宏观经济结构调整转型的带动,钢铁产量增速将大幅下降、并趋于稳定。此外,从钢铁工业原料看,随着我国钢铁累计消费量的增长,废钢铁炼钢作为铁矿石炼钢的替代品,废钢将逐步成为未来原料的首选,一是短流程可以大幅降低碳排放,CO_2排放降低58%左右,能耗降低60%,水耗降低40%,废气排放降低86%;二是随着我国钢铁报废周期的来临,废钢铁回收量在未来仍有较大增长空间。在2016年开始取缔中频炉之后,废钢铁供应量大幅增加,而随着我国废钢铁炼钢设备和技术的提高,废钢铁回收能力逐步扩大,同时电弧炉炼钢也得到了发展,废钢铁利用率不断增加。2020年,我国废钢铁资源总量达到2.6亿t,其中炼钢用废钢消耗量为2.33亿t,全年炼钢用废钢比达到21.8%,较2015年的10.2%提高了11.6个百分点。国家发展和改革委员会《"十四五"循环经济发展规划》提出,到2025年废钢利用量达到3.2亿t,在国内产量维持稳定的情况下,废钢铁对矿石的代替率将达30%以上。远期来看,在工业结构调整和废钢使用率不断提高的情况下,铁矿石内河运输需求会呈现达峰后下降的趋势。

7. 石油天然气及制品等内河运输需求

我国内河石油制品运输主要包括原油、成品油和液体化工原料等货种,大部分属于液体散货方式运输,2020年全国内河港口货物吞吐量中石油天然气及制品1.41亿t、占比2.78%。

作为一个油气资源总量比较丰富但人均水平很低的国家,为适应我国经济快速发展对石油的需求,在大力发展西部油田、开发海上油田的基础上,依赖国际市场进口成为必然趋势,形成了以海运为基础、以中哈石油管线和俄罗斯远东通道为补充的进口通道。2020年,我国进口原油5.42亿t,我国成为世界第一大原油进口国。长江地区是我国经济最为发达的地区,沿江分布着许多炼厂,海运进口原油一般经沿海港口中转后,通过程运输至南京港,再接驳至沿江炼厂,今后仍将维持水运、管道并存的局面。长江原油省际运输主要航线包括江苏南京—湖南岳阳、湖南岳阳—四川泸州,省内运输主要航线为江苏仪征、栖霞—南京扬子、江苏淮安航线。2020年,海进江原油运输量1740万t,内河运输量505万t。

成品油及石油制品运输主要来自长江沿江炼厂和沿海炼厂的调入调出,未来将继续维持沿江炼油厂输出为主、海进江补充的格局。随着国家长江经济带战略的实施,预计对于石油产业下游的化工产品需求将快速增加,未来液体化工原料及制品运输将较快发展。2020年,长江海进江成品油运输量约2987万t,长江成品油内河运输量约4917万t。长江成品油省际运输基本呈由长江下游往上游阶梯式递送运输,重庆地区为最大目的地。江苏为长江成品油最大中转港,2020年出港量达1730万t。2020年,海进江散装化学品运输量1021万t,江出海散装化学品运输量260万t,长江散装化学品内河运输量2810万t。长江散装化学品运输主要航线整体呈由上游往下游运输的态势,重庆为最大输出港,南京为最大目的港。

"双碳"目标下,长期来看,原油、成品油运输需求将会出现达峰后下降的趋势。在长江生态保护、沿江产业结构调整等因素的影响下,化学品运输需求将维持稳定或出现下降。随着沿江省(区、市)对天然气清洁能源的需求大幅上升,以及长江干线的江苏(江阴、苏州、镇江)、安徽芜湖、江西九江、湖南岳阳、湖北武汉等LNG接收码头建设,加之LNG进江监管政策的逐步理顺,LNG将有望成为内河散装危险品运输的新兴货类。

第三节　我国内河运输发展政策环境分析

为适应经济社会发展日益提高的安全、节约资源和环境友好的运输需求，保障市场规范运行，我国已经制定和实施了一系列保障和促进内河运输发展的法规和政策，有利于发挥内河运输优势。"十三五"以来，2015年交通运输部发布《推进长江航运科学发展的若干意见》（交政研发〔2015〕199号），2019年交通运输部发布《关于推进长江航运高质量发展的意见》（交水发〔2019〕87号），2020年交通运输部印发《内河航运发展纲要》提出了内河运输2035年、2050年的长远发展目标，到2035年内河千吨级航道达到2.5万km、内河千吨级航道达到2.5万km。《中共中央关于制定国民经济和社会发展第十四个五年规划和2035年远景目标的建议》提出2035年建成现代化经济体系，基本实现国家治理体系和治理能力现代化，广泛形成绿色生产生活方式，碳排放达峰后稳中有降。今后内河运输面临的政策环境会更加有利，市场运行更加规范，绿色低碳方面的法规更加严格。

一、日趋规范的法规体系

经过几十年的努力，我国在内河运输领域初步建立了较完善的法规体系。随着国家治理体系和治理能力现代化和法治国家、法治政府、法治社会的建设，国家在各个领域将更加强调依法治国、依法执政、依法行政，强化市场在资源配置中发挥决定性作用，内河运输将会在一个更加规范的市场环境中运行。

水路运输管理领域。建立了以《国内水路运输管理条例》为龙头，以市场管理、技术管理、安全管理、价格与规费等配套法规、规定、公告为辅助的行政法规体系。1987年，国务院发布《中华人民共和国水路运输管理条例》（国发〔1987〕46号，1997年12月3日国务院令237号修正），2012年10月13日，国务院发布新版《国内水路运输管理条例》（国务院令第625号），自2013年1月

1日起施行,后根据2016年2月6日《国务院关于修改部分行政法规的决定》第一次修订,根据2017年3月1日《国务院关于修改和废止部分行政法规的决定》第二次修订。配套法规体系主要包括《国内水路运输经营管理规定》(交通运输部令2020年第4号)❶、《国内水路运输辅助业管理规定》(交通运输部令2014年第3号)、《内河运输船舶标准化管理规定》(交通运输部令2014年第23号)《老旧运输船舶管理规定》(交通运输部令2017年第16号)、《交通运输部关于实施国内水路运输及辅助业管理规定有关事项的通知》(交水发〔2014〕141号)、《交通运输部关于国内水路运输企业自有船舶运力达标问题的通知》(交水发〔2017〕125号)、《交通运输部关于做好〈国内水路运输管理规定〉实施有关工作的通知》(交水规〔2020〕6号)等有关政策法规。2020年交通运输部发布《交通运输部办公厅关于加强全国水路运输市场信用信息管理系统运行管理工作的通知》(交办水函〔2020〕1767号),全国水路运输市场信用信息管理系统正式投入运行。技术管理方面,规范内河过闸运输船舶的主尺度,是提升船闸通过效率、充分发挥内河优势作用的重要举措,2004年以来,陆续发布并修订出台了主要水系(或河流)的过闸运输船舶船型主尺度系列公告,覆盖我国主要内河通航水域。根据流域经济社会发展、航运市场变化、港航基础设施条件改善等情况,组织相关技术支撑单位对内河过闸运输船舶船型主尺度进行了动态跟踪维护研究,并结合国家关于标准管理改革相关精神,2019年出台了《内河过闸运输船舶标准船型主尺度系列》(GB 38030—2019),按照统一、精简、高效的原则,从保证船闸总体通过效率最大化、适应流域经济社会发展需求等角度出发,充分考虑航道、港口、船闸尺度等限制性条件,结合不同吨级船舶船型发展需要和实际情况,尽可能赋予国内水路运输经营者对船型主尺度选择的灵活性,共确定了124种船型主尺度,其中船舶总长、总宽为强制性要求。为保障三峡升船机安全高效运行,提升三峡枢纽航运通过能力,进一步推进内河船型标准化和促进船舶技术进步,

---

❶本节引用法规政策文号均为最新修订时的文号。

交通运输部发布了《三峡升船机通航船舶船型技术要求(试行)》(交通运输部公告 2018 年第 44 号)。为深化交通运输供给侧结构性改革,推进江海直达运输发展,2017 年交通运输部发布了《交通运输部关于推进特定航线江海直达运输发展的意见》(交办水〔2017〕53 号),2018 年发布了《特定航线江海直达船舶建造规范》和《特定航线江海直达船舶法定检验技术规则(2018)》,对航行长江至东海特定海域船长 20～150m 的散货船、集装箱船和商品汽车滚装船,以内河船舶规范为基础,兼顾沿海和内河船舶的特点,提出了具体技术要求。市场宏观调控方面,2007 年交通部发布《关于做好长江珠江水系跨省运输液货危险品船运力调控工作的通知》(交水发〔2007〕394 号),由长江航务管理局、珠江航务管理局根据长江、珠江水系跨省液货危险品船运力的供需情况,研究采取措施,对新增跨省运输液货危险品船运力进行适当调控;2011 年交通运输部发布《关于加强长江液货危险品运输市场宏观调控的公告》(交通运输部公告 2011 年第 77 号),严格控制增加新的经营主体,推动现有企业兼并重组,实现集约化经营严格控制新增运力,扶优扶强;2013 年长江航务管理局颁布了《关于加强长江干线省际旅客运输市场调控的通告》,对省际客船运输市场开始实施宏观调控,并先后出台了《长航局关于加强长江干线省际旅客运输市场调控的通告》《长航局关于引导加快淘汰长江干线省际老旧客船运力的通知》《长航局关于延缓投放长江水系省际客船运力的通知》《长航局关于加强长江干线省际普通客船运输管理的函》等规范性文件。

海事安全管理领域。围绕内河船舶运输安全与污染防治形成了法规体系,现实施法律法规主要包括《内河交通安全管理条例》(2002 年 6 月 28 日国务院令第 355 号公布,根据 2011 年 1 月 8 日国务院令第 591 号《国务院关于废止和修改部分行政法规的决定》第一次修订,根据 2017 年 3 月 1 日国务院令第 676 号《国务院关于修改和废止部分行政法规的决定》(第二次修订)、《船舶登记条例》(根据 2014 年 7 月 29 日《国务院关于修改部分行政法规的决定》修正)、《危险化学品安全管理条例》(根据 2013 年 12 月 7 日起施行的

《国务院关于修改部分行政法规的决定》修正)、《中华人民共和国船员条例》(2007年3月28日国务院第172次常务会议通过);部门规章主要包括《船舶检验管理规定》(交通运输部令2016年第2号)、《内河交通事故调查处理规定》(交通运输部令2012年第3号)、《内河海事行政处罚规定》(交通运输部令2019年第11号)、《防止船舶污染内河水域环境管理规定》(交通运输部令2015年第25号)、《船舶载运危险货物安全监督管理规定》(交通运输部令2018年第11号)等。

港口管理领域。建立了以《港口法》为龙头,以《港口经营管理规定》(交通运输部令2019年第8号)、《港口规划管理规定》(交通部令2007年第11号)、《港口危险货物安全管理规定》(交通运输部令2019年第34号)、《交通运输统计管理规定》(交通运输部令2018年第20号)、《港口工程建设管理规定》(交通运输部令2018年第42号)、《港口收费计费办法》(交水规〔2019〕2号)等涵盖港口经营、建设、规划、统计、运营方面较为完善的法律与配套行政法规体系。2006年,发布《全国内河航道与港口布局规划》。在地方层面,各省(区、市)均颁布了地方特色的港口管理条例。

航道领域。2007年发布《航道建设管理规定》(交通部令2007年第3号),经过二十多年的努力,2014年12月28日,《航道法》由中华人民共和国第十二届全国人民代表大会常务委员会第十二次会议通过,自2015年3月1日起施行。为加强航道工程建设管理,规范航道工程建设活动,提高建设管理水平,2019年《航道工程建设管理规定》(交通运输部令2019年第44号)替代了2007年发布的《航道建设管理规定》和2008年发布的《航道工程竣工验收管理办法》。为规范和加强航道养护管理工作,保障航道畅通,2020年交通运输部印发了《航道养护管理规定》(交通运输部令2020年第20号)。

二、更加有利的政策环境

《国务院关于加快长江等内河水运发展的意见》(国发〔2011〕2号)提出,利用10年左右的时间,建成畅通、高效、平安、绿色的现代化内河水运体系,内河运输正式上升为国家战略。2013—2020年,习近平总书记多次强调内河航运发展。《中华人民共和国长江保护法》提出国家加强长江流域综合立体交通体系建设,完善港口、航道等水运基础设施,推动交通设施互联互通,实现水陆有机衔接、江海直达联运,提升长江黄金水道功能;长江流域县级以上地方人民政府应当统筹建设船舶污染物接收转运处置设施、船舶液化天然气加注站、制订港口岸电设施、船舶受电设施建设和改造计划,并组织实施,具备岸电使用条件的船舶靠港应当按照国家有关规定使用岸电,但使用清洁能源的除外;国务院和长江流域县级以上地方人民政府对长江流域港口、航道和船舶升级改造,液化天然气动力船舶等清洁能源或者新能源动力船舶建造、港口绿色设计等按照规定给予资金支持或者政策扶持,国务院和长江流域县级以上地方人民政府对长江流域港口岸电设施、船舶受电设施的改造和使用按照规定给予资金补贴、电价优惠等政策扶持。从国家宏观战略看,未来内河运输将面临更加有利的政策环境。

围绕国家战略,中央和地方各个省(区、市)均出台了一系列促进内河运输发展的政策措施。2015年交通运输部发布《关于推进长江航运科学发展的若干意见》(交政研发〔2015〕199号),2017年交通运输部发布《关于推进长江经济带绿色航运发展的指导意见》(交水发〔2017〕114号),2019年交通运输部发布《关于推进长江航运高质量发展的意见》(交水发〔2019〕87号),2020年交通运输部印发《内河航运发展纲要》(交规划发〔2020〕54号)。其中,《关于推进长江航运高质量发展的意见》(交水发〔2019〕87号)提出,到2025年,基本建立发展绿色化、设施网络化、船舶标准化、服务品质化、治理现代化的长江航运高质量发展体系,长江航运绿色发展水平显著提高,设施装备明显改善,安全监管和救助能力进一步提升,创新能力显著增强,服务水平明显提高,在区域经济社会发展中的作用更加凸显;到2035年,建成长江航运高质量发展体系,长江航运发展水平进入世界内河先进行列,在综合交通运输体系中的优势和作用充分发挥,为长江经济带提供坚实支撑。《内河航运发展纲要》提出,到2035年,基本建成人民满意、保障有力、世界前列的现代化内河运输体系。内河运输基础设施、运输服务、绿色发展、安全监管等取得重大突破,在综合交通运输中的比较优势得到充分发挥,服务国家战略的保障能力显著增强。内河千吨级航道达到2.5万km;主要港口重点港区基本实现铁路进港;内河货物周转量占全社会比重达到9%;重要航段应急到达时间不超过45min,主要港口(区)应急到达时间不超过30min;新能源和清洁能源船占比显著提高,船舶污水垃圾等污染物实现应收尽收、达标排放;物联网、人工智能等新一代信息技术在内河运输广泛应用。到2050年,全面建成人民满意、保障有力、世界前列的现代化内河运输体系。东西向跨区域水运大通道高效畅通,南北向跨水系联通,以一流港航基础设施、一流航运技术装备、高品质航运服务、智能化安全监管,全面实现治理体系和治理能力现代化,服务社会主义现代化强国。在促进珠江航运发展方面,2020年交通运输部办公厅和广东、广西、贵州、云南省(区)人民政府办公厅联合印发了《关于珠江水运助力粤港澳大湾区建设的实施意见》。此外,江苏、上海、重庆、湖北、湖南等长江沿线省(市)均出台了落实国务院意见、促进内河运输发展的指导意见和政策,例如,2020年江苏省交通运输厅印发《江苏内河航运高质量发展实施方案》,提出到2050年建设成具有"江苏特色、国内标杆、国际标准"的内河航运示范。

内河基础设施建设投资将继续加快。自"八五"以来,我国内河建设投资开始快速增长,但由于国家财力、投资效益等原因,内河建设投资占交通运输固定资产投资总数的比重一直不高。"九五"期间,内河建设投资占交通运输固定资产投资的比重约2.26%,"十五"时期下降到1.41%,但进入"十一五"以后,随着内河运输比较优势的显现,人们逐步对内河运输作用有了更加清晰的认识,建设力度有所提高,占交通运输固定资产投资的比重上升到2.4%,而且增速逐渐加快。"十二五"时期我国内河建设完成投资2488亿元,较"十一五"增长115.0%。"十三五"时期我国内河建设完成投资3067亿元,其中2020年完成投资额704亿元(图5-1),占交通运输固定资产投资的比重约2.6%。

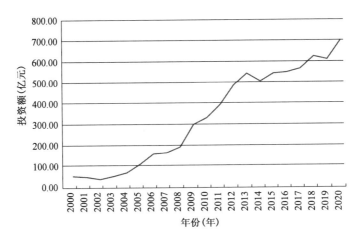

图 5-1 历年内河建设完成投资

三、不断提高的节能环保要求

随着我国经济社会的发展和大气污染等环境问题凸显,全社会对于节能减排和环境保护更加关注。党的十八大以来,我国把生态文明建设作为统筹推进"五位一体"总体布局和协调推进"四个全面"战略布局的重要内容,大力推进生态文明建设,贯彻绿色发展理念的自觉性和主动性显著增强,忽视生态环境保护的状况明显改变。党的十九大报告指出,加快生态文明体制改革,建设美丽中国。绿色发展,推进能源生产和消费革命,构建清洁低碳、安全高效的能源体系。推进着力解决突出环境问题,持续实施大气污染防治行动,打赢蓝天保卫战,加快水污染防治,实施流域环境和近岸海域综合治理。2020年,以习近平同志为核心的党中央经过深思熟虑提出碳达峰碳中和目标,对我国经济社会全面绿色低碳发展提出新的要求。

1. 国家政策层面

环境保护方面。2018年6月,中共中央、国务院印发《中共中央 国务院关于全面加强生态环境保护 坚决打好污染防治攻坚战的意见》,对打好污染防治攻坚战进行全面部署与安排。一是在大气污染防治方面,国务院印发了《打赢蓝天保卫战三年行动计划》（国发〔2018〕22号），并进一步发布了《推进运输结构调整三年行动计划》（国办发〔2018〕91号），《打赢蓝天保卫战三年行动计划》提出积极调整运输结构，发展绿色交通体系。鼓励发展江海联运、江海直达、滚装运输、甩挂运输等运输组织方式，降低货物运输空载率。推进船舶更新升级，推广使用电、天然气等新能源或清洁能源船舶；长三角地区等重点区域内河应采取禁限行等措施，限制高排放船舶使用，鼓励淘汰使用20年以上的内河运输船舶。《推进运输结构调整三年行动计划》（国办发〔2018〕91号）进一步提出进一步加强煤炭集港运输管理，2018年底前，环渤海地区、山东省、长三角地区沿海主要港口和唐山港、黄骅港的煤炭集港改由铁路或水路运输；2020年采暖季前，沿海主要港口和唐山港、黄骅港的矿石、焦炭等大宗货物原则上主要改由铁路或水路运输。二是在内河水污染方面，生态环境部、国家发展和改革委员会印发《长江保护修复攻坚战行动计划》（环水体〔2018〕181号），2020年12月《中华人民共和国长江保护法》发布，从立法层面进一步提升了长江水域的环境保护要求。《长江保护修复攻坚战行动计划》提出深入推进非法码头整治；完善港口码头环境基础设施，严格危险化学品港口码头建设项目审批管理，推进生活污水、垃圾、含油污水、化学品洗舱水接收设施建设，加快港口码头岸电设施建设，逐步提高三峡、葛洲坝过闸船舶待闸期间岸电使用率；加强船舶污染防治及风险管控，加快淘汰不符合标准要求的高污染、高能耗、老旧落后船舶。

节能低碳方面。在2020年国家提出"双碳"目标后，相继出台了一系列减碳的顶层政策设计。2021年6月，国务院印发《关于加快建立健全绿色低碳循环发展经济体系的指导意见》（国发〔2021〕4号）提出，到2025年，产业结构、能源结构、运输结构明显优化，绿色产业比重显著提升，基础设施绿色化水平不断提高，清洁生产水平持续提高，生产生活方式绿色转型成效显著，能源资源配置更加合理、利用效率大幅提高，主要污染物排放总量持续减少，碳排放强度明显降低，生态环境持续改善，市场导向的绿色技术创新体系更加完善，法律法规政策体系更加有效，绿色低碳循环发展的生产体系、流通体系、消费体系初步形成;到2035年,绿色发展内生动力显著增强,绿色产业规模迈上新台阶,重点行业、重点产品能源资源利用效率达到国际先进水平,广泛形成绿色生产生活方式,碳排放达峰后稳中有降,生态环境根本好转,美丽中国建设目标基本实现。2021年9月,《中共中央 国务院关于完整准确全面贯彻新发展理念做好碳达峰碳中和工作的意见》《国务院关于印发2030年前碳达峰行动方案的通知》(国发〔2021〕23号)等印发,提出加快推进低碳交通运输体系建设,实施交通运输绿色低碳行动,对交通运输绿色低碳发展提出了顶层设计。

2. 交通运输行业政策层面

在国家污染防治、低碳的总体战略框架下,党的十八大以来,交通运输部采取了一系列措施和政策,从经济和技术等方面全面推进交通运输行业环保、低碳、绿色发展。

环境保护方面。2018年11月,交通运输部等九部门印发《贯彻落实国务院办公厅〈推进运输结构调整三年行动计划(2018—2020年)〉的通知》(交运发〔2018〕142号),细化任务目标,强化组织实施,确保运输结构调整取得实效。2020年1月,交通运输部等四部委印发了《长江经济带船舶和港口污染突出问题整治方案》(交水发〔2020〕17号),深入开展为期1年的专项整治,分三个阶段开展集中整治,重点解决船舶污水收集处置装置配备不到位和不正常运行、垃圾污水等偷排偷倒入江、港口接收设施能力不足和与转运处置设施衔接不畅、港口自身环保设施不完善、岸电利用率不高、LNG加注站审批难建设难运营难等突出问题。2021年3月,交通运输部等四部委联合印发了《关于建立健全长江经济带船舶和港口污染防治长效机制的意见》(交水发〔2021〕27号),建立健全长效机制,全面提升污染防治能力,利用两年左右时间,到2022年底初步形成布局合理、衔接顺畅、运转高效、监管有力的船舶和港口污染治理格局,2023年后转入常态化运行,支撑长江航运发展全面绿色转型,为我国按期实现碳达峰碳中和目标作出积极贡献。

节能低碳方面。为推进水运绿色低碳发展,2013年以来交通运输部等部委积极推进水运行业能源结构调整。以LNG清洁能源为例,2013年发布《交通运输部关于推进水运行业应用液化天然气的指导意见》(交水发〔2013〕625号),明确了水运行业应用LNG的发展目标、推进路径、推进原则、主要任务和保障措施。2014—2016年实施了两批试点示范项目。为指导内河LNG加注码头合理布局和建设,2017年8月印发了《长江干线京杭运河西江航运干线液化天然气加注码头布局方案(2017—2025年)》,前后共编制发布LNG动力船、运输船、移动加注船、加注码头和趸船等近30项相关标准规范指南以及《内河液化天然气燃料动力船舶安全监督管理规定》《水上液化天然气加注站安全监督管理暂行规定》等安全监管制度,搭建了完善的制度框架。2015—2018年,利用船型标准化资金政策鼓励支持建造225艘LNG动力示范船。2019年实施LNG动力船优先通过三峡船闸试运行政策。2018年,财政部等四部委下发了新能源车船税优惠政策,首次将纯LNG动力船纳入政策优惠范围。同时,对纯电池动力、氢燃料电池等也积极完善法规,推动试点推进。2021年7月,交通运输部等部门联合印发了《关于进一步推进长江经济带船舶靠港使用岸电的通知》(交水发〔2021〕63号),力争到2025年底前,长江经济带船舶受电设施安装率大幅提高,港口和船舶岸电设施匹配度显著提升,岸电使用成本进一步降低,岸电服务更加优质,岸电监管进一步强化,基本实现长江经济带船舶靠港使用岸电常态化。

3. 技术标准层面

随着国家对内河运输绿色低碳要求的持续推进,除鼓励政策外,在技术标准方面也逐步开始更加严格的限制,通过提高标准控制水平"倒逼"产业升级。

船舶大气污染排放控制标准、法规方面。2015年12月,交通运输部印发《珠三角、长三角、环渤海(京津冀)水域船舶排放控制区实施方案》(交海发〔2015〕177号),首次设立船舶大气污染物排放控制区,控制船舶SO_x、NO_x和PM排放,为全面控制船舶大气污染奠定基础;2018年印发《交通运输部关于印发船舶大气污染物排放控制区实施方案的通知》(交海发〔2018〕168号),

设立内河控制区,范围为长江干线(云南水富至江苏浏河口)、西江干线(广西南宁至广东肇庆段)的通航水域。《内河船舶法定检验技术规则》规定,2015年3月1日或以后建造的船舶柴油机 NO_x 排放量应满足国际海事组织《经1978年议定书修订的1973年国际防止船舶造成污染公约》(MARPOL 73/78)附则Ⅵ规定的 TierⅡ排放限值要求;2016年环境保护部会同质检总局发布了《船舶发动机排气污染物排放限值及测量方法(中国第一、二阶段)》(GB 15097—2016),规定了PM、NO_x、HC和CO等污染物的排放限值,2018年7月1日实施第一阶段限值,2021年7月1日起实施第二阶段限值,第二阶段的排放控制要求和第一阶段相比较,HC+NO_x总体加严了20%以上,PM加严了40%。

内河船舶水污染排放控制标准、法规方面。《内河船舶法定检验技术规则》对含油污水排放、生活污水排放、含有毒液体物质的污水排放、垃圾排放作出了排放法规要求;2018年,环境保护部会同国家质检总局发布了《船舶水污染物排放控制标准》(GB 3552—2018),作出了与法规要求水平相当的污染物排放控制要求。

尽管内河运输最大的比较优势是节能环保,但当前我国内河船舶总体绿色低碳技术水平不高、新能源和清洁能源应用滞后等问题仍长期存在,绿色低碳的"长板"形象没有得到全社会认可,随着未来国家"双碳""生态优先、绿色发展"等持续推进,各项标准只会不断提高和完善,未来如何适应这种趋势将是内河运输面临的重要挑战。

第四节 我国内河运输发展技术环境分析

技术进步是内河运输发展的动力,过去几十年来,我国在内河水运工程、港口机械装备制造、船舶设计与建造等方面的技术不断取得突破,一些大型水运工程建设的关键技术水平已经居于国际前列,船舶制造大国地位已经奠定,我国正在向造船强国迈进,物联网、电子航道图等信息化技术在内河应用方兴未艾。当前,全球正处于新一轮技术革命孕育阶段,技术创新日趋活跃,将催生大量新产业、新业态、新模式。北斗导航、人工智能、5G等高新技术在船舶、港口、航道、航行保障、安全监管以及运行服务等领域的创新应用将日益广泛,对航道基础设施、运输装备以及运输组织模式、治理模式等将产生重大影响,赋予内河运输发展新的动能和优势。2019年,中共中央、国务院印发了《交通强国建设纲要》,提出科技创新富有活力、智慧引领:瞄准新一代信息技术、人工智能、智能制造、新材料、新能源等世界科技前沿,加强对可能引发交通产业变革的前瞻性、颠覆性技术研究;推动大数据、互联网、人工智能、区块链、超级计算等新技术与交通行业深度融合;建立以企业为主体、产学研用深度融合的技术创新机制,鼓励交通行业各类创新主体建立创新联盟,建立关键核心技术攻关机制。

一、内河水运工程技术发展趋势

在内河水运工程投资和建设快速增长的背景下,我国在内河水运工程领域加大科技创新力度,进行了大量关键技术攻关,积累了丰富的技术研究成果,并在航道建设、疏浚和养护,船闸设计和建设等方面大量得到有效转化,有力地支撑了我国内河运输基础设施建设的发展。长江口深水航道治理工程、三峡通航枢纽建设等一批世界级内河水运工程基本建成,专业化码头成套建设技术形成,航道整治技术日趋成熟,新型现代化工程施工创新技术不断出现,试验模拟技术广泛得到应用。长江口深水航道治理工程是巨型复杂河口航道整治的超大型工程,技术创新在工程建设中发挥了非常关键的作用,通过原始创新、集成创新和引进吸收国内外先进技术再创新并举的方式,在整治建筑物时大量采用了新型结构,水上施工全部采用了首创的大型专用作业船,并相应开发了成套施工新工艺,疏浚工艺和设备实现了多项创新,专为长江口深水航道治理工程开发的回淤量预测数学模型在一、二期工程的回淤量分析、预报中发挥了关键作用,长江口深水航道治理工程的总体治理方案、半圆沉箱等轻型重力式结构、专用施工设备及施工工艺等多达74项的成套创新技术,均属世界首创。在现代化施工技术方面,高性能混凝土、施工重型装备和疏浚辅助决策系统等技术在港口建设、航道疏浚、桥梁建设等领域已经得到广泛应用。围绕这些技术创新,形成了涵盖水运工程各个方面的技术体系和标准。从整体上看,依托这些大型工程建设,我国基本形成了水运工程领域整体研究和关键技术研发与创新能力,但也存在自主创新能力不足的问题。由于内河运输自然资源的稀缺性,水运工程技术发展仍然是围绕资源的深度开发与高效利用,以技术创新为突破口,在资源节约、环境友好、高效利用、循环发展、智能化等方面不断取得新的发展。未来水运工程技术发展方向主要包括如下方面。

港口建设与维护方面。一是现代测量技术逐步应用,如遥测、遥感和低空摄影测量等数字摄影测量技术,多波束、旁侧声呐水下地形测量及扫海技术,声学多普勒海流剖面仪、声学波浪仪、遥测波浪仪、光学浊度计、自动验潮仪等先进水文观测仪器设备,激光探测技术及磁力探测技术等。二是全寿命理念在水工建筑物设计中广泛采用,港口全寿命工程设计技术等关键技术研发实现开发平台自主化,国产化结构上更多采用框架墩型结构、箱筒型结构及大跨结构等。三是新型防护技术加快应用,以提高水工建筑物结构耐久性,包括结构耐久性定量设计技术等。四是疏浚淤泥质吹填土二次真空预压地基加固技术等港口地基处理技术逐步应用,以提高地基加固效果和效率。五是水工结构检测、诊断与加固改造技术广泛应用,以提升水工建筑物安全运行水平。如水工建筑物耐久性评价技术、水下成像检测技术,推广应用无损检测技术,基于退化理论的剩余使用寿命预测模型,基于可靠度指标的评估标准体系,结构整体安全性在线监测、预警技术,恶劣条件下地基基础快速维修加固技术和限制条件下加固改造技术等。

在航道建设和养护方面。一是深水航道建设与维护技术不断突破,如航道淤积预报技术、河口深水航道减淤技术、复式航道建设技术等,以提高航道的使用效率和维护水平。二是复杂条件下航道整治技术,如大型水利枢纽运行、自然灾害等影响下航道整治技术,物理模型、数学模型、船舶操纵模拟和复合模型等长河段航道整治模拟技术等。三是开展建筑信息模型(Building Information Model,BIM)在内河航道整治工程中的应用,实现开发平台自主化、国产化,发展以高能低耗材料、BIM、装配式技术相融合的基础设施智能设计与建造技术。四是通航枢纽建设与运行维护技术加快发展。如潮汐河口地区船闸防咸技术和省水船闸设计技术,坝下不衔接段水位降落预报与整治技术等,在枢纽运行管理中,发展调峰调度与坝下航段水位实时预报技术、船闸无人值守运行技术、船闸在线监测技术、升船机和多线多级船闸智能运营技术及多线梯级联合调度技术、船闸快速检修、检(监)测和故障分析等技术。五是先进实用航标技术得到应用。如长效油漆、喷砂除锈、发光二极管(Light Emitted Diode,LED)等新材料、新工艺、新技术,航标遥测遥控系统的实时动态监控技术,虚拟航标和多功能航标技术,航标在夜间、风浪、雾况等特殊气象条件下的导助航功能将得到全面提高。六是发展用于基础设施服役性能保持和提升的监测预警技术,推进航道基础设施安全预警预测和实时监测、智能环境监测与维护决策等智能化管理,逐步建立全面感知、泛在互联、业务协同的智能港航基础设施。七是发展突破空间、功能和寿命协同的内河港航共网多线基础设施养护技术,例如预防性养护技术正在逐步被引入内河航道管理中,对现有航道及其设备设施实施有计划的、基于最佳成本-效果的主动式养护策略。

　　水运工程的节能环保技术不断研发并得到应用。在规划、选址、设计阶段,一些有利于提高生态保护与修复的技术,如珍稀水生动植物、鱼类"三场"的保护与修复技术可以最大限度降低工程实施水域环境变化对生态系统的影响。在工程实施中,生态型水工构筑物、生态型护岸、港湾生态环境整治与修复技术、航运枢纽鱼道设计技术、生态风险评估技术、生态补偿核算技术、流域生态系统服务功能评估技术等,均可以促进绿色生态港口和航道建设。

二、内河船舶技术发展趋势

　　未来船舶技术发展趋势主要是围绕绿色低碳、提升效率和智能化发展,在船舶设计与制造、船舶节能减排、新能源和清洁能源利用、运输组织优化等方面进行技术创新和进步，促进内河比较优势充分发挥。

在船舶设计与制造技术方面，未来主要在造船技术、船型设计开发和配套设备三个方面进行提升。现代科技的飞速发展，促进造船业的生产方式由劳动密集型逐步转变为设备密集型和信息密集型，并进而有向知识密集型方向发展的趋势，带动了造船技术的快速进步，一些诸如成组技术、柔性制造系统、计算机辅助集成制造系统、全面质量管理、精益生产和并行工程等技术已经得到应用。未来，技术发展的趋势将集中在精度造船、模块化造船、船体分道建造、高效焊接等方面，这些造船技术的发展将极大提高船舶建造的效率。船舶设计开发技术主要体现在现有主力船型优化、标准化与系列化，更加注重外形设计，以及新型高技术、高附加值船舶的研发与设计方面。长期以来，我国内河船东以载量为主的用船习惯，导致船舶的设计与制造主要围绕提高经济性不断优化，未来在社会发展对环保要求不断提高的背景下，船舶设计与制造技术也将由提高经济性向"经济与绿色并重"发展，通过船舶设计优化提升能效水平等。

在船舶配套设备技术方面，由于航运对于安全、环保要求的不断提高，船厂和配套企业围绕安全、环保、能效、信息技术等技术要求开展产品的改进和研发，技术发展趋势主要是在安全、环保、节能、舒适、智能等方面。

(1) 绿色技术设备。在内河绿色低碳政策要求和能源低碳转型的推动下，带来了强烈的以低碳/零碳为主要特征的新能源和清洁能源在航运领域的应用需求。从上船能源来看，内河船舶可用的新能源和清洁能源可分为低碳能源和零碳能源两大类，主要低碳能源有 LNG、甲醇等，零碳能源有电能、氢能、氨等，围绕这些能源在船上应用的发动机、动力系统集成以及相关新材料、新设备、新工艺等将成为主要发展方向。此外"舵球 + 舵附推力翼"节能附体组件技术、气模减阻等船舶航行减阻节能技术、船舶节能的余热发电和储能技术、营运船舶节能航行技术等也将出现并可能广泛应用到船舶上。在减少污染排放方面，除采用新能源和清洁能源外，还可采用船舶尾气排放后处理技术,主要包括SO_x、NO_x后处理及预处理技术。目前欧洲倾向于采用选择性催化还原(Selective Catalytic Reduction,SCR)技术,即利用尿素溶液对尾气中的氮氧化物进行处理,而美国和日本则倾向于采用废气再循环(Exhaust Gas Recirculation,EGR)技术,即通过颗粒捕集器或柴油机颗粒捕集器(Diesel Particular Filter,DPF)技术,针对燃烧产生的微粒进行处理。从我国国情看,目前国内柴油机行业已经基本达成共识,未来排放升级的主要技术方向将是SCR技术。

(2)智能技术设备。国际上积极推进船舶智能化发展,IMO将智能船舶列为重要议题,正在开展相关法规研究;国际标准化组织(International Standard Organization,ISO)启动了"智能航运标准化路线图"工作;国际主要船级社先后发布了有关智能船舶的规范或指导性文件;日本、韩国以及欧盟等主要造船国家正大力推进智能船舶研制与应用。但总体而言,全球智能船舶仍处于探索和发展的初级阶段。2018年,工业和信息化部联合交通运输部、国防科工局编制印发了《智能船舶发展行动计划(2019—2021年)》(工信部联装〔2018〕288号),2019年交通运输部等七部委联合印发《智能航运发展指导意见》(交海发〔2019〕66号),同年交通运输部印发《数字交通发展规划纲要》(交规划发〔2019〕89号),为统筹协调我国船舶与航运智能化领域的相关工作和各部门、行业、地方发展规划提供宏观指导。我国一直积极推动内河智能航运发展,长江航道局自2010年底开始研发长江电子航道图系统,2012年起正式上线试运行,2015年正式向社会推广应用。2017年底上线"长江航道图"App(应用程序)。我国内河船舶的导航、助航等信息化设备配置普遍滞后,受内河船舶的经济技术水平限制,船东对设备价格相对敏感,但装备自动化和智能化对降低人工驾驶劳动强度、提升航行安全、提升运输组织水平有重要作用。随着技术水平提高,未来以智能船舶装备、长江电子航道图系统等为代表的内河船舶信息化、智能化发展需求趋势显著。

在运输组织优化技术方面,运输组织优化可以在船舶的运营管理方面有效提高运输效率和经济性,促进节能减排。2020年,习近平总书记在江苏省南京市主持召开全面推动长江经济带发展座谈会并发表讲话,强调要提高人民收入水平,加大就业、教育、社保医疗投入力度,促进便利共享,扎实推动共同富裕。要构建统一开放有序的运输市场,优化调整运输结构,创新运输组织模式❶。宏观来说,运输组织的概念可以理解为企业结构组织、经营组织、船舶和货物的运输组织,企业结构和经营组织主要涉及政策和经营理念创新,船舶和货物的运输组织既受到企业结构和经营组织的影响,也受运输组织技术发展的影响。狭义的运输组织一般指船舶和货物的运输组织。从船舶运输组织看,当前,我国内河运输主要以单船运输组织方式为主,驳船队运输方式只在京杭运河等个别地区存在。从货物运输组织看,根据货物运输需求、企业经营结构和航道条件等不同因素的条件,既有直达运输,包括干支直达和江海直达等运输组织方式,也有水-水中转、水铁联运等各种运输组织方式。总体上,各种运输组织方式均有其特定的适用性,运输组织优化技术都是从节约物流成本、提高运输效率等方面出发进行设计,但会受到各种影响因素变化的制约。例如,随着长江中游航道的整治、主要港口需求的增长和船公司之间的合作联营不断深入等影响,长江干线到上海港洋山港区的集装箱江海直达运输近年来发展较快,目前已经最远开辟到武汉,再往上游则受航道条件限制,因经济性不理想而未开通,采取了中转运输的组织方式。未来,随着信息化智能化技术的发展,货物运输服务质量的提高和需求的调整,以及政府政策法规和管理制度完善,更加鼓励创新,适合特定航线需求的新型运输组织方式将不断出现。例如,特定条件下的驳船运输、特定条件下的机动船拖带驳船运输,智能化条件下的编队航行,以及特定航线江海直达和干支直达运输等。

综上分析,内河船舶技术发展的方方面面从技术手段来看都将主要围绕绿色技术和智能技术来实现。船舶设计与制造技术将由提高安全性、经济性向"经济与绿色并重"发展,例如通过船舶设计优化提升能效水平等;船舶配套设备技术发展趋势通过减排及污染防治设备、智能设备的发展提升船舶绿

---

❶出自《人民日报》(2020年11月16日01版)。

色、安全、经济、高效水平;运输组织的优化主要依赖于信息化、智能化技术应用,提升运输的经济、高效、便捷水平。

三、内河港口技术发展趋势

未来内河港口技术的主要发展趋势将围绕提高效率和港口节能减排等方面,在专业化、智能化和环保技术等方面进行提升。主要的技术发展方向包括集装箱码头智能化和自动化装卸与搬运,大宗散货码头装卸作业专业化、自动化,以及节能环保型装卸工艺与装备技术开发与推广,港口装卸输送设备变频驱动技术和港口机械在线健康监测技术的发展与应用,港口作业管控一体化技术、柔性工艺技术的发展与应用等。

港口环保技术广泛应用。在港口装卸设施设备节能方面,如港口大型起重机的能量回馈技术及变频技术、港口装卸设备的动态无功补偿与动态谐波治理技术、轮胎起重机的"油改电"技术、港口装卸设备实时在线能耗监测和管理技术等。在港口用能方面,如港口用电优化和港口微电网节能技术、港区车辆、船舶使用LNG、电和氢等新能源和清洁燃料、电力驱动和油电混合动推进技术等,加快由化石能源转向清洁能源,并将出现面向(净)零碳港口相关技术,如分布式能源自洽、交通能源一体化建设运维、源网荷储协同的交通电气化等技术,以及风光水火储一体化相关技术等。在港口大气污染综合防治方面,散货码头堆场、装卸料环节的粉尘综合防治技术、原油、成品油码头油气回收技术等应用将提高港口水生态环境治理水平。港口生产污水预处理方面,应用港区生产生活污水、雨污水循环利用技术,如斜板式处理技术和气浮处理技术,二级生物处理鼓励应用厌氧生物处理技术、厌氧和好氧相结合处理技术等。港口污水深度处理如吸附法、超滤工艺、反渗透工艺等技术。

港口智能化技术加快应用。集装箱港口智能化技术方面,包括港作机械等装备自动化关键技术、自动化集装箱码头操作系统、远程作业操控技术研发,基于5G、北斗、物联网等技术的港区内部集装箱货车和特殊场景集疏运通道集装箱货车自动驾驶技术、铁路和堆场轨道式起重机自动化远程操控技术、火车车皮和集装箱自动识别技术、火车自动定位技术、岸桥智能理货技术、智能闸口技术等。散货码头智能化建设由设备单机自动化、智能安防等功能子项的智能化改造向全局性的智能化建设顶层设计和统一规划发展,包括北斗高精度定位、AR、VR、5G 网络、物联网智能感知、云计算、数字孪生、全景可视化、地理信息系统(Geographic Information System,GIS)、BIM、人工智能(Artificial Intelligence,AI)、大数据等技术。

评述 5-1　　　　　　　江海直达运输

(1)江海直达运输的特点。江海直达是货物不经过第三港口中转,由同一艘船舶完成内河与海洋运输的全程运输组织方式。从经济方面看,江海直达运输的主要优势在于:一是消除了一次港口的转运成本,包括时间和经济成本;二是避免了转运时可能发生的货损货差,有利于提高质量效益。但也面临不利因素,主要是直达船型相对较小、与中转相比会减少海段运输的规模效益。因此,直达还是转运取决于江段、海段的运输距离以及能采取的船舶吨位。

(2)欧盟江海直达运输特点。英国、瑞典、德国、荷兰、法国、罗马尼亚等国家江海直达运输方式比较普遍。从莱茵河情况看,江海直达运输集中在德国杜伊斯堡港到英国港口和北欧港口之间的运输,采用的船型为 2000~4000 吨级(莱茵河从鹿特丹到杜伊斯堡港约 192km,航道水深 2.8 m,再往上游到科布伦茨只有 2.5m)。由于江海直达运输中海上航行距离相对较远,船舶建造主要是从海船进江的角度出发,对海船按照内河航行的要求进行适当的技术优化,如减少吃水、提高操纵性等,以适应内河航行需要。近几年,受经济危机造成货运需求下降,以及海运市场低迷导致更大型的船舶被用来进行短途运输等因素影响,江海直达呈现萎缩趋势。

(3)我国推动发展的是特定航线江海直达运输。长江的地理位置和内河航道条件决定了长江海进江、江出海均有较大需求。我国长江干线航道水深呈现分段式分布,长江下游水深条件较好,从长江口到南京约364km的干线航道常年维护水深约10.5m(深水航道整治工程完成后将达到12.5m),南京以下港口可以通过5万吨级海船连接到世界各地,海船的规模经济效益可以有效发挥,本质上属于海运。中游从南京到武汉已实现常年可通航万吨级海船。我国长江的航道水深这一特点与密西西比河比较类似,密西西比河从墨西哥湾到巴吞鲁日港约400km的航道水深达到12m(规划14m),大型海船也可以直达。与欧盟相比,我国大型海船可以沿江得到更长距离运输延伸,充分发挥海船规模经济效益,海进江的直达运输得到较快发展,如武汉港已经开通直达日韩的集装箱班轮航线。此外,长江没有类似德国汉堡港、荷兰鹿特丹等大型河口型深水港(上海港水深与鹿特丹相比,对大型船舶适应性相对较差),临近河口的上海港洋山港区、宁波-舟山港等属于深水海港,内河船舶无法进行直达运输,由于江段运输距离远长于海段,如使用海船运输会产生较大的浪费(为了适应这么短的海运距离需采用成本更高的海船)。因此,我国目前推动主要是特定航线江海直达运输。2017年交通运输部发布了《推进特定航线江海直达运输发展的意见》(交水发〔2018〕53号),2018年交通运输部海事局发布《特定航线江海直达船舶法定检验技术规则(2018)》,适用于航行于长江至东海特定海区航线的船舶,在轮机、电气、吨位丈量、消防、操纵性、防污染设备和舱室设备等方面,均以内河船舶规范为基础,而在船体结构、载重线和安全设备等方面,则兼顾了沿海和内河船舶的特点,在充分考虑安全的基础上最大限度降低了船舶的建造成本。

(4) 市场中也出现了江海通航型船舶。为突破特定航线的限制，提高船舶的通用性，市场中还出现了一类江海航型船舶。所谓江海通航型船舶是指在满足海船建造规范的基础上，还满足内河船舶建造规范的操纵性要求，从而使船舶更适合在内河航行。虽然江海通航型船舶主要执行海船建造规范，但其在设计时更多地考虑了船舶的进江需求，除操纵性外，还会考虑浅吃水宽体船型设计等提高船舶经济性。

四、内河运输信息化、数字化和智能化技术发展趋势

信息化是充分利用信息技术、开发利用信息资源、促进信息交流和知识共享、提高经济增长质量、推动经济社会发展转型的历史进程❶。从信息化到数字化，再到智能化是一个不断深化的过程。我国内河运输在过去发展中，非常注重发挥信息化技术对改造传统产业、发展现代交通运输业的支撑和保障作用，在基础设施运行管理系统建设、水路交通运输管理服务系统建设、行业公共信息服务平台建设、安全监管和应急系统建设以及信息化发展条件建设等方面取得了明显成效，建成了重点水域船舶交通管理系统，部分地区和港口建设了面向公众的公共物流信息平台，重要内河水域的船舶自动识别岸基网络系统基本建成，基本实现了长江干线多种安全和遇险通信方式的连续覆盖，内河重点航段的视频监控系统基本建立，覆盖整个长江干线的长江电子航道图系统日趋完善。

展望未来，信息化数字化智能化已经上升为国家战略，《中共中央关于制定国民经济和社会发展第十四个五年规划和 2035 年远景目标的建议》提出发展数字经济，推进数字产业化和产业数字化，推动数字经济和实体经济深度融

---

❶国务院《2006—2020 年国家信息化发展战略》中的定义。

合,打造具有国际竞争力的数字产业集群;加强数字社会、数字政府建设,提升公共服务、社会治理等数字化智能化水平。在技术层面,以互联网为代表的信息技术迅速发展,推动我国社会不断进入信息化时代。当前,人工智能、大数据等数字技术与实体经济深度融合的趋势日益明显,数字化智能化成为高质量发展新引擎。未来,内河信息化技术发展方向主要包括以下几个方面。

性能适用、成本适中、绿色节能的信息感知技术在交通基础设施运行监测和管理方面得到全面应用,如传感技术及遥感技术,水路交通运行状态及运行环境动态监测技术,以及对重点水域的气象与灾害自动监测与预警预报等技术。

自动跟踪、识别和移动互联网等技术在内河运输与行业监管方面得到广泛应用,内河运输智能化水平大幅提高,全程运输服务的透明性极大增强。如北斗卫星定位技术,二维码、射频识别(Radio Frequency Identification,RFID)和集成电路(Integrated Circuit,IC)卡等实现集装箱、重点货物、载运工具、票证的自动识别与管理技术,放射性成像、扫描和字符识别等集装箱安全监测技术等。

船联网和主动安全技术得到发展。如面向提高运输协同组织和安全保障水平的船舶之间、船岸之间通信技术,北斗卫星定位终端、红外测距、行驶记录仪、油耗监测、载荷监测等船载一体化智能终端技术,船舶在线故障诊断技术等提高主动安全水平的技术。

大数据技术将在提升行业服务水平与决策支持方面加快应用,如内河运输领域大数据基础平台与数据共享平台建设技术,云计算和大数据处理技术等,可以有效提高交通运输经济运行统计与分析、行业发展宏观决策水平。

5G时代开启从"见字如面"到"万物互联",各行各业都能找到与5G技术的结合点,产业互联网将成为经济增长新的蓝海。内河运输可利用5G构建创新"1+1+N"(数字平台+智慧大脑+N个智慧应用)服务平台,深化"航、港、产、城"融合发展模式,通过云计算、大数据、物联网等变成服务的新产品,形成发展的新业态,提升航运的新价值。5G技术在港口智能化发展中也发挥了重要作用。

区块链技术推动航运运行模式的变革。习近平总书记强调,要抓住区块链技术融合、功能拓展、产业细分的契机发挥区块链在促进数据共享、优化业务流程、降低运营成本、提升协同效率、建设可信体系等方面的作用❶。港航企业可将区块链技术应用于管理实践,创新运营新模式。如中远海运集团领衔打造区块链联盟-全球航运商业网络(Global Shipping Business Network,GSBN),招商局港口与阿里巴巴集团联合打造基于区块链的数字港口开放协作网络,而且还在不断拓展合作领域和参与主体。

---

❶出自《人民日报》(2019年10月26日01版)。

第六章
内河运输发展战略分析

影响内河运输发展的要素涉及资源及持续开发能力、需求及其细化结构、企业结构和服务、关联与支持性行业、政府政策法规与管理、发展机遇和突发事件7个方面,发达国家经验表明,只有依靠长期培育、持续开发获得内河运输要素资源,并辅之以推动隐性优势显性化的经济技术政策,才能真正发挥内河运输比较优势。我国拥有内河运输发展的自然资源、人力资源、资本资源和需求支撑等方面的优势,但长期以来粗放式的发展方式和理念使得我国内河优势发挥仍面临基础设施规划与建设、港口码头岸线利用、港城和谐发展、经济社会发展水平和资源约束、法律法规和政策体系完善、市场机制作用等方面的深层次挑战,迫切需要补齐短板,走高质量发展之路。

第一节 典型国家内河运输发展分析

作为世界经济贸易最发达的地区,欧盟和美国具有丰富的水资源,通过系统规划、长期建设,发挥了水资源的综合效能,将水运资源优势转化为基础设施要素优势,形成了以高等级航道和航运枢纽为标志的内河运输基础设施,实现了船舶大型化、标准化和港口现代化,并通过政策实现内河运输比较优势的显性化。

一、发展历程

早在14世纪,欧洲就开始挖掘人工运河,内河运输发展经历了绝对主导、铁路崛起背景下的稳定发展、综合交通运输体系背景下的"宜水则水"和绿色优势显现四大阶段。

(1)内河运输绝对主导阶段。相对于以人力、畜力为动力的陆路运输方式,内河运输在运输成本、能力上具有绝对优势,得到社会的高度重视,比较优势得到自然发挥。早期,罗马人在法国、意大利、荷兰和英国等就修建了许多运河,用于军事物资运输;18世纪末期,英国等兴起了开挖运河的高潮,并开始对内河航道进行改造。19世纪初期,欧洲大部分国家都处于初级产品生产阶段,工业大都沿着通航水道而建,贸易运输大都通过内河完成运输。

(2)铁路崛起下的稳定发展阶段。随着技术经济的发展,1825年世界上修建了第一条铁路,铁路在运输能力、成本和空间布局的优势迅速显现,成为工业革命的重要标志,各国纷纷大力兴建铁路,铁路运输迅速发展。到19世纪50年代,欧洲主要工业国家铁路运输货物周转量超过内河,但内河运输仍然保持稳定发展。19世纪40年代完成的第一次工业革命,产生了对煤炭、矿石等工业原材料的巨大需求,以莱茵河为主的欧洲内河运输得到快速发展,初步形成了以煤炭、冶金材料等为主要货类的莱茵河内河运输体系,沿岸开始出现以资源为中心的工业城市。从19世纪70年代开始的第二次工业革命,新技术和新发明对各种原材料的运输需求急剧增长,内燃机开始出现并在船舶上大量应用,大幅提高了船舶的机动性能,内河运输的优势进一步显现。从19世纪50年代到20世纪上半叶,伴随着两次工业革命的成功,欧美国家经历了从初级产品生产阶段到工业化国家的演变,到20世纪中期,美国人均GDP已经超过2000美元,欧洲主要工业国家也达到了1000美元左右,这一时期,德国、荷兰等有航运基础的国家开始大量修建本国的航道网络,开挖人工运河沟通各大水系,基本形成了沟通沿海与欧洲主要国家的国际性内河航道网络。美国在19世纪中后期进入航道开发治理的高峰期,到1940年基本建成密西西比河水运主体工程。在需求增加和基础设施改善的推动下,内河运输和铁路运输的比较优势各自得到充分发挥,均实现了长期和稳定增长,从1850年到1930年的80多年间,德国内河货运周转量年均增速达到约3.4%,大致上与工业发展速度持平,同期铁路运输实现了5.3%的增长。

(3)综合运输体系背景下的"宜水则水"阶段。20世纪30年代到20世纪50年代,受技术进步推动和高速公路等基础设施的完善,公路运输开始迅速崛起,并在中长途运输中开始与铁路、水路进行规模化竞争,内河运输和铁路发展速度一度有所放缓,欧美主要国家这一时期内河货运周转量的增速下降到约1%。到20世纪70年代至20世纪80年代,欧美基本完成了工业化进程。美国的人均GDP在20世纪70年代达到5000美元左右,20世纪80年代超过1万美元,进入发达经济阶段。在此期间,欧美又继续对航道进行大规模整治和建设,德国通过继续开挖运河,几乎将整个国家重要工业区通过内河紧密连接起来;荷兰开挖了从鹿特丹港到荷兰角的新航道;美国在前期对内河基础设施的开发、建设和管理的基础上,通过综合开发水资源,梯级渠化航道和开辟运河,形成了超过4万km的内河高等级航道网,到20世纪70年代末,美国政府累计投资近百亿美元开发建设密西西比河高等级内河航道运输系统。随着基础设施改善和各种运输方式的完善,人们认识到各种运输方式具有不同的比较优势,开始构建综合交通运输体系,各种运输方式的优势得到协调发挥。这一时期,欧美主要国家的内河运输量又恢复到约3%的稳定增速。

(4)绿色优势显现阶段。20世纪80年代以来,欧美均进入后工业化阶段,经济产业进入结构优化调整期,对运输量的需求基本稳定,对服务质量需求不断提高。从20世纪80年代到21世纪初,欧美内河运输运量保持零增长态势,如美国内河运输货运量在1990年以后一直稳定在6亿t左右。但进入21世纪以来,随着经济发展向更高阶段迈进,环境价值空前提高,人们也更加关注交通拥堵问题,内河运输运能大和环境友好的比较优势得到社会的高度重视。欧盟提出更好发挥内河水运比较优势,并出台一系列政策来吸引货运量向内河水运回流,如欧盟在21世纪初先后实施了 Marco Polo 计划Ⅰ和Ⅱ,以财政补贴方式支持企业将货运量从公路等转移到水运和铁路等更加环保的运输方式上,其后继续实施了"欧洲航运与内河航道发展行动方案(NAIADES)"。2021年6月,为应对内河运输面临的挑战,实现欧洲绿色协议和可持续智能交通战略的目标,欧盟发布了"2021—2027年内河运输行动计划"(NAIADES Ⅲ),采取综合办法和一系列措施,并辅之以财政激励措施,一方面鼓励更多的货物运输转移到内河运输;另一方面促进内河运输实现"零排放"绿色发展和数字化智能化发展解决劳动力问题。美国为了解决环境污染、促进节能减排,缓和国内公路和铁路交通运输压力,确定了内河运输的发展规划,其目标是最大化利用内河运输资源,促进经济社会的可持续发展。这一阶段,交通运输发展的主要问题已不是缓解运力不足的供需矛盾,而是在解决人和物的位移时如何处理好所使用的手段与资源和环境的关系。

二、内河货运量

1. 欧盟内河运量

20世纪90年代以来,欧盟内河货运量一直处于非常缓慢的增长过程中,2000年以来平均增长率不足1%,自2014年起逐渐呈下降趋势。2020年,受到新冠肺炎疫情影响,欧盟27国的内河货运量达到5.05亿t[1],比2019年减少3.2%。其中,荷兰约3.5亿t,德国1.9亿t,完成内河货物周转量1320亿t·km,比2019年减少5.7%。过去10年,整个欧盟内河货运量占全社会货运量的比重平均约6.1%[2]。从货物周转量来看,德国占比最高,2020年达到35.2%,其次是荷兰34.3%,罗马尼亚10.4%,比利时约5.6%。

---

[1] 数据来自欧盟统计局(Eurostat)。
[2] 莱茵河管理委员会(CCNR)市场分析报告。

莱茵河是欧洲最主要的河流,发源于瑞士境内的圣哥达峰,从波登湖附近进入德国,流经瑞士、法国、德国、荷兰、卢森堡5国,在埃默利希进入荷兰后于鹿特丹注入北海,干流全长1320km,流域面积22.4万km²。2020年,整个莱茵河沿岸地区的内河货运量大约为4亿t,占整个欧洲内河货运量的78.6%,其中又以从德国莱茵菲尔德至德国荷兰边界地区,也就是所谓传统莱茵河的内河货运量为主。进入21世纪以来,内河货运量一直稳定在约2亿t,2008年曾达到2.07亿t的高峰,此后受金融危机影响,内河货运量出现下滑,到2012年,内河货运量恢复为1.89亿t,内河货物周转量约465亿t·km。在经历2017年开始的宏观经济和世界贸易下滑以及2018年低水位影响后,2020年,莱茵河货运量为1.6亿t,货物周转量为326亿t·km。

从平均运距看,在经历了逐步增长后逐步趋于稳定。以莱茵河流域最大内河运输国家德国为例,20世纪70年代前,德国内河运输的平均运距一直在140~200km之间徘徊,到了20世纪70年代以后,开始稳步上升,2012年德国内河运输的平均运距为265km,2020年为246km。2010—2020年,欧盟27国的内河运输平均运距基本稳定在260~290km的水平,近5年基本保持在260~270km的水平。

欧盟27国2010—2020年内河货运量和货物周转量如图6-1所示。

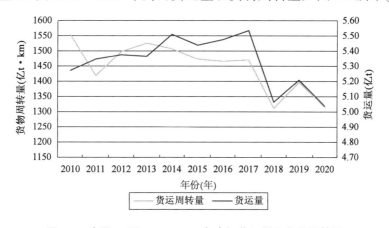

图6-1 欧盟27国2010—2020年内河货运量和货物周转量

数据来源:欧盟统计局(Eurostat)。

如图 6-2 所示,从货类结构看,莱茵河的主要货类以干散货为主,其一直保持第一大货种,2020 年占比为 55%;其次是液体散货,占 27%;第三是集装箱,占 12%。具体看,占比最大的是矿物油制品,占 17.3%;其次是矿石和钢材,占 16.4%;化工品占 12.1%;农产品和饰品饲料占 10.9%。变化最大的是煤炭,2015 年之前煤炭是最大的货种,占比约 15.7%,受能源转型和 2020 年新冠肺炎疫情大流行影响,2020 年下降至 10.7%。

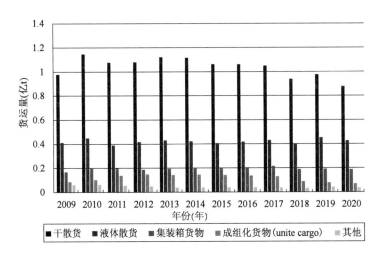

图 6-2　2009—2020 年莱茵河分货种货运量

数据来源:CCNR Market Observation-Annual report 2021。

从未来发展来看,随着燃油消耗量和油价的持续攀升、劳动力成本增高以及陆上交通拥堵、环境污染和土地供给制约等发展环境变化,内河运输运能大和环境友好的比较优势进一步显现,将在欧洲综合交通系统中扮演越来越重要的角色。

2. 美国内河运量

美国内河运量由稳定增长逐步转向零增长,如图 6-3 所示。20 世纪以来,美国内河货运量❶一直处于稳定增长的趋势,1940—1945 年,受第二次世界大战军用运输需求增长的影响,曾出现大幅上涨,其后一直到 20 世纪 80 年代,美国内河运输量一直呈现平稳增长态势,1990 年超过 6 亿 t,此后开始一直稳定在

---

❶ United States Department of Transportation, *National Transportation Statistics*.

6.2亿t的水平。2008年金融危机发生后,受需求下降影响,美国内河货运量开始下滑,由原来的6.2亿t降低到2009年的5.2亿t左右,2010—2015年回升至5.5亿t左右。2016年之后受全球经济增速放缓影响,逐年下降至2019年的5亿t,至今一直没有恢复到金融危机前的水平。货类结构自2017年起保持稳定,如图6-4所示,2021年美国内河运输最大的货种是石油制品,约占整个货运量的25%;其次是煤炭及制品,约占22%;食物、谷物和农产品约占14%,化工品占9%。

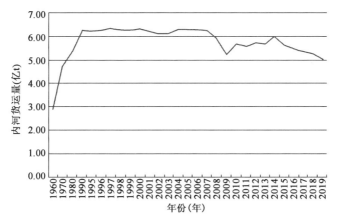

图6-3 美国内河货运量

数据来源:United States Department of Transportation,*National Transportation Statistics*。

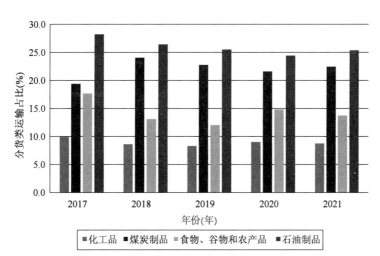

图6-4 2017—2021年美国内河分货类运输占比情况

数据来源:United States Department of Transportation,*National Transportation Statistics*。

从平均运距看,如图6-5所示,20世纪60年代到20世纪末,美国内河运输的平均运距保持稳定增长,表现出在长距离运输方面的优势。进入21世纪,基本稳定在700~800km之间,2020年达到历史最高值838km。

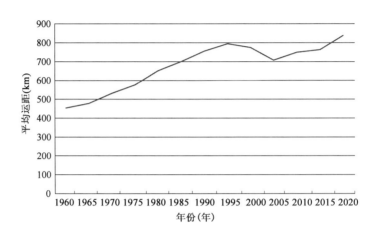

图6-5 美国内河货运平均运距发展情况

数据来源:United States Department of Transportation, *National Transportation Statistics*。

三、内河航道

欧盟地区内河运输主通道有四个:①莱茵河及其支流通道,包括莱茵河干流和支流美因河、内卡河、摩泽尔河以及马斯河等,流经的国家和地区包括荷兰、德国的中西部、比利时的北部、卢森堡、法国和瑞士交界地区;②东西通道,包括易北河、奥得河、维斯瓦河及其连接的运河,流经的国家和地区包括/德国的东北部、波兰和捷克;③多瑙河通道,包括美因河、欧洲运河、多瑙河,流经的国家和地区包括德国东部、奥地利、匈牙利、南斯拉夫、保加利亚和罗马尼亚;④南北通道,包括马斯河、罗纳河及其连接运河,流经的国家和地区包括荷兰、比利时和法国。

依据欧盟统计局的相关数据,欧盟共有内河航道4.03万km,其中法国1.49万km、德国7500km、荷兰5000km、比利时1570km。欧洲内河航道网由多瑙河和莱茵河两大河流组成,多瑙河总长2850km,从德国到奥地利、匈牙利、塞尔维亚和罗马尼亚黑海；莱茵河总长1300km，将瑞士、德国工业区与荷兰的鹿特丹港连接，欧洲的内河航道贯穿了欧洲的主要经济区，主要干线航道还连接了分布在荷兰、德国、法国、比利时的密集的小规模支线航道。

根据CEMT-1992，如表6-1所示，欧洲主要的内河航道分类是按照可通航船舶的总长、总宽对航道进行划分的，特别是船宽为确定的数值以保障船闸的通过效率，船舶平面尺度（船长、船宽）的最小值是作为航道等级划分的依据，而最大值则是航道建设需要满足的条件。例如，可通航1000~1500载重吨的欧洲Ⅳ级航道，船长80~85m、船宽9.5m、吃水2.5m；通航2层集装箱船舶桥梁净空高度为5.25m，通航3层集装箱船舶桥梁净空高度为7m。2017年，联合国欧洲经济委员会UNECE发布《E航道网主要标准和参数清单（Blue Book）》（第3版），欧洲具有重要国际意义的内河航道网协定 *The European Agreement on Main Inland Waterways of International Importance* 附录1中，将共2.92万km的内河航道定义为了"E航道网"，其中包括Ⅳ级及以上航道2.43万km。

欧洲内河航道划分标准及里程　　　　表6-1

等级	船舶类型	船长（m）	船宽（m）	吃水（m）	载重吨（t）	桥梁高度（m）	里程（km）
Ⅳ		85	9.5	2.5~2.8	1250~1450	5.25/7.00	4775
Ⅴa		95~110	11.4	2.5~4.5	1600~3000	5.25/7.00/9.10	4646
Ⅴb		172~185	11.4	2.5~4.5	3200~6000	5.25/7.00/9.10	4566
Ⅵa		95~110	22.8	2.5~4.5	3200~6000	7.00/9.10	630
Ⅵb		185~195	22.8	2.5~4.5	6400~1200	7.00/9.10	3578
Ⅵc		270~280 195~200	22.8 33.0~34.2	2.5~4.5	9600~18000	9.10	4341
Ⅶ		285	33.0~34.2	2.5~4.5	14500~27000	9.10	1746

数据来源：欧洲内河航道地图（Map of the European Inland Waterway Network）。

美国内河航道网主要由四部分组成,密西西比河水系、莫比河水系、哥伦比亚河水系、大西洋和墨西哥湾沿海运河,通航里程总计4.1万km。依据美国陆军工程兵团数据,2012年美国有控制吃水在2.74m及以上的内河航道里程为4.02万km(2.5万mile),包括海湾内的沿海航道和连接湖泊和圣劳伦斯航道的水道,但不包括五大湖。其中,水深为2.75m的1000吨级以上航道有2.5万km,占总计的61%;500吨级以上航道有3.1万km,占总计的75%。美国陆军工程兵团对可通航驳船队的1.77万km的内河及沿海航道收取燃油税。2015年美国交通运输研究委员会发布的《美国内河航道系统投资与管理的政策建议》中显示,根据委员会整理的美国陆军工程兵团导航数据中心数据,包括沿海、内河和五大湖,美国共有平均维护水深3.0m(10ft)及以上国内水路通道5.8万km,具体情况见表6-2。

美国国内航道里程与吃水 表6-2

分类	航道长度(km)	平均吃水(m)
深水航道(deep draft navigation)	3058	10.67
浅水航道(shallow draft navigation)	34140	3.05
中间航道(deep and shallow draft)	21247	8.53
合计	58445	—

数据来源:美国陆军工程兵团航道数据中心。

密西西比河水系经过100多年的治理,特别是近50年的全面综合治理,已成为世界上最发达的、先进的现代化内河航道网。密西西比河水系已成为江、河、湖、海相连、四通八达、干支直达的内河运输网。其往南河口出海通墨西哥湾,与墨西哥湾沿海运河相连接;往北经伊利诺河与五大湖相通,沿圣劳伦斯河可通大西洋。密西西比河干流上游和其主要支流(俄亥俄河、田纳西河、伊利诺伊河、阿肯色河等)基本上实现渠化;支流密苏里河采用整治方式,从圣路易斯到堪萨斯589km航道水深为2.74m,堪萨斯到苏城589km航道水深为2m。全水系建有通航梯级100多个,船闸130多座,主船闸尺度为336m×33.5m,辅船闸尺度为185m×33.5m,航道、船闸、船队基本上实现了标准化。

四、内河港口

欧洲港口主要包括鹿特丹港、安特卫普港、汉堡港和阿姆斯特丹港等四大海港和以杜伊斯堡港为代表的内河港口,这些海港沿着水道或河口在内陆腹地中挖掘港池而成。例如,鹿特丹港位于荷兰西南部莱茵河和新马斯河河口,距离北海约28km,汉堡港沿易北河到北海距离约109km,比利时的安特卫普港沿着斯海尔德河到入海口约89km。欧洲港口位置的特点决定了内河运输作为最主要的集疏运方式,例如安特卫普港内河集疏运占比达到43.7%,而且占比在不断提高。杜伊斯堡港是欧洲规模最大和功能最全的内河港口,始建于1716年,初期是为满足工业革命时大量需要的煤炭运输而兴建,到20世纪60年代后发展为集煤炭、矿砂、石油等大宗散货为一体的港口,目前已经成为以集装箱码头为主,兼有散货码头,特别是现代化物流中心的综合性内河港口。杜伊斯堡港由杜伊斯堡、鲁尔奥特和霍赫菲尔德三大公用港区和沿莱茵河分布的14个货主码头组成,2012年全港吞吐量达到约5000万吨,其中70%为钢铁工业相关的原材料和制成品,集装箱吞吐量约40万TEU。欧洲港口发展的一些特点如下。

1. "地主港"模式

欧美大多数国家港口均采用地主港模式,其基本特点是:通过港口规划,包括现有布局规划和长远发展规划,界定港口的区域范围,凡是属于港口区域范围的土地交由港口管理机构或者政府主导组成的一个公共企业进行规划,并按照规划进行港口基础设施的建设,然后将符合建设码头、库场等条件的岸线、土地出租给港口经营企业,建设码头或库场等从事经营,收取岸线或土地出租费用;或者自行按照规划,建设光板码头、库场出租给港口业务经营企业从事经营,收取码头或库场租用费。使用者则向港口区域管理机构或公共企业支付一定数额的土地和设施的使用费(或租金),并根据合约要求和期限使用港口的码头、岸线、土地、设施或自建有关设施,从事码头、物流、制造、加工等码头和产业经营活动。港口管理机构或公共企业不以营利为目的,而是通过规划、建设实施政府对港口的管理职能,不参与市场竞争,与以营利为目的的经营企业具有根本不同的性质,因此,其土地或者码头、库场等的租金收入免交各种税费,可以全部用于港口基础设施的再建设,即通过土地运作实行滚动开发。地主港模式的最大优点是适应港口的基础性、服务性定位,利于港城融合发展,确立了港口基础设施建设和管理的长远固定投融资渠道,实施滚动开发,为港口的长远发展和有效管理提供了保障。不论是政府管理部门管理的港口,还是由公共企业管理的港口,地主港模式已经成为欧美等促进港口持续、有序发展的重要途径,并被世界银行评定为向世界所有港口改革推荐的主要模式❶。

2. 综合运输枢纽地位和作用非常突出

大部分欧洲港口均可实现公路、铁路和水路等多种运输方式的换装作业,并且具有先进的信息管理系统与其他运输方式有效融合,港口不仅是水陆运输的换装枢纽,也是陆路运输方式之间的换装基地,已经发展成为区域性综合交通运输体系中的最重要节点。港航一体化经营是欧洲内河码头的经营特点,有三分之二的内河码头由大型综合运输企业或者其母公司控股,综合运输企业依托内河港口,延伸和完善了其在欧洲大陆的供应链网络,并以此为基础与大货主、河口海港及海运班轮公司结成战略关系,实现网络的融合。例如,Contargo 是莱茵河最大的驳船运输公司之一,隶属于雷诺斯集团(Rhenus),旗下有多家陆运公司、两家内河班轮公司、一家铁路运输公司、30 艘驳船、60 万 TEU 的运力,15 座驳船码头,年 234.5 万 TEU 的吞吐能力,网络遍及整个莱茵河地区。

3. 普遍采用挖入式港池建设

由于自然岸线的稀缺性,内河港口所在城市一般呈现以港口为中心的圆形布局特点,港口的岸线、土地资源价值高,规模拓展所付出的代价较高,同时由于复杂的地质、水位落差和后方陆域可得性等因素,欧洲港口都非常注重自

---

❶Port Reform Toolkit(SECOND EDITION),The World Bank.

然岸线节约利用,普遍采取挖入式港池进行建设。这一模式的优点是:利用单位自然岸线,可延长码头岸线,多建泊位,掩护条件较好,码头的工作面大大增加,码头作业对自然河流影响很小。德国鲁尔工业区所在的莱茵河流域运河网络密集,沿岸的城市布满了挖入式大型港池,形成庞大的港池群落,多特蒙德有8个挖入式港池,杜伊斯堡有15个,杜赛尔多有9个,科隆有12个,卡尔斯鲁厄有7个,法兰克福有5个,曼海姆有12个,总量为68个。再往南,包括法德边境的斯特拉斯堡和凯尔的12个挖入式港池,以及一些直接深入工厂门口的专用港池,这些深入腹地的巨大港池群形成了一个拥有80多个大小港池、上百个泊位的港口集群。

4. 内河港口发展趋势

一是专业化程度不断提高。运输服务的专业化细分,推动内河港口码头专业化,如集装箱码头、矿石码头、粮食码头以及石油化工码头等专业化的码头,能够极大提高物流效率,在运输市场取得优势。二是注重与其他运输方式的有效衔接。国家对航运基础设施的建设非常重视,通过完善的港口物流基础设施,将内河运输与密集的高速公路、以铁路为核心的陆运相衔接,形成了较完善的交通运输网络和集疏运网络,不断拓展港口的经济腹地。三是注重与沿岸产业布局相协调。政府通过规划将内河运输水网同沿岸的城市交通运输进行结合,将城市工业产业布局分布同内河运输水网系统紧密联系到一起,引导产业沿河布局发展,以实现水路带动工业发展、工业促进水运繁荣的局面。四是不断提升现代物流业功能。港口物流可以提供工业发展平台,形成物流产业链,提高港口城市工业化程度,因此越来越得到重视。通过港口物流发展,可以降低物流成本,提供港口城市工业发展平台,为临港产业的发展带来便利,产业的发展又可以为港口的发展带来持久的动力。五是注重"绿色"发展。在经历了先污染后治理的发展后,对环境可持续发展具有更深刻的认识,主要港口也十分重视绿色港口的建设,在追求经济增长的同时要追求港口环境的可持续发展,在重视基础设施建设和维护的同时重视这些基础设施的生态化管理。六是注重港城和谐发展。港口在可持续发展中更加注重与城市和谐发展,如减少港口空气污染、注重发展水路、铁路等集疏运系统以避免对城市交通造成压力等。随着城市规模的扩大,内河港口搬迁后可将原有港区改造为城市亲水和旅游岸线。

评述 6-1　　　　欧洲港口注重发挥内河集疏运的措施

　　欧洲港口大部分位于河口地区,提供了良好的发展内河集疏运的基础条件。ARA(阿姆斯特丹、鹿特丹、安特卫普三个港口的首字母)港口通过莱茵河连接至欧洲大陆,使得内河运输成为主要的集疏运方式。鹿特丹港务局认为,港口要追求和实现可持续发展,必须重视内河水运和铁路等更加节能环保的集疏运方式,为此,提出降低公路集疏运比例,大幅增加内河运输和铁路集疏运比例。为实现这个目标,鹿特丹港采取了参与通道运营的策略,并与集疏运公司签订协议。例如,在公路运营公司中,港务局占有25%的股份,通过信息化等手段,尽量避开高峰时间,确保不对城市造成拥堵;铁路方面占有35%的股份;内河水运方面,鹿特丹港积极参与内河集散码头的建设,参与驳船公司运营,为客户提供低成本、一体化和门到门的物流服务,建立内河信息交流网站,通过宣传等提高影响力,并大力促进物流链各方的合作。

评述 6-2　　　　欧洲将内河港口转变为多式联运物流节点

　　近年来,在运输结构调整增加内河运输比重的总体目标下,欧洲认为内河水运比重的提升主要体现在其在多式联运物流链上的增加上,需通过将内河港口转变为多式联运物流节点,将内河航道纳入多式联运网络,如图6-6所示。传统意义上,内河运输提供港口到港口的运输,主要运送在港口储存或加工的散装货物(煤炭、铁矿石、砂石、石油和粮食等),而以内河运输为主构建多式联运链条,则必须使内河港口成为水路和陆路(铁路和公路)运输方式之间的综合接口,在所处区域发挥物流服务平台的作用。地方土地利用政策和基础设施规划有力推动了这一发展趋势,一些内河港口发展成为多式联运枢纽,成为长途运输方式之间的连接节点。

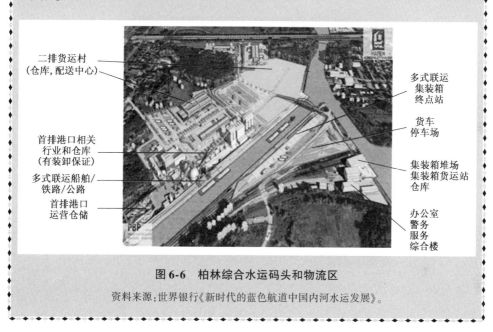

图6-6 柏林综合水运码头和物流区

资料来源:世界银行《新时代的蓝色航道中国内河水运发展》。

五、运输企业

欧盟内河运输企业以个体和联营企业为主,除了一些原东欧国家外,大部分国家的运输企业为私人企业,由于受到的经济管制非常小,企业进入内河运输市场后基本上没有数量或者运力的任何限制,而且可以在整个欧盟内河进行运营,市场呈现自由化和分散化结构。2000年以后,由于欧洲内河运输市场体系的稳定性,企业数量基本变化不大。据 CCNR 2021 年度报告,截至 2018 年,欧盟共有 5662 家内河运输企业,其中约 90% 集中在荷兰、法国、德国、比利时和波兰。

欧盟内河运输市场企业以中小型企业和家族企业为主,绝大多数欧洲船东经营 1～3 艘机动船或驳船,仅由船长和家属一起经营,尽可能减少雇员,只有少数公司经营 20 艘船舶以上。这些企业通常要经过相对规模较大的航运企业或者货运代理的二级承运人(包括船舶经纪人和合作社)来匹配供应与运输需求❶,与真正的货主很少建立直接合同关系。由于船舶经纪人对市场状况有很好的了解,而个别船东的信息较少,导致船东在价格和条款的谈判上相对弱势。另外,这种分散的企业结构也造成了船舶更新缓慢,阻碍了对船舶数字化和脱碳的投资进程,降低了对于劳动力的吸引力。在经营方式上,近年来一些内河运输企业开始逐渐关注更高层面的综合物流服务,而将一些实际的运输分包给众多中小企业。

与欧盟内河运输企业高度分散的结构不同,美国内河运输主要是由一定数量船舶组成的船队所承担的,船队的规模通常比较庞大,内河运输产业的集中度较高。美国内河运输市场运力近一半由大型私人企业垄断式经营,2020 年排名前 5 位的内河运输公司为 Ingram Barge 公司、American Commercial Barge Lines 公司、Kirby Inland Marine 公司、American River Transportation 公司和 Crounse corporation 公司。前 5 大内河运输公司运力超过 11000 艘,约占整个美国内河市场运力总数的 1/3,公司经营范围和运力情况如下。

1. Ingram Barge 公司

Ingram Barge(英格拉姆驳船)公司是一家位于美国田纳西州纳什维尔的驳船公司,通过密西西比河系统、墨西哥湾内陆水道和其他美国内陆水道运输矿石、谷物和煤炭等干散货和液体大宗商品。它经营着一支由 130 多艘拖船和约 4500 艘驳船队成的船队,并通过第三方附属公司提供存储和装载码头服

---

❶ 世界银行,*Inland Waterways Transport 2015*。

务。1994年,《福布斯》杂志将英格拉姆列为美国第14大私人控股公司。Ingram Barge公司自1946年成立以来一直由Ingram家族管理,是Ingram Marine Group的子公司,是Ingram Industries公司的一部分。经营范围包括拖船、石油产品、散货、煤炭、焦炭、谷物和化工产品。公司自有船队情况见表6-3。

Ingram Barge公司运力情况　　　　　　　　　　表6-3

船舶类型	数量(艘)
推船	139
拖船	1
开式料斗驳船	1697
有盖料斗驳船	1969
平/甲板驳船	144
开式干货驳船	30
有盖干货驳船	291
液货驳船(双壳)	315
其他液体货物驳船	14

2. American Commercial Barge Lines公司

American Commercial Barge Lines是一家干散货和液体散货为主的运输公司,经营范围包括拖船、钢铁、石油产品、煤炭、焦炭、硫黄、糖、杂酚油、谷物、废铁、化学品、盐和一般商品。经营地点覆盖美国全部内陆水道。公司自有船队情况见表6-4。

American Commercial Barge Lines公司运力情况　　　　表6-4

船舶类型	数量(艘)
推船	2
开式料斗驳船	407
有盖料斗驳船	1947
平/甲板驳船	184
有盖干货驳船	22
液货驳船(双壳)	35
其他驳船	2

3. Kirby Inland Marine 公司

Kirby Inland Marine 运营着美国最大规模的内陆油罐驳船和拖船船队,主营业务为石化产品、精炼产品、黑油和农用化学品。服务区域横跨美国的内陆水路网络,包括从得克萨斯州布朗斯维尔到佛罗里达州圣马可的海湾内陆水道("运河"),以及密西西比河及其支流,包括俄亥俄河和伊利诺伊河。Kirby Inland Marine 能够在不更换承运人的情况下,将液体散货从这条内河航道网络的一端运输到另一端。公司自有船队情况见表6-5。

Kirby Inland Marine 公司运力情况   表6-5

船舶类型	数量(艘)
推船	195
拖船	79
敞口斗式驳船	1
平/甲板驳船	6
液货驳船(单壳)	6
液货驳船(双壳)	1007
其他液体货物驳船	27

4. American River Transportation 公司

American River Transportation(美国河流运输)公司(ARTCO)是阿彻丹尼尔斯米德兰公司的子公司。ARTCO 商业经营范围包括粮食及粮食制品、煤炭、化肥、盐和废料。经营地点为密西西比河和支流。公司自有船队情况见表6-6。

American River Transportation 公司运力情况   表6-6

船舶类型	数量(艘)
推船	46
拖船	1
有盖料斗驳船	5
平/甲板驳船	3
有盖干货驳船	1101
液货驳船(双壳)	81

5. Crounse corporation 公司

Crounse corporation 是一家干散货运输公司,服务区域包括密西西比、俄亥俄、田纳西、坎伯兰、格林、卡纳瓦、莫农加希拉、利金河和黑武士河以及田纳西州汤姆水道。所有驳船几乎都是相同的敞开式料斗,长 195ft,宽 35ft,成型深度为 11ft 或 12ft。拥有 35 艘拖船,船龄较新,主营业务为拖带、煤炭、粮食、石灰石、沙子、砾石和钢铁运输。公司自有船队情况见表6-7。

Crounse corporation 公司运力情况　　　　表 6-7

船 舶 类 型	数量(艘)
推船	35
敞开式料斗驳船	1231
有盖料斗驳船	45

六、内河运输船舶

(1)船舶使用寿命长。欧美对内河船舶没有强制报废制度,只要船舶符合相关检验规范和安全技术标准,就可以继续使用,因此,船舶寿命普遍较长。在干散货船队中,据统计,到 2017 年,莱茵地区干货船的平均建造年份为 1965 年,船龄已超 50 年,只有 16% 的船在 2000 年以后新建,84% 的船在 2000 年以前建造。由于对液货运输船队双壳船要求的实施,莱茵河船队 2000 年以后建造的液货船占总体的一半以上,但平均下来建造年份为1979 年,船龄已超过 35 年。推船和拖轮的建造年限主要集中在 1955—1980 年,1900 年前后制造的客船占比仍然较大。[1]

莱茵河船队中,1930 年以前建造的船舶仍占到现有运力的 10% 左右,船龄已经高达 80 多年,建造于 1930—1970 年的船舶占比更是达到45%,船龄都在 40 多年;美国 25 年以上的内河船舶占到 37% 以上。较长的使用寿命使船队更新缓慢,船队较为稳定。

(2)船舶大型化趋势明显。大型化是欧美内河运输船舶呈现的另一个主

---

[1] CCNR Market Report 2014—2019.

要发展趋势。欧盟以20世纪70年代为分水岭,船舶大型化开始明显加速。1970年以前,莱茵河内河船舶的吨位大部分为二级船舶❶(吨位400~650t,长度50~55m,宽6.6m,吃水2.5m),但此时已开始向三级船舶发展(吨位650~1000t)。1970—1999年,莱茵河内河运输船舶大型化开始加速,平均吨位达到了四级船舶吨位,也就是1000~1500t,2000年以来,莱茵河1500t以上的五级船舶开始大量出现,在2002—2009年间几乎60%的内河干散货船载重吨已经超过3000t,液货船大约有1/3的载质量超过3000t,1/3的载质量在2000~3000t之间,其余的载质量低于2000t。船舶大型化主要是新建船的吨位不断增大,自2005年至2018年,莱茵河运营船舶总数减少了13%,但总载重吨增加了8%,平均载重吨增加23%,特别是在2007—2009年船舶建造率非常高的情况下,1000t以下的较小船舶离开市场,而具有更高装载能力的新船舶进入市场。据CCNR 2021年度报告,2005年欧盟内河干散货船舶平均载重吨为1090t,2020年达到约1500t,船队的总载重吨自2008年以来一直保持稳定,为1050万t,1500载重吨以下的小型船舶在欧盟内河运输中占比逐渐下降。2020年共新造27艘干散货船,共约6.7万载重吨投入西欧盟市场,其中37%的船舶吨级在3000~4000t之间。2020年新建干货船的平均运力为2474t,而2019年为3256t。2020年共有54艘新造液货船,共约20.5万载重吨投入西欧盟市场,其中31%的船舶吨级在2000~3000t之间,20%的船舶吨级在3000~4000t之间。与2019年新建邮轮相比,2020年对更大装载能力邮轮的需求有所增加。2020年新建液货船的平均装载能力为3793t,2019年为3103t。莱茵河主要船舶类型大型化发展趋势部分数据见表6-8~表6-10。

莱茵河船队运力规模(按货类分) 表6-8

年份(年)	干散货船队		液货船队		顶推船和拖轮
	船舶数量(艘)	平均载重吨(t)	船舶数量(艘)	平均载重吨(t)	船舶数量(艘)
2008	8249	1243.8	1569	1646.3	1276

---

❶*Classification of European Inland Waterways.*

续上表

年份(年)	干散货船队		液货船队		顶推船和拖轮
	船舶数量(艘)	平均载重吨(t)	船舶数量(艘)	平均载重吨(t)	船舶数量(艘)
2009	8203	1300.6	1643	1718.8	1286
2010	7952	1338.9	1732	1805.4	1220
2011	7980	1349.5	1706	1877.5	1265
2012	7776	1382.2	1654	1919.0	1219
2013	7618	1402.1	1623	1942.1	1267
2014	7464	1413.9	1600	1990.6	1251
2015	7323	1433.3	1551	2053.5	1246
2016	7136	1441.3	1511	2084.7	1240
2017	7092	1471.0	1501	2073.3	1241

资料来源：UNITED NATIONS ECONOMIC COMMISSION FOR EUROPE：*White Paper on the Progress, Accomplishments and Future of Sustainable Inland Water Transport*。

2018年之前莱茵河船队运力规模(按艘数和建造年份计算)　　表6-9

建造年份(年)	吨级(t)							
	<400t	400~999	1000~1499	1500~1999	2000~2999	3000以上	其他	合计
1930年之前	249	325	189	67	19	2	6	857
1930—1949	137	209	150	18	6	2	8	530
1950—1969	876	1251	899	185	78	21	35	3345
1970—1979	160	289	237	196	282	38	7	1209
1980—1989	108	535	114	159	347	104	16	1383
1990—1999	75	125	52	63	260	47	4	626
2000—2008	37	39	45	77	239	164	23	624
其他	6	4	3	2	5	1	79	100
合计	1648	2777	1689	767	1236	379	178	8674
比例	19%	32%	19%	9%	14%	4%	2%	100%

数据来源：*CCNR Market Report*。

2017—2020年莱茵河船队运力规模(按艘数和建造年份计算)　　表6-10

建造年份(年)	吨级(t)										合计
	<1000		1000~2000		2000~3000		3000~4000		>4000		
	干散货船	液货船	干散货船	液货船	干散货船	液货船	干散货船	液货船	干散货船	液货船	
2017	4	1	3	10	9	14	12	2	1	1	57
2018	2	2	7	12	5	7	3	3	0	4	45
2019	1	1	3	15	6	11	7	5	3	8	60
2020	3	0	9	9	5	21	10	10	0	14	81
合计	10	4	22	46	25	53	32	20	4	27	243
比例	4%	2%	9%	19%	10%	22%	13%	8%	2%	11%	100%

数据来源：*CCNR Market Report*。

(3)欧盟船舶以机动船为主。第二次世界大战前,莱茵河船舶仍以拖带驳船为主,第二次世界大战之后,受需求快速拉动,机动单船开始出现并迅速发展;20世纪60年代以后,这种更加安全和灵活的运输方式开始占据主导地位。

(4)美国以驳船为主。从20世纪60年代以来,美国内河驳船数量始终远超自航船的数量,驳船数量所占船舶总数量的比例一直在70%以上,高峰时一度达到了近82%。自航船的数量比较稳定,60多年来一直保持比较平缓的增长趋势。美国内河运输船舶构成见表6-11。

美国高度集约的内河运输企业是船队运输发展的重要条件,同时大型内河运输公司兼营港口也为船队运输的发展提供了重要的保障。美国内河大型航运企业规模大、船舶多、市场占有率高,并且经营内河港口用于支持货物在驳船、公路和铁路之间的转运,为拖船和驳船提供编队、转运、清洗和维修服务。这样港口和航运实现了有机结合,保障了船队运输发展,可以预测,未来美国内河驳船仍然会占据内河运输船舶中的主导地位。

美国内河运输船舶构成 表6-11

年份(年)	项目				
	驳船(艘)	驳船比例(%)	自航船(艘)	自航船比例(%)	合计(艘)
1960	16777	71.90	6543	28.10	23320
1965	17033	73.70	6083	26.30	23116
1970	19377	75.00	6455	25.00	25832
1975	25515	80.60	6144	19.40	31659
1980	31662	81.60	7126	18.40	38788
1985	33597	81.70	7522	18.30	41119
1990	33597	80.30	8236	19.70	41833
1995	31209	75.60	9009	24.40	36860
2000	31372	77.10	9293	22.90	40665
2005	30016	76.20	9385	23.80	39401
2010	30265	75.90	9618	24.10	39883
2011	30987	76.40	9558	23.60	40545
2012	32394	76.20	10139	23.80	42533
2013	32047	76.40	9921	23.60	41968
2014	32275	76.00	10187	24.00	42462
2015	31748	77.80	9043	22.20	40791
2016	33212	77.80	9462	22.20	42674
2017	32808	77.80	9344	22.20	42152
2018	33266	77.10	9904	22.90	43170
2019	33329	77.00	9928	23.00	43257

资料来源:United States Department of Transportation, *National Transportation Statistics*。

第二节　我国内河运输发展战略分析模型

研究人员对于企业发展战略和国家战略进行研究分析的模型较多,但对行业发展战略如何构建分析模型,一直是值得探索的问题。下面通过建立基于战略要素的分析模型(DESSPOR),分析行业发展战略。

影响内河运输行业发展的基本战略要素涉及7个方面,包括:①需求及其结构(D);②企业结构以及战略(E);③关联产业与支持性行业发展(S);④企业提供服务与需求互动(S);⑤政府政策与作用(P);⑥发展机遇与突发事件(O);⑦发展资源支撑(R)。内河运输发展相关战略要素的相互关系如图6-7所示。

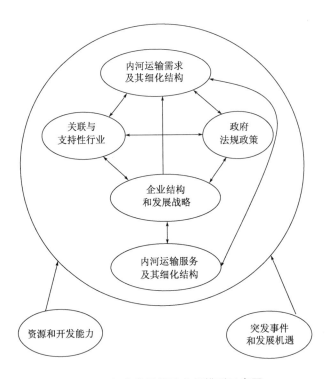

图6-7　行业发展战略分析模型示意图

一方面,战略分析既要着眼于影响内河运输发展的各个要素,还要更注重各个要素之间形成良性的互动机制,构成有机整体,才能使资源得到有效开发,形成抓住机遇、自如应对突发事件的能力,将要素推动运用到极致。另一方面,更重要的是要依托经济社会发展、全面深化体制改革和治理体系和治理能力现代化的背景,全面、准确、完整贯彻新发展理念,结合内河运输需求规模优势,形成内河运输发展的制度资本和创新资本,并使之成为超越资源要素的生产力,这样才能真正做到内河运输发展的道路自信、理论自信、制度自信和文化自信,在支撑经济社会发展的同时,实现行业的可持续发展。

1. 内河运输发展资源及持续开发

内河运输发展资源主要包括自然资源、人力资源和资本资源,除自然资源主要靠天然形成外,其他主要依靠创造和长期培育、开发得来,正是依靠创造和长期培育、开发获得的诸生产要素与自然资源相结合,才能真正成为行业可持续发展的竞争优势。内河运输对资源的占用主要体现在水、净空、人力、资本和岸线土地(码头和物流等业务)资源等方面。相对人力和资本资源,内河运输所需的水资源大部分为自然形成,如由天然的河流经过整治后直接形成航道,自然资源直接利用率最高,也有部分航道是人工构造的,例如运河和一些通航建筑物。码头主要由自然资源开发而成,需要对自然资源进行二次开发利用。内河运输需要水资源支撑,防洪、发电、灌溉、产业发展、城市发展等也需要利用水资源,如何获取水资源的支撑是保持内河运输可持续开发的关键问题。净空资源主要受跨河公路、铁路桥梁等基础设施的制约,面临水资源综合利用和综合交通运输体系的协调发展,特别是我国公路、铁路桥已经优先获得净空资源情况下,内河运输如何协调净空资源的合理利用已经成为影响发展的重大问题。生产力是劳动者和劳动手段、劳动对象的统一,是人的因素和物的因素的统一,人是其中最重要和最活跃的因素,也是流动性最强、竞争最激烈的因素。我国内河运输涉及的人力资源主要在本国流动,相对封闭,属于本地化资源,且内河运输企业规模相对较小,甚至以家庭为单位(对家庭的忠诚一定程度上减弱了其他行业的竞争影响),但也面临其他行业对人力资源的竞争。一方面要通过长期培训和人力资源开发,提高劳动生产率,另一方面就是要推动行业持续创新发展,提升从业人员获得感、幸福感,才能在竞争中获得优秀人才。资本资源方面,对于航道、航运枢纽等基础设施的投资,属于公共基础设施建设,主要应来自政府性投资,近年来也开始探索诸如 BOT(Build-Operate-Transfer,建设-运营-移交)等所谓政府和社会资本合作(Public-Private Partnership,PPP)模式❶。

---

❶ 根据国家发展改革委和财政部的文件,政府和社会资本合作(PPP)模式是指政府为增强公共产品和服务供给能力、提高供给效率,通过特许经营、购买服务、股权合作等方式,与社会资本建立的利益共享、风险分担及长期合作关系。

对于船舶、码头经营设施等,一般是利用企业资本,采取市场直接融资(如股票)、银行贷款、民间融资等传统模式获取资金,随着金融机构对内河运输的关注,一些融资租赁等多元化融资理念逐步开始应用到内河运输中;随着城市经济发展水平提升和功能扩展,内河岸线土地等资源的价值进一步提高,对资源利用效率提出更高要求。总体上看,内河运输自然、人力和资本等资源构成了内河运输发展的基础,特别是自然资源,主要由一个国家的自然禀赋决定,对自然资源采取何种可持续开发策略会影响到内河运输长期战略优势的发挥。

2. 需求及细化结构

内河运输需求是沿江经济贸易和社会发展的派生需求,成为内河运输发展的直接推动力。它既表现为分货类货物运输量上的需求,也表现为在安全、便捷、经济、高效等方面质的需求,要求港口、船队在供给结构以及能力上保持适度超前,服务质量上适应发展的需要。随着全面建成社会主义现代化强国、实现中华民族伟大复兴的推进,我国经济社会发展对内河运输提出了更全面、更高的要求,未来内河运输需求将持续增长,同时需求进一步体现为在节约资源消耗、减少环境影响等方面,推动内河运输转型发展。

3. 企业结构和服务

内河运输企业结构包括船东结构、企业规模结构、市场集中度和资本结构等。企业结构直接影响内河运输提供的服务水平,包括提供运输服务能力、服务质量、价格水平、产业链服务能力等,甚至可以向上传递到需求端,去影响和改变需求结构。企业结构的形成受到国家政策、民族文化、河运文化、资本等各种因素影响,相对合理的企业结构可以促进技术进步、降低运输成本、提高服务水平,可以在很大程度上影响内河运输相对其他运输方式的竞争力。企业根据需求变化和政府政策,通过新技术应用和管理进步,提升规模优势和服务水平,使之向更加安全、高效、便捷和绿色方向发展,这是相对竞争力的体现。

4. 关联与支持性行业

内河运输会带动相关和支持性产业发展,也会受制于这些产业,进而影响内河运输发展和服务水平提升,包括内河运输服务业、装备制造业等。发达的航运服务业可以降低交易成本和融资成本,提升效率;反过来内河运输业发展水平也会带动航运服务业发展,扩大就业。修造船、港口装卸设备制造等装备制造业是内河运输的上游产业,为内河运输提供技术和装备支撑,一些诸如节能减排、船舶设计、清洁能源应用等方面的新技术、新方法、新思路、新材料等如果取得突破,可以很大程度上降低运输成本,提升内河运输竞争力,甚至取得革命性的突破;反过来,内河运输往往是关联与支持性产业首制产品的首先应用者,为推动这些产业创新发展提供了支撑,其发展客观上也要求并促进这些产业技术进步。我国是世界上最主要的造船大国,在上一轮世界海运大发展中把握世界制造业产业转移趋势,发挥劳动力资源比较优势,造船完工量、新接订单量和手持订单量三大指标均跃居世界第一位,规模实现全面突破。2020年,全国规模以上船舶工业企业达1043家,在布局上形成了以中国船舶集团为主和沿江沿河各民营地方船厂为辅的产业布局,内河各中小船舶修造企业更是不计其数,形成了完善的船舶制造、修理、配套和改装拆解产业链,在发动机、船用钢板等配套产品方面已经完全可以做到国产化,可以为我国内河运输提供有力支撑。近几年,随着国家内河船型标准化工作的推进,引导建设高效、绿色、先进的内河船舶,也带动了内河船舶设计、制造等产业的快速发展壮大;在港口装备制造方面,目前世界上港口装卸设备、集装箱等产能大部分集中在我国,我国在这一方面有很强的竞争力。就内河装备制造业而言,尽管其为我国内河运输发展提供了较强支撑,但总体看造船业的优势主要集中在海船,内河船舶设计制造配套等产业还存在散、弱、小的情况,需要进一步调整结构,形成纵向整合,与内河运输形成更加良性的互动。

5. 政府政策法规与管理

政府通过制定法规、经济技术政策和标准等,规范内河运输市场运行、引导技术进步、促进节能减排和可持续发展,对企业的一些目标选择、管理模式、规模结构、技术进步等产生重要影响。内河运输总体上作为一种更绿色低碳的运输方式,普遍受到各国政府重视,有条件的国家均制定有倾斜政策,核心目标在于促进其隐性比较优势的显性化,以推进内河运输发展,这需要设计更加合理和可行的经济技术政策体系。

6. 发展机遇和突发事件

对于一个政府、一个行业和一个企业,突发事件和发展机遇都是可遇不可求的。正常运行的政府、行业或企业,如果缺乏应对突发事件的能力,对于一个意想不到的突发事件应对不当,很可能导致政府垮台、行业竞争力下降和企业破产,多年积蓄的发展成就毁于一旦。同时,当发展机遇不期而遇时,如果能够抓住"千载难逢"或"灾难推动"的历史机遇,实现超常规增长,并通过坚韧的努力,把短期增长成果转化为发展优势和地位提升支撑力,并为下一步发展奠定坚实的基础,便可逐步成为行业发展的引领者,发挥"龙头"作用。反之,机遇来临时没有综合储备能力,虽然也能获得更快的发展,但可能被竞争者超越。未来影响我国水运发展的不可预料的事件和机遇主要包括:①新技术的突破和应用,使传统水运装备和运输组织丧失竞争力,即为我国水运发展进行技术和服务质量赶超创造了机遇;同时,若不能迅速行动,积极应用先进技术改造传统技术和管理,将拉大与世界先进水平的差距,降低市场竞争力,甚至被淘汰。②政治、军事、宗教和劳资冲突等,使正常运营秩序突然陷入瘫痪。油价大幅度波动,直接影响内河运输成本,将引发一系列运输工具、技术装备参数和甚至管理模式、运输组织变化。③生态、环境保护等方面新法规的实施与重大决定,使行业的比较优势、企业经营的法规环境发生变化。人民生活水平的提高、经济的发展使土地价值和环境价值提高,小汽车进入家庭等,使内河运输占地省、能耗低、环境友好的优势逐步显现。④由于经济贸易波动引发需求的迅速上升和下跌、造船价格的大幅波动,使市场供求关系平衡状况发生波动,出现市场繁荣或调整。⑤自然灾害使基础设施不能正常运行,使运营的可预期性受到影响。针对安全、环境的重大事故和恐怖活动,可能使正常经营活动难于正常进行,使行业或企业形象受到严重影响。引发突发事件和机遇的因素很多,这些突发事件会打破原有的平衡状态,使行业和企业的竞争力因素发生变化,从而为改变已有竞争格局创造新的环境。政府和企业应密切合作,更好地抓住发展机遇,有效应对危机,构筑竞争平台优势。风险管理的水平、应对突发事件和抓住机遇的能力,反映了一个国家和企业的成熟程度、决策能力和经营实力。突发事件的发生很难预料,随着我国经济社会的发展,政府和企业应对突发事件的能力在逐步增强。从政府层面看,应保持基础设施能力适度超前,完善搜救应急预案,提高油污染处置能力,加强重点水域、重点船舶、重点时段的安全监管和基础设施建设,将事故发生造成的危害降至最低;增强综合信息整合处理能力,形成比较完善的预警功能,及时提供危机和机遇的信号以及影响分析;加强对于应对突发事件和机遇对策的研究投入,为政府、企业快速制定对策提供决策支持;强化政府和企业互动联系,形成联合快速反应能力。市场经济体制下,虽然政府不参与企业的具体经营,但可以鼓励形成水运行业上下游企业之间和谐的互动关系,完善政府、企业以及相关组织共同应对危机和抓住机遇的机制。有些危机不是单靠政府或企业就可以应对的,同时面对发展机遇,企业也会(对于抓住机遇)面临心有余而力不足的困境,需要政府的援助;同时,企业自身应加强综合储备能力,提高风险管理水平。企业应有必要的资金、物资和技术等储备,以便发生大的波动时能够自如应对;面对发展机遇能够快速投入,迅速提升新的竞争资源,创造竞争优势,满足客户需求。我国内河运输企业在跌宕起伏、竞争激烈的市场环境下,应全面提高风险管理能力,做到预警及时、化解有方。

第三节 我国内河运输发展资源分析

我国内河运输发展的资源主要包括自然资源、人力资源和知识资源以及资本资源及其结构。除自然资源主要靠天然形成外,其他资源需要依靠长期培育和开发得来。

一、自然资源条件

内河运输发展的自然资源主要包括河流、湖泊、流量等水资源,以及陆域等,这些自然资源是形成内河运输基础设施的基本条件。

(1) 自然水运资源丰富。我国河流众多,内河运输发展所需水资源丰富,河流总长45万km,多年平均径流量为27000亿 m^3,仅次于巴西和俄罗斯,位居世界第3位;流域面积1000 km^2 以上的河流有1500多条,10000 km^2 以上的河流有79条。面积在1 km^2 以上天然湖泊2700多个,总面积超过8万 km^2,其中1000 km^2 以上的有13个,此外还有数以万计的人工水库。长江、珠江和黑龙江径流量居我国前3位,长江是我国第一大河,径流量约占全国的36%,为世界第三大天然河道,分布有鄱阳湖、洞庭湖、太湖、洪泽湖和巢湖五大淡水湖,黑龙江、额尔古纳河、鸭绿江、图们江和澜沧江等河流属于国际界河。除了众多的天然河流外,我国还有许多人工开凿的运河,如举世闻名京杭大运河。总体上看,我国发展内河运输自然水运资源十分丰富,但自然水运资源需要经过治理才能真正为航运所用。由于长期投入不足,加之水资源综合利用涉及多方利益,自然水运资源开发、维护程度不高,使沿线净空资源(桥梁)、线位资源、陆域纵深、船闸通过能力和等级等水运资源均面临短缺的压力,难以适应内河运输持续增长的需求。

(2) 资源开发远远不足,自然资源优势尚未转化为内河运输发展的优势。首先是没有经历欧美对水运资源的系统开发、集中高强度建设。我国内河水运资源开发经历了碎片化局部建设到干线整体治理阶段,相当部分内河航道等级偏低,2020年三级及以上高等级航道占等级航道总里程的比重仅为21.4%,距离航道高等级化和区域成网尚有很大差距,不利于发挥长距离、大吨位船舶运输的经济性。二是干线航道治理工程取得重大进展,但支线及水网航道系统治理滞后。整治干线航道是进入21世纪以来内河航道建设的投资重点,经过长期努力,2018年5月8日,长江南京以下12.5m深水航道全线贯通,标志着长江下游出海航道的整治完成。中游荆江航道整治工程于2017年4月15日正式通过竣工验收,航道水深提高到3.8m,中游航道"瓶颈"得到初步缓解。上游重庆—宜宾整治工程自2016年开始,现还未全线竣工。"十三五"以来支线航道整治逐步受到重视,但总体仍处于起步阶段,支线航道整治的滞后影响了内河运输的通达性。三是水系之间缺乏运河沟通。因受地形和气候等自然因素的影响,我国河流分布很不均衡,东南部集中了绝大多数河流,除京杭大运河外,缺乏沟通干线、干线与港口以及水系的运河工程❶,长江、珠江两大水系的运河沟通尚处于前期研究论证阶段,内河运输网络化、机动性水平和连续性受到限制,制约了内河运输边际成本低优势的发挥。四是内河水利枢纽仍存在障碍。水利枢纽对内河运输的影响既有有利的一面,也会极大制约内河运输发展。有利的一面表现在水利枢纽使库区航道条件改善,可以提高库区航道尺度、优化水流条件,部分枢纽还会改善下游航道条件;但如果水利枢纽通航等级低、通过能力小,甚至没有通航设施,对内河运输的制约也是显而易见的。截至 2020 年底,我国共有内河水利枢纽 4215 处,其中不具备通航功能的 2611 处,占总量的 62%,通航建筑物中共有船闸 769 座,升船机 43 座,不能正常使用的分别占 34% 和 65%。一些枢纽(如三峡等)能力不足已经成为影响内河运输发展的"瓶颈",通航能力和等级卡住了发展的"脖子"。五是水资源综合利用缺乏协调。水资源开发涉及防洪、发电和航运等基本功能,由于各种原因,航运常常处于弱势地位。而从国外情况看,美国与我国水运自然资源总体类似,1928 年美国由陆军工程兵团负责对密西西比河水系进行大规模综合治理,先后完成了密西西比河、伊利诺伊河、田纳西河、阿肯色河渠化、密苏里河和俄亥俄河整治工程,开挖了田纳西—通比格运河,水系面貌得到全面改观,逐步形成了繁荣的内河运输。欧洲莱茵河水系的发展也正得益于欧盟和各国不遗余力进行内河航道网络化建设,以连接莱茵河和多瑙河的"欧洲运河"为代表,这条长达 3500km 的大水系将欧洲 13 个国家相互连接起来,全程可通达 1500 吨级船舶。莱茵河、多瑙河、塞纳河、易北河、伏尔加河、顿河等相互沟通,内河船舶从鹿特丹、汉堡港启程可以直达黑海和地中海,真正做到了河河相通、水水相连,从而保证了内河运输的连续性,减少了运输中转环节,加速了船舶周转,降低了运输成本。时至今日,欧洲仍在建设

---

❶京杭大运河只在山东济宁以下通航,能否向北延伸至京津地区,能否形成京津水上旅游和货运通道以缓解公路运输压力,涉及经济、技术、环境等诸多问题,需要在深入可行性研究的基础上作出最终结论。

塞纳河-北欧洲运河,连接塞纳河(法国)和谢尔德河(比利时),将塞纳河与北海安特卫普和鹿特丹港口的运河系统以及德国水路连接起来,提高内河网络运输效率和通道能力。国外内河开发的成功经验值得我们借鉴,我国目前内河水运资源开发与国外相比仍有较大差距,只有通过综合治理,才能发挥自然水运资源的潜力,促进内河运输优势的发挥。

二、人力资源条件

人力资源包括内河运输从业数量、知识技术能力、人力成本和劳动伦理等。人口数量众多、人民勤劳是我国的基本国情,总体上我国劳动力资源十分丰富。

(1)各个层次劳动力资源均比较丰富。我国是世界人口第一大国,从教育和人才培养方面看,我国的竞争优势潜力之一是受教育的绝对人数。世界银行过去对我国的教育调查报告曾指出:"自1949年以来,中国在教育方面所取得的成就在同等收入的发展中国家中是无可比拟的。从任何标准来衡量,中国的正规与非正规的小学与中学的入学率都是很高的。"从高级人力资源方面看,2020年劳动年龄人口平均受教育年限为10.8年,与发达国家12年的人均受教育年限差距不断缩小。"十三五"以来,我国各级各类教育普及水平显著提高,学前教育毛入园率达到85.2%,义务教育巩固率达到95.2%,高中阶段教育毛入学率达到91.2%,高等教育毛入学率达到54.4%。《中华人民共和国国民经济和社会发展第十四个五年规划和2035年远景目标纲要》进一步明确了到2025年高中阶段教育毛入学率提高到92%以上、高等教育毛入学率提高到60%的目标,届时我国各层次劳动力受教育程度将进一步提升。

(2)劳动力供给增速下降成本增加。当前,我国经济已进入高质量发展阶段,在新的经济形势下,我国劳动力市场正在发生深刻变革。据国务院发展研究中心预测,2020—2030年,我国适龄劳动人口规模从9.89亿人下降到9.63亿人,劳动参与率从68.44%下降到65.17%,按照两项指标自身发展趋势推算,我国劳动力供给规模将不断下降,到2030年达到6.27亿人。

随着人口老龄化进程加快,劳动力供给不仅增速下降,规模也开始减小;随着人工成本不断上升,过去长期依赖的劳动力比较优势逐渐减弱。当前,我国经济面临持续下行压力,外部经济环境挑战增多,随着经济结构调整和产业转型升级,劳动力供求结构性矛盾更加突出,劳动力供求呈现"五降一升"特点,其中,"五降"是指人口增速下降、适龄劳动人口下降、劳动力人口下降、劳动参与率下降和就业人数下降,"一升"是指求人倍率❶上升。

长期看,随着我国老龄化进程的加快和生育率的走低,我国适龄劳动人口将继续减少,劳动力供给规模持续下降。同时,不同年龄人口的劳动参与率也将继续下降,根据发达国家的经验,在后工业化时期有可能下降到50%以下。在劳动年龄人口总量减少和总抚养比上升的情况下,通过人力资本投资加快培育人口质量红利是现实目标。

(3)内河运输行业对各类人才的吸引力有待提高。目前,在专业人才教育培训上,我国已经建立了全方位的与内河水运相关的科类齐全、层次完善、形式多样、规模庞大的水运专业教育体系,我国是世界上唯一拥有内河水运专业大学的国家。2020年底,全国共有航海院校59所,其中,普通本科院校17所,高等职业学校34所,中等职业学校8所。2020海事类专业招生人数达到1.8万人次,硕士、博士研究生培养得到迅速发展,各沿江省(区、市)基本上均设有专业性水运学院或者船员培训机构。可以看出,在水运行业各层次人力资源培养与供给上,我国具有很强的人力资源优势。但要将人力资源优势转化为现实人才竞争优势,核心尚需完善激励机制和用人机制。近几年,随着内河运输的快速发展以及国家向内河投入的不断增加,港口以及航运服务业对各类人才的吸引力不断提高;大量中西部地区的剩余劳动力人口通过各类专业性船员培训机构加入内河船员行列;重庆、武汉等航运中心的建设,也吸引了许多高素质和国际化专业人才向内河运输业流动。但总体看,由于内河运输业仍处于比较优势全面显现到基本发挥的转变阶段,加之文化传统理念不同,与海

---

❶求人倍率是劳动力市场在一个统计周期内有效需求人数与有效求职人数之比,它表明了当期劳动力市场中每个岗位需求所对应的求职人数。

运业相比,尚没有形成各种专业化、高级人才向内河运输聚集的格局。

(4)知识不断积累,迈向创新型国家。科学技术和知识资源广泛存在于大学、科研院所、政府和企业研究咨询机构、统计部门、商业与科学期刊、行业学会与协会等。随着我国经济的发展和社会的进步,科学技术在经济发展中的作用日益突出,我国对研发的投入也不断提高,2000 年占 GDP 的比重为 0.9%,2005 年提高到 1.3%,2013 年首次突破 2%,达到中等发达国家水平,2020 达到 2.40%,创 11 年来新高。我国相继在高新技术及应用技术领域取得了一系列重要成果,促进了各行业的发展,劳动生产率不断提高。从内河运输领域看,重点围绕航道、船闸设计与建设、船舶、信息化、清洁能源等关键技术,进行了开发研究,在软科学、科技攻关、新技术研发、重大装备开发、标准规范制定等方面都取得了一批具有实用价值和高水平的科研成果,初步形成了一支研发队伍和技术研发体系,企业在技术创新中的作用日益提高。从行业整体上看,我国基本具备了整体研究和解决关键技术的能力,包括三峡船闸建设、长江口整治、深水筑港、淤泥质海岸上的建港技术和码头设备制造等,为水运发展提供了有力的支撑。资源的不足之处主要体现在原创性太少,"发达国家在经济科技上占优势的压力将长期存在",这从近期内河绿色智能新技术发展上也可以看出。

我国低成本资源和要素投入形成的驱动力明显减弱,需要依靠更多更好的科技创新成果为经济发展注入新动力;社会发展面临人口老龄化、保障人民健康等多方面挑战,需要依靠更多更好的科技创新成果实现经济社会协调发展;生态环境保护和生态文明建设任重道远,需要依靠更多更好的科技创新成果建设天蓝、地绿、水清的美丽中国;能源安全、粮食安全、网络安全、生态安全、生物安全、国防安全等风险压力不断增加,需要依靠更多更好的科技创新成果保障国家安全……根据国家相关规划和目标,今后将以新发展理念统领高质量发展,围绕关键领域实现自主可控,提高产业链供应链自主性稳定性和现代化水平,系统部署科技创新改革任务,从创新动员的体制机制、政策环境协同发力,全面提升国家创新体系整体效能。进一步完善科技创新体制机制,进一步深入实施人才优先发展战略,进一步打造一流创新生态系统,进一步加强国际科技创新协作,坚持创新在我国现代化建设全局中的核心地位,把科技自立自强作为国家发展的战略支撑。

三、资本资源条件

国内资本供给总量充裕,但内河基础设施投向不畅。出于国内金融市场尚处于不断完善过程中、社会保障体系尚未完全建立等因素,加之我国居民有着节俭储蓄的传统,我国城乡居民储蓄存款余额由1978年底的210.6亿元增加到2020年底的约93万亿元,同时国家财政收入由1978年的1132亿元快速增长到2020年18.3万亿元,2020年的广义货币供应量(M2)达到218.7万亿元,总体上看,国内资本供给量充裕。同时我国当前处于乘势而上开启全面建设社会主义现代化国家新征程、向第二个百年奋斗目标进军的开局时期,投资需求庞大。随着我国金融体制的改革和市场的发展,国内资本资源条件的改善具有巨大潜力。从利用外资角度看,金融市场的全球化,以及巨额资金在全球的流动,将使各国在资本资源方面的条件趋于一致。因此,国内整体资本资源环境将在现有的基础上进一步完善。

内河建设投资近十年来快速增多,但相对不足,且不稳定。其中,内河航道和支持系统建设投资需求大,是行业发展的基础,其效益体现为社会经济效益以及为行业整体发展提供支撑,而不是企业直接经济效益,难于通过市场得到回报,这些属性决定了其投资主要依靠政府。当前,内河水运公共基础设施建设资金来源主要包括国家预算内资金、内河航道建设基金等,如图6-8所示,近年来也有部分地区利用政策性银行或者世界银行贷款[如世界银行自1995年至今在广东、广西、湖南、湖北、江苏、浙江、江西等省(区)投资了8个内河运输项目,总投资额约10.95亿美元,为多项内河航道整治及航电枢纽工程建设项目提供了资金和技术支持]。2011年,随着内河水运发展上升为国家战略,内河基础设施建设投资增长迅速,投资增速明显高于沿海,但总量仍然较小。在2013年交通运输固定资产投资中,内河建设投资占公路建设比重为近20年最高,约4%,之后直至2020年始终徘徊在3%左右。在内河航道建设投资中,政府性投资❶所占比重一直不高,但政府性投资的主导作用逐步提升,由2000年的26%上升至2019年约79%,2020年约54%。

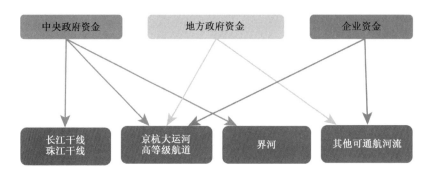

图6-8　我国内河水运公共基础设施建设资金来源

未来,国家可能对现行政府资金来源渠道进行改革,公共基础设施资金来源具有不确定性,来源渠道更加多样性。《港口法》虽明确要求"县级以上有关人民政府应当保证必要的资金投入,用于港口公用的航道、防波堤、锚地等基础设施的建设和维护""县级以上有关人民政府应当采取措施,组织建设与港口相配套的航道、铁路、公路、给排水、供电、通信等设施",但由于没有具体实施细则,各个地方政府缺乏相应资金来源,对应由政府投资的公共基础设施,资金往往难于到位。2014年底发布的《航道法》明确规定"国务院和有关县级以上地方人民政府应当根据经济社会发展水平和航道建设、养护的需要,在财政预算中合理安排航道建设和养护资金"。港口建设费一直是中央内河建设资金的重要来源,2019年内河航道建设投资中来源于港口建设费约86亿元,占比约为3%,依据国务院相关文件及《财政部　交通运输部关于印发〈港口建设费征收使用管理办法〉的通知》(财综〔2011〕29号)规定,港口建设费征收至2020年12月31日止。港口建设费停止征收以后,未来如何保障水运建设所需的庞大资金成为重大挑战。

---

❶指资金来源中的国家预算内资金和交通运输部专项资金。

第四节　内河运输产业结构

一、企业经营主体结构

我国幅员辽阔,国内江河湖泊众多,内河运输有悠久历史,但直到1872年清政府创立轮船招商局,具有真正意义上的内河运输企业才开始起步。中华人民共和国成立后,通过没收旧政府遗留下来的官僚资本、对民族航运资本进行公私合营改造等手段,于1950年组建了长江区航运局,逐步建立起以全民所有制为主导的几家大型内河运输企业,采取计划经济的模式运行。到20世纪80年代初,国家实行"有水大家行船"的水运政策,鼓励各类资本投资水运业,极大地活跃了水运市场,大量地方国有、民营、个体和集体等各类资本开始进入内河运输业。1987年国务院以国发〔1987〕46号文件形式首次发布《中华人民共和国水路运输管理条例》,明确提出水路运输在国家计划指导下,实行地区、行业、部门多家经营的方针。同年发布的《水路运输管理条例实施细则》,对于从事水路运输的企业和个人,规定只要拥有与经营范围相适应的船舶,以及货源、自有资金等条件,就可以从事内河运输。这些开放政策吸引大量各类资本进入内河运输业,经营主体迅速增加,到2020年底,全国共有4762家内河运输企业和10076家个体户经营者,其中普通货船运输企业约3219家,液体散货危险品船运输企业约为282家,客船企业约为1261家。针对长江等内河液货危险品运输市场发展较快的情况,交通部于2007发布《关于做好长江珠江水系跨省运输液货危险品船运力调控工作的通知》(交水发〔2007〕394号),要求长江航务管理局、珠江航务管理局根据长江、珠江水系跨省液货危险品船运力的供需情况,对新增跨省运输液货危险品船运力进行适当调控,避免运力盲目增长而造成资源浪费和恶性竞争。2011年,交通运输部再次发布《关于加强长江液货危险品运输市场宏观调控的公告》(交通运输部公告2011年第77号),要求严格控制增加新的经营主体,严格控制新增运力。2012年开始,长江航务管理局对长江水系省际液货危险品运输市场加强了宏观调控,规定原则上暂停批准新设立运输经营主体(含个体经营户)和登记新增运力。液货危险品运输受运力宏观调控政策影响,市场集中度高于干散货,如2020年长江水系省际液货危险品运输企业仅有147家。

市场化的政策导向、物流集散中心发展滞后和我国内河主要货类运输需求特点等,是导致我国内河运输企业规模较小、市场集中度不高的主要原因。我国内河运输企业结构与欧盟类似,但与美国相比则完全不同。美国由于货源集中、航线集中、运距较长,相应地内河运输企业也较为集中。欧盟内河运输企业结构虽十分分散,但随着服务质量要求的提升,逐步呈现缓慢的集中化趋势。我国内河运输企业结构呈现如下几方面特点:一是集中度不断下降。根据《中国航运发展报告》,2000年,我国内河运输公司运力规模前十名的企业占内河总运力规模的15%,到2012年[1],前十名内河运输企业船队运力总规模为2599艘、423万载重吨,占比下降为4.5%。尽管由于大型化、规模化经营的趋势,排名前十位的企业运力规模绝对值均有一定幅度的增加,但由于大型企业的规模增加幅度低于运力总规模增加幅度,使得产业集中度呈现不断下降趋势。二是单个企业的平均规模呈现上升趋势。在船舶大型化及总运力规模增长的影响下,单个企业的平均规模增长显著,2020年内河运输企业平均运力规模为3.62万载重吨,较2012年增长约50%,但小规模企业数量仍然占比较高,运力规模在1万t以下的企业占比40.6%。造成企业平均规模较小的主要原因在于:一是从事内河普通货物运输的企业运力准入门槛较低。2008年之前,国家对经营内河普通货船运输没有自有运力规模要求,2008年实施的《国内水路运输经营资质管理规定》(交通运输部令2008年第2号)[2]对经营内河普通货物运输企业要求自有并经营的适航船舶总运力规模仅为

---

[1] 从2013年开始,《中国航运发展报告》不再统计前十名内河航运企业。
[2] 在2014年《国内水路运输管理规定》修订后,经营内河省际普通货船运输的经营者(企业)最低要求提高到长江5000总吨、西江3000总吨、其他1000总吨,但省内普通货船运输仍是600总吨。

600总吨。二是我国内河运输部分大宗货类如矿建材料等,其需求特点是批量小、供给方与需求方均非常分散,在货方近乎自由竞争的市场中,无法发挥大型企业规模化优势,小型企业更加适合这种贸易和运输需求。即使在煤矿箱等需求更加集中的领域,也由于中小企业可以拥有较低的成本,近年来出现了船舶所有人和经营人分散化但真正运营管理相对集中的现象,大型企业不愿意投资造船,更倾向于在市场上租入中小企业船舶进行统一运营。

就经营主体而言,随着内河运输由计划经济时代转向市场经济时代,特别是20世纪80年代初国家鼓励"有水大家行船"政策对内河运输市场准入放松了管制,大量个体经营者进入内河运输领域,一家一户一条船非常常见,一度极大繁荣了整个内河运输市场。进入21世纪后,出于安全和规范经营考虑,国家对内河运输企业化经营要求不断提高,2001年,交通部发布《关于整顿和规范个体运输船舶经营管理的通知》,针对个体运输船舶大量增加,但素质不高、安全管理不到位,特别是个体客船和液货危险品船舶经营已经成为水上运输安全重大隐患的情况,以及大量"挂靠"经营方式造成法律责任不清等情况,由国家对个体运输船舶经营管理进行了整顿和规范,要求除经营内河普通货船以外的个体运输船舶经营户必须实现企业化经营,其中经营客运船舶、载货汽车滚装船和液货危险品船运输(即"四客一危"船舶)的个体经营户要在2012年1月1日前实现企业化经营。2006年,交通部发布《关于加强国内水路客运液货危险品市场准入管理的通知》(交水发〔2006〕646号),在2001年《国内船舶运输经营资质管理规定》的基础上,进一步提高了"四客一危"船舶的市场准入条件,经过大力整顿,内河危险品、客船等经营主体基本上实现了公司化经营。2008年,交通运输部修订发布《国内水路运输经营资质管理规定》,要求除经营单船600总吨以下的内河普通货物运输外,经营国内水路运输应当取得企业法人资格。总体上看,经过多年大力整顿,内河运输企业经营者的船舶艘数和吨位所占比重不断"上升",个体经营者运力比例不断"降低"。据统计,2015—2020年,内河个体经营者数量由21786户下降至10076户,而企业数量仅减少188家,大量个体经营者结合船型标准化等政策退出市场,或被企业兼并收购,但仍有部分普通货船经营者采取"挂靠"方式经营,船舶名义上属于企业所有,但实际上出资方是个人或者集体,并由个人自主经营,自负盈亏,自行核算,每个月向挂靠企业交付一定的委托管理费。

从企业性质角度看,1998年国家推动国有企业改革后,水运系统国有企业开始改革转制,各级交通部门先后与直属航运企业脱钩,实现政企分开,绝大多数中小型国有航运企业进行了股份制改造,部分转变为民营企业。目前,我国内河运量中大约有80%由民营中小型航运企业承担,国有企业的地位一直在下降。据调研,重庆市内河运输企业中,国有企业与民营、集体等企业所占运力比由20世纪80年代的八二开转变到现在的二八开。

从上述我国内河运输的企业结构可以看出,虽然进入21世纪以来,内河运输运力规模扩张很快,单个企业平均运力规模有所提升,但整体规模结构仍呈现为"小、散"的局面,主要表现为:一是具有一定运力规模的公司数量少,大公司之间规模化竞争不足,技术进步相对缓慢;二是在普通货物运输市场中存在大量小型企业甚至家庭式单船企业或个体经营者,造成竞争激烈、运力投放无序等局面,在市场需求旺盛时会快速扩张,导致市场高峰维持时间短,而市场需求下行时运力容易出现过剩,不利于整体技术进步和竞争实力的提升。

从管理和运营效率角度看,企业在从小到大的发展过程中,随着规模的扩大,其规模经济效益将不断显现,同时可以通过技术创新,不断提高市场技术壁垒,有利于行业整体技术水平提高。但随着规模的扩大,管理趋于复杂,管理效率降低,均摊下来的单位管理成本上升,效益下降,因此,企业需要有一个合理的经营规模。影响合理经营规模的因素很多,一是由于技术、经济壁垒形成的开展业务的最低规模,进入细分领域的技术、经济壁垒越高,合理经营规模越大;二是管理效率和需求特点,管理效率越高,合理经营规模越大。现代信息技术、通信技术和管理科学的不断发展,使企业管理效率越来越高,从而使企业合理规模不断扩大,甚至于一个超级公司也可以运转。

从需求特点角度看,需求分散、运输批量较小、需求不稳定和非标准化服务的市场,所需的企业合理规模小,甚至单船公司也会有很强的竞争力。而对于客户集中、运输批量大、运量稳定、服务标准化的需求市场,则只有较大经营规模的公司才有长期生存的竞争力。

由于内河船舶吨位较小,一次投入资金相对不大,政策准入门槛低,技术和经济壁垒也不高,整体评价进入基本没有障碍。分货类市场来看,内河运输最大货种是矿建材料,需求十分分散,沿岸都有对于矿建材料水运的需要,客户众多,均需要在市场上方便选择承运人。对于此类运输需求,小公司甚至家庭经营的单船公司,具有很高的灵活性,完全可以高效率运行;对于火力发电站、钢厂和石化等大型客户,煤炭、铁矿石和石油等大宗货物运输需求稳定和批量较大,适合具有一定规模的船公司进行运输,一般由规模较大的航运企业提供包运服务,并通过合理的运输组织方式优化提升效率,能够保障运输的经济性和连续性。内河集装箱运输大部分为支线运输,开辟航线往往需要一组船,船舶价格明显高于同吨位散货船,且为了保障班轮运输准时性,对于管理、揽货、服务等网络资源配置等均要求较高,一般需要一定的规模才可以开辟航线。目前,长江的集装箱运输以上港集团、中远海运泛亚、中外运等大型企业为主,除自有运力外,也采取了租用民营中小企业的船舶进行经营的方式提升运输能力。

因此,我国内河运输合理的企业规模结构应当是由若干家具有一定船队规模的公司和大量的小公司构成,这主要是由我国内河的需求特点、管理水平、政策和营运的经济性等决定的,未来如何构建合理的企业结构也是面临的重要挑战。

二、企业经营管理模式

影响企业经营管理结构和模式的因素很多,主要包括民族的历史文化传统、企业资产结构、需求以及政府管理等。

民族历史文化传统源自民族发展历史、社会的传统、家庭结构、宗教、教育系统等,对于企业经营管理模式的影响是全面和深远的。不同的民族文化背景下,人们对于荣耀和使命感、忠诚度、个人创造力、企业决策基本方式、个人与团队的关系、下级对上级的态度、上级对下级的态度、人际交往的方式等都有很大区别。中华民族文化历史悠久、源远流长、博大精深，其中以儒家思想影响最大，形成中国人民固有的勤劳勇敢、忠孝两全和重义轻利的传统文化美德，而中庸之道、等级森严对人们的思维方式影响巨大，"胜者为王，败者为寇"的意识大于"合作共赢"的思想，几千年的封建统治使人们墨守成规，反对个人英雄主义，导致人们价值取向求大同，加之知识产权保护和创新激励机制不健全，不利于个人创造力的发挥。我国当前资本结构和管理体制，决定了国有企业年度短期业绩考核体制，企业高层决策者必须把握好长期企业效益与年度业绩考核压力的关系，这对一些国有内河运输企业的经营管理模式提出了挑战。

企业资产结构和劳资关系也会影响企业经营管理模式。不同的资产结构对于盈利的预期不同，而出资者利益的体现方式也不同。我国内河运输企业以民营和集体为主，有大量的个体经营者存在，经营管理模式灵活多样，缺乏产业链之间上下游联系，这种分散的资产结构导致企业在与需求方的价格博弈中往往处于弱势地位。目前在我国内河普通干散货运输市场中，货运中介的作用不可忽视，他们往往借助密切的关系可以从货主手中拿到货物，而后层层转包，由于内河普通干散货运输对于运输质量、时间等要求不高，故很多可以由中小甚至个体企业承运。近年来更是兴起多家货运物流服务平台，起到了撮合交易的目的。此外，我国内河流域运输历史悠久，许多从业人员以船为家，船舶是唯一的谋生工具，也是居住场所，"夫妻船""父子船""家庭船"等"一家一户一条船"的资产结构方式使得这些企业抗风险能力差，很难承接大规模高附加值的工业产品，更加倾向于从货运中介或物流平台处寻找小批量货物运输。

需求结构和政府管理也在较大程度上影响了企业经营管理模式。如黄沙等矿建材料是我国内河运输最大的货种，需求结构非常分散，许多个体经营者采取的是贸易与运输同时进行，即运输业者在采砂区购买黄沙等货物，自行运输到市场去销售，赚取中间的差价，即所谓"一户一船、运销合一"，相关船型也围绕这种需求设计,一旦黄沙禁采后企业很难转型。集装箱运输领域一般经营门槛(主要是揽货能力、班轮航线开辟能力等)较高,要求企业具有较强的经营和服务能力,因此,一般小型企业很难进入,主要都是国际和沿海大型企业为开展支线运输成立的公司经营,它们普遍采用现代化经营管理模式。但受内河运输一些管理政策等影响,近年来集装箱运输企业不愿意自行造船或持有船舶,而倾向于采取更加灵活的租船模式方式进行经营。

纵观欧美内河运输发达国家的经营管理模式,由于不同的民族历史文化、资产结构和运输需求的不同,形成了不同的管理模式,但都基本适应了内河运输发展的需求。我国内河运输企业结构基本介于欧洲和美国之间,既有大中型的国有运输企业,也有极其分散的个体经营户,经营模式多样,企业应根据本国的环境特色、本身条件和产业组织形态,确定自己的管理模式,从而走向成功。从运输需求的角度看,我国与欧盟更加类似,企业规模结构也比较类似,在经营管理模式上,欧盟近年来内河运输中船、港、货的上下游一体化发展已经逐步开始增多。美国许多航运公司兼营港口,这不失为值得我们借鉴的一种经营管理方式,即需要一些大型港航企业进行上下游的资源整合,在稳定需求的同时,开发特定船型,与民营或个体经营者进行资产或者管理形式的紧密合作,优化运输组织,充分降低双方风险,优化社会资源。但总体上看,由于内河运输需求、航道条件、资产结构等的复杂性,从理论上推导出一种模式是不切实际的想法,更现实的是企业家或有志于发展内河运输的大型企业在实际探索中不断创新,逐步走出一条通向成功的"小路",政府和理论家将"小路"逐步拓展为"公路",甚至"高速公路",再通过企业家实践,经过实践—认识—再实践—再认识的过程,逐步形成适合我国的内河经营管理模式。

第五节 内河运输经济技术政策

在市场经济体制下,政府可以通过制定发展战略和发展规划,明确未来内河运输业的发展方向和发展目标,通过法规、技术标准等规范行业发展,通过技术、经济政策等,影响和引导内河运输业发挥比较优势,政府采取的技术经济政策对于企业发展战略、发展目标、管理模式、规模结构、技术进步、经营策略的选择均有重要影响。

欧美等内河运输发达国家根据内河运输的技术经济特点和对国民经济发展的影响,制定相应的法规和政策,以促进内河运输比较优势的发挥,提高内河运输在综合交通运输体系中的作用,使交通运输更加适应经济社会的可持续发展。欧美内河运输经济政策的核心集中在长期保证基础设施建设投资方面,基本以法律法规形式予以明确。近年来,随着航道、船闸等基础设施基本建成,欧盟经济政策核心逐渐转向鼓励货运需求更多使用内河运输。

1. 通航基础设施投融资政策

通航基础设施投融资政策主要包括内河航道等公共基础设施建设投融资以及成本回收方面的政策。内河航道的形成需要对天然河流进行开发建设,并同步建设船闸、信号、支持保障系统等通航设施,这些公共基础设施的建设往往需要巨额的资金投入,这些属性决定了其投资主要依靠政府。内河运输发达国家的航道建设一般全部或大部分由中央政府投资,少部分由地方政府投资,由政府财政拨款进行内河航道建设几乎是发达国家的一致做法。

我国在1995年前的航道建设与维护、管理经费主要依靠国家拨款和养护费、过闸费等规费收入,但随着建设规模的增加,已经无法满足需求。1995年全国内河运输工作会议以后,经国务院批准,从车辆购置附加费、港口建设费和水路客货运附加费拨出部分资金建立了内河运输建设基金,用于内河航道基础设施和支持系统的建设,同时按照"统筹规划、条块结合、分层负责、联合建设"方针,充分发挥地方政府在航运建设中的积极性,中央与地方共同投资建设航道,鼓励地方政府采取"以电养航""以陆补水"等,鼓励在有条件的地方实行"航电结合",多主体共同投资航电枢纽建设;积极争取重点航道建设和利用国际金融组织和政府间优惠贷款;鼓励大型厂矿、企业在交通行政主管部门的统筹规划下,按照"谁投资、谁建设、谁受益"的原则,建设航道设施等。2009年,我国实施燃油税,取消了航道养护费、水路客货运附加费、水路运输管理费三项行政性收费,在燃油税中设立专项资金用于航道养护、建设。总体上看,我国对内河航道建设投融资政策缺乏必要的法律保障,而且内河航道建设投资中政府性投入所占比例不高,2020年只有约54%,投资结构趋于分散化,也是造成航道建设开发难于高强度、集中系统主要原因之一。

2. 港口基础设施建设投融资政策

港口基础设施一般可以分为公共基础设施和经营性设施,公共基础设施包括航道、防沙堤、疏港道路、锚地、支持保障系统、给排水设施、环保设施等,特点是投资大、以社会效益为主,很难通过市场手段回收;经营性设施主要是生产性码头泊位、作业浮筒、仓库、堆场、机械、设备等,以经济效益为主,可以通过商业行为回收。鉴于港口基础设施的重要性,发达国家港口公共基础设施开发建设的主体大都是各级政府或者政府委托的公共管理企业,或者采取"地主港"的模式进行投资建设,并出租给私营企业运营。如德国在20世纪80年代进行股份制和码头经营私有化改革后,港口所在地州或者市级政府成立港口管理股份公司,直接代表国家行使对港口基础设施的管理权,资产完全属于国有,地方政府是港口基础设施的投资主体,负责建设成相对完善的基础设施,如公路、铁路支线、码头前沿、供水、供电、通信设施、环保设施后,出租给私人企业经营。我国《港口法》明确规定,县级以上有关人民政府应当保证必要的资金投入,用于港口公用的航道、防波堤、锚地等基础设施的建设和维护。具体办法由国务院规定。县级以上有关人民政府应当采取措施,组织建设与港口相配套的航道、铁路、公路、给排水、供电、通等设施,但由于缺乏细则,地方政府对于港口公共基础设施的建设资金往往难以保障。此外,对于港口基础设施建设项目,我国还鼓励各类社会和民间资本、外国资本投资。

3. 船舶技术与经济政策

与港口、航道等公共基础设施不同,船舶属于生产设备,可以由企业进行投资并通过市场机制获得回报,政府一般出于安全、环保等公共利益的考虑,采取必要的法规、标准等对船舶的外部负效应进行约束,必要时也会出台一些经济方面的政策来鼓励船舶结构调整。例如,为了促进运力结构的调整,实现供需基本平衡,提高内河运输竞争力,减少船舶对环境造成的污染和安全隐患,欧洲在20世纪80年代曾经实施过拆船补贴政策,要求船队规模超过10万t的成员国建立拆船基金,对拆船船东给予适当补贴。对船舶本身主要通过法规和标准的形式进行约束,船舶只要能够满足相应的安全标准,就可以使用,这也是欧洲许多内河船舶船龄超过70年,甚至达到上百年的原因。内河船舶航行于受限的航道内,与船闸等通航设施也有一个相互适应的关系,由于航道、船闸等使用寿命较长,客观上要求船舶尺度和过闸组织方式尽量充分利用闸室面积,以提高航道整体通航能力。发达国家对船舶尺度标准基本没有采取技术和经济政策,而主要通过强制性的技术标准和市场关系进行调整,经过上百年发展,欧美内河运输在船型方面已经比较集中。欧洲内河船型在尺度方面较为集中的主要原因是其内河通航标准对允许通航船舶的最大尺度作出了限制要求,在航道基础设施条件稳定的基础上,市场对船舶大型化的追求,使得绝大多数船东选择按照允许通航的最大船舶尺度造船。美国驳船尺度较为集中的主要原因:一是驳船队与推拖船的组合搭配要求编组的驳船标准化;二是美国的驳船运输公司较为集中,服务的货主较为固定,形成了较为稳定的运输需求,同一驳船公司的船舶尺度较为集中;三是驳船船队尺寸与内河航道船闸尺度相适应。我国为解决内河运输船舶发展滞后的问题,实施了以船型标准化为主的一系列技术和经济政策,用于调整运力结构,提高船舶技术水平。早在20世纪90年代以前,我国就采取过一些简统选优、制定技术标准等工作引导船舶标准化发展。2001年我国正式发布《内河运输船舶标准化管理规定》,开始采取经济技术政策,推进内河船型标准化。同年发布《关于实施运输船舶强制报废制度的意见》,开始实施老旧船强制报废制度。2003—2007年,针对京杭运河存在的"堵航"、污染等突出问题,实施了京杭运河船型标准化示范工程,开展了挂桨机船、水泥质船的拆解和分阶段禁航工作,组织研发京杭运河标准船型送审图纸和主尺度系列,并供社会无偿使用。对于挂桨机船,船东可选择拆解报废、落舱改造和拆除挂机改驳船三种方式退出市场,由政府给予经济补贴,实施期间成功淘汰了近4万艘水泥质船和挂桨机船,共使用政府补贴资金约 10 亿元;2006 年,基于提高三峡船闸等通航设施利用率的要求,开展了川江及三峡库区航运结构调整和船型标准化示范工程,公布了一系列标准船型主尺度系列和技术方案,以技术政策(主要是主尺度)形式约束通过三峡船闸船舶的主尺度外部负效应,自 2009 年开始,将船型标准化工作推进到整个长江干线,出台了经济鼓励政策,对 2009—2013 年间通过三峡船闸的小吨位船舶、三峡库区生活污水排放达不到要求的客船(含载货汽车滚装船)、单壳油船、单壳化学品船和长江干线老旧运输船舶的拆解改造给予政府补贴,到政策实施结束后,共核准拆解改造船舶 7700 多艘。2012 年,交通运输部发布标准船型指标体系,指出标准船型要符合"安全、高效、绿色"的要求,即船舶除了要符合适用的规范和法规的技术要求外,还要满足船舶燃料消耗指标和 CO_2 排放指标,对于航行于已建或在建船闸、升船机等通航设施的内河限制性航道的船舶,还要满足相应的船舶主尺度系列标准。2013 年,发布出台"十二五"全国内河船型标准化工作方案,2016 年财政部印发补充通知将政策延续至 2017 年 12 月 31 日,实施范围为《全国内河航道与港口布局规划》确定的"两横一纵两网十八线"内河运输船舶。通过出台经济鼓励政策,对过闸小吨位船舶进行拆解、单壳液货船进行改造或拆解、船舶生活污水进行防污染改造,老旧运输船舶提前拆解给予补贴,并对建造有利于提高三峡船闸通过效率的船舶、使用清洁能源燃料和其他有利于节能减排的船舶作为示范船进行政府补贴,确定了川江及三峡库区大长宽比船、LNG 动力船、高能效船三类船为示范船,2013—2017 年累计使用中央财政补贴资金约 32 亿元。总体上看,我国实施的内河运输船舶技术和经济政策主要是基于加快提高内河船舶对经济社会和内河运输现代化适应性的要求,一方面采取必要的技术法规和规范进行安全方面的约束;另一方面为了加速船舶与船闸等通航设施的适应性,对主尺度进行了必要的约束。这主要是基于我国航道和航运枢纽工程建设缺乏系统性,不同的枢纽尺度等级条件、不断变化的市场环境与技术标准,主尺度难以兼顾现实要求与长远发展的需要,主尺度集中度难以提高,需要政府进行推动作出的限制。经济政策方面,主要是对不满足技术法规和规范的船舶进行限期淘汰进行补偿,对不适应市场需求和影响过闸效率的小吨位船舶提前退出市场进行补偿,对船舶按照现有法规规范进行防污染改造进行的补偿,更多体现为一种补偿性的经济政策。自2009年起,为加快内河运输船舶运力结构调整,经济政策部分转向鼓励高耗能高污染老旧运输船舶提前拆解,由政府对提前拆解旧船的船东给予一定补贴,鼓励引导其退出市场。"十二五"船型标准化经济政策中,开始注重发挥资金的引导作用,对于符合国家鼓励发展方向的节能、减排示范船给予引导性经济鼓励。未来,绿色低碳发展是内河船舶最主要的要求,内河船舶的经济政策应该更加转向鼓励发挥内河在绿色、环保方面的比较优势,引导内河船舶绿色低碳发展,与法规与规范等技术政策互相配合,推动整个内河船舶标准化进程。

第六节 内河运输需求和内河运输业发展分析

一、内河运输需求与运力发展

新中国成立以来,我国内河运量经历了"一波三折"的变化过程,进入21世纪后,内河货运需求持续快速增长,2000—2010年我国内河运输货运量增速平均达到10.7%,而货物周转量增速达到13.9%,2010—2020年我国内河运输货运量增速平均为4.2%,货物周转量增速达到7.6%,2020年货运量和货运周转量分别达到38.2亿t、15937.5亿t·km。

就需求结构而言,长期以来我国内河运输最大的货物种类是矿建材料,根据统计,2020年长江沿江省(区、市)内河港口吞吐量结构中(不含江苏省,江苏省沿江虽然是内河港口,但吞吐量中大部分为海运货物需求,不能真实反映内河货运需求结构),矿建材料需求占比为53%,其次为煤炭18%,金属矿石16%,水泥13%。珠江水系广东和广西两省(区)货物需求结构中矿建材料占比为59%,其次为水泥和煤炭,分别占21%和17%。从断面货物种类分析,

2020年三峡船闸通过量中排名前六位的分别是矿石、矿建材料、集装箱货物、水泥、钢材和煤炭,分别占总量的59%、48%、19%、14%、10%和9%,上游地区也是以矿建材料为主。预计未来随着长江经济带、西江黄金水道建设,沿江产业带的建设仍将推动能源、原材料和外贸物资运输需求的持续增长,随着中上游地区逐步进入工业化中后期、规模化产业集群的形成,内河运输需求结构会逐渐发生变化,以工业制成品为主的适箱货物比重将会逐步上升,煤炭、矿石等资源型产品运输需求将稳中有降,且向中上游不断集中,随着城镇化的深入推进,矿建材料这一最大货种仍将保持长期稳定发展。

内河运输需求的发展变化和细化结构对内河运力产生了如下几个方面的影响。

一是内河运输需求直接推动了运力供给的增长。图6-9显示了2000—2020年运输需求增长与运力增长的关系(均以2000年为100%计算),可以看出,尽管需求与供给的年度变化是不均衡的,市场供给也难于在短期内作出准确反应,但从长期看,运力供给沿着供需基本平衡进行波动,运输需求持续增长,必然带来运力的增长,由于需求变化的不可预期性,运力增长变化往往不是同步的,这一结果也是市场这只"看不见的手"调控的结果。进入21世纪以来,在经济社会快速增长以及内河运输优势逐步显现的双重带动下,运量增长摆脱以往"一波三折"徘徊趋势转为加速增长态势,并于2004年达到增速顶峰。由于对内河运输需求增长变化估计不足,港口吞吐能力和通航能力的相对不足,导致船舶运输效率降低,虽然这一时期船舶吨位与运量基本同步增长,但供需向有利于船方倾斜,市场进入一轮繁荣;在利益的诱导下,运力增长略快于需求增长,市场进入高位调整期;2007年运力保持6.5%平稳增长,而市场需求呈现出15%的快速增长,供需失衡再次将市场推向新一轮高峰,刺激了运力新一轮快速增长。随着4万亿元投资拉动需求增长效果推出,市场需求逐步进入"新常态",而运力却保持了相对快速增长,使得供需天平转向需求方,市场进入新一轮漫长调整期。在船舶大型化、港口作业效率提升等因素影响下,内河船舶的运输效率明显提升,单位载重吨完成货物周转量由

2000 年的 0.76 万 t·km 增长至 2020 年的 1.17 万 t·km。因此,虽然运力的增长慢于需求的增长,但市场总体仍处于供大于求的漫长调整期。

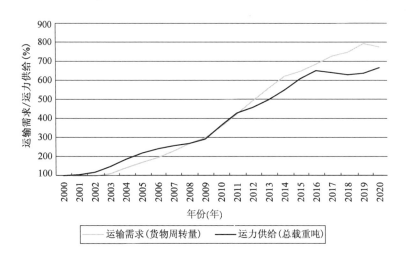

图 6-9　内河运输需求与运力供给变化(均以 2000 年为 100%计算)

二是需求结构变化导致内河运力结构发生了明显变化。新中国成立之初,全国内河只有轮驳船 5698 艘,约 37 万净载重吨,受当时零散需求影响和条件限制,内河船舶以木帆船为主。到 1962 年,轮驳船的吨位才超过木帆船,到 20 世纪 60—70 年代,水泥船大量兴起。改革开放以后,在计划经济体制产生的需求影响下,以分节驳为主的驳船队成为内河干线运输的代表船型。到 1995 年,受航运管理体制、货运需求和港口码头条件等因素条件变化,机动货船开始成为发展主力,其优越性得到了货主、船东和港口的一致认可,而驳船队运输方式由于不适应需求变化,开始出现衰落,退居次要地位。截至 2020 年末,机动船数量占比达到了 91.1%,载重吨占比达到了 94.9%。集装箱、滚装、液体危险货物等货运需求的快速增长,导致对运输船舶标准化、专业化要求逐步提高,加之交通运输部船型标准化工程的持续推进,内河运输船舶专业化和标准化方面的调整步伐进一步加快。同时,顺应需求变化趋势,集装箱船、油船、化学品船、滚装船和商品汽车运输船等专业化船舶得到了较快发展,截至 2020 年底,我国共有机动货船 9.0 万艘、1.3 亿载重吨,其中集装箱船

910艘、1.25万TEU,油船1901艘、221.95万载重吨。

三是市场竞争推动了船舶大型化。随着2000年以后内河运输需求摆脱"一波三折"徘徊态势,在需求增长和企业追求规模效益、降低单位运输成本的双重推动下,新增运力持续保持大型化趋势,机动货船平均吨位由2000年的不足80t迅速增长到2020年1443t,如图6-10所示,船舶大型化取得显著进展。

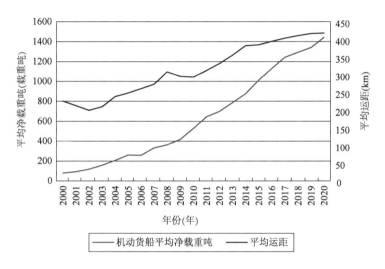

图6-10 内河运输平均运距与机动货船平均净载重吨变化情况

四是航道基础设施建设推动了内河平均运距的增加。随着内河航道基础设施建设的推进,内河航道的连续性、通达性大幅提升,内河边际成本低的优势进一步显现,进一步发挥了长江横贯东中西部地区、西江航运干线连接西南与粤港澳地区、京杭运河沟通南北地区水运大通道的重要作用,诱发并适应了地区间物资长距离运输需求,推动内河运输平均运距持续增加和船舶大型化发展。我国内河运输的平均运距由2000年的226km快速发展到2020年的418km。

未来随着我国经济社会继续稳步发展,在需求增长的推动下,我国内河船队规模仍将大体保持同步稳定增长,同时随着对内河运输的要求不断提高,运输船舶将继续朝着标准化、大型化、专业化和绿色化方向不断发展。集装箱船、成品油船、化学品船、散装水泥船、滚装船等专业化运输船舶将获得快速发展。未来符合绿色智能的发展趋势和自身较高经济性的新型船舶将逐步出现并占据主导地位,而围绕着这些新型船舶的上下游船舶修造、加充换等配套服务设施建设和供应等相关产业也将出现并形成规模。

二、内河运输需求与通航基础设施和港口发展

通航基础设施(包括航道、通航枢纽和通航设施)和港口是内河运输存在和发展的基础,也是发挥内河运输比较优势的核心要素。发达国家经验表明,发展内河运输离不开发达的航道和港口等基础设施,同时内河运输需求的增长进一步推动了内河航道和港口不断向深水化、标准化、大型化和专业化发展。

我国内河运输的发展历史也是航道与港口的建设历史,二者互相拉动、紧密相关。改革开放后,内河货运量开始全面恢复并快速增长,基础设施能力又一次出现"瓶颈",国家先后实施了京杭大运河苏北段续航工程、西江航运建设一期工程等一批航道整治工程,航道与港口投资开始快速增长。据统计,"七五"到"九五"期,长江港口建设共完成投资总额为33亿元。1995年国家设立了内河水运建设专项资金,以主枢纽港和主通道建设为重点进行码头基础设施建设和航道整治,到2000年,内河等级航道里程达到60156km,内河泊位超过29000个,万吨级以上泊位达到133个。2000年以后,我国内河运输需求摆脱了"一波三折"的徘徊趋势,开始实现两位数的高速增长,内河航道、港口等基础设施建设明显加快,航道和码头建设投资"十五""十一五"期末年投资规模分别达到113亿元和335亿元,"十二五""十三五"期末进一步增长至547亿元和704亿元。到2020年,内河等级航道里程达到67269km,其中高等级航道(三级以上)占等级航道总里程比重从2000年的12.9%提高到2020年的21.4%;内河码头泊位中万吨级以上泊位数量达到454个,占比从2000年不足0.4%提高到2.7%。从上述发展过程中可以看出,在需求的带动下,内河航道和港口基础设施的每一次大规模建设和能力提升,都强化了内河运输

的比较优势,反过来也拉动了内河运输需求的快速增长。

从未来内河需求发展趋势看,我国对内河航道资源的开发仍远远不足,高等级航道所占比例仍然偏低,特别是支线及水网地区航道建设滞后以及缺乏水系沟通的运河,阻断了内河运输的连续性、通达性,影响了船舶运行效率和经济性的提升,也限制了需求的发展;通过港口吞吐能力的提高、服务功能的完善等,可以更好地提升内河运输服务质量,更好地满足要求日益增大的运输需求。当前,我国内河港口大部分仍然属于粗放式发展,码头专业化程度不高,特别是与其他运输方式的衔接不足,现代物流服务功能不强,在一定程度上也制约了需求,特别是伴随一些高端需求的增大,未来需要内河港口在功能上进一步提升。

第七节 我国沿江航运中心建设分析

自1995年国家提出建设上海国际航运中心以来,相继提出建设天津北方国际航运中心、大连东北亚国际航运中心和厦门东南国际航运中心,结合长江流域经济社会和航运发展,进一步提出建设重庆长江上游航运中心、武汉长江中游航运中心和南京区域性航运物流中心的决策[1],构成了我国沿海和沿江航运中心建设体系,对于促进长江经济带建设、促进区域协调发展具有重要意义。

航运中心作为航运船舶流、信息流和资金流集聚规模位于区域前列的港口城市,具有地位公认性、功能和内涵的发展性、港口基础性和城市关键性的特点,依托港口的发展,沿江三个航运中心基本具备了界定区域船舶流中心地

---

[1] 2009年2月《国务院关于推进重庆市统筹城乡改革和发展的若干意见》(国发〔2009〕3号)提出建设重庆长江上游航运中心,2011年1月21日《国务院关于加快长江等内河水运发展的意见》(国发〔2011〕2号)进一步提出了建设武汉长江中游航运中心,2014年9月25日国务院《关于依托黄金水道推动长江经济带发展的指导意见》(国发〔2014〕39号)明确我国四个航运中心分别为上海国际航运中心、武汉长江中游航运中心、重庆长江上游航运中心和南京区域性航运物流中心。

位,处于拓展航运基础服务、实现功能升级,大力推动航运信息流和资金流集聚的关键时期。纵观国际已有航运中心,可以概括为两种基本模式,一是以英国伦敦和美国纽约为代表的综合国力推动模式,二是以新加坡为代表的经济政策推动模式,我国不具备复制伦敦、纽约发展模式的条件,也不具备复制新加坡的环境,因此,探索建立我国航运中心建设模式,对加快航运中心建设具有现实意义。

一、航运中心的内涵

国际航运中心是航运船舶流❶、航运信息流和航运资金流集聚规模位于区域前列的港口城市(即航运船舶流中心 + 航运信息流中心 + 航运资金流中心),是港口城市在航运服务业竞争中取得成功的标志。国际航运中心的内涵如图 6-11 所示。

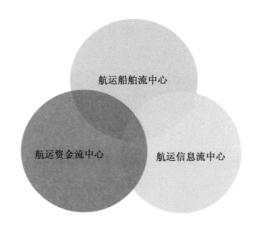

图 6-11　国际航运中心内涵示意图

(1)航运船舶流中心。船舶流由货物流和旅客流直接决定。港口是完成水运转运的节点,由于集疏运经济性制约,港口主要服务一定区域的经济贸易发展,这就使得航运船舶流中心(也称为枢纽港城市)可以在区域内多个城市同时并存;区域内大型港口城市的功能一般均可满足航运船舶流中心需要,这

---

❶客运在航运客运份额很小,且主要在跨库区、湖区和旅游航线上,重要性相对较低。

一特点也使得航运船舶流中心在航运中心对比中权重较低。衡量区域航运船舶流中心典型指标是港口货物吞吐量、集装箱吞吐量和航运基础服务业增加值位于所在区域的前列(航运基础服务业主要包括堆存、加工、理货、引航、船舶代理、货运代理、船舶供应、船员劳务、船舶管理、船舶修理和船舶检验等)。

(2)航运信息流中心。随着航运规模的扩张和企业的跨区域经营、航运相关多元化服务发展,对各类信息的及时性、准确性和全面性要求越来越高,既涉及一般经济贸易信息,也涉及航运市场、技术与装备、法规与规则、政策与标准等。现代信息技术的发展,使得航运相关信息往往可以便捷、经济地为航运利益相关者同时提供服务,具有显著全区域覆盖甚至全球性特点,使航运信息流集中度远高于船舶流,即航运信息流中心数量较船舶流中心数量要少得多,也使得其在航运中心对比中权重较高。其典型标志是航运信息掌控者集聚,包括航运相关组织、各级政府管理机构、教育培训机构、研发机构、海事设计咨询、海事仲裁、航运企业总部或分支机构等集聚,衡量指标主要包括不同类型机构数量以及各类服务业增加值。航运信息流中心对城市居住、文化、语言、教育和交通等环境要求较高,往往是区域的核心城市,适应高层次人才居住和生活、工作需要。

(3)航运资金流中心。在经济全球化、贸易及投资自由化和现代信息技术进步的背景下,金融服务遍及各个角落,航运资金可以便捷、经济地在航运利益相关者之间流动,加之航运业资本密集,涉及融资成本、税收政策等因素,使航运资金流集中度远高于船舶流甚至信息流,即航运资金流中心数量可以更少,因而其在航运中心对比中权重较高。其典型标志是保险、银行等金融服务机构集聚。航运资金流中心大都是贸易和金融中心城市。

航运船舶流中心多区域并立性,是航运中心分散化和多区域并立的主要力量,也使其在航运中心对比中权重较低,但它是一个城市发展成为国际航运中心的基础,只有随着航运基础服务业高度集聚和城市功能的提升,才能进一步奠定竞争航运信息流和资金流中心的基础。区域大型港口城市大都拥有较为发达的金融和信息服务行业,服务区域航运企业具有一定的竞争优势。

二、国际航运中心的发展沿革与形成模式

从全球看,国际航运中心发展轨迹主要可以总结为两个方面,一是空间上趋于分散化。国际政治经济格局变化、国际航运船舶流中心的并立性和全球产业转移,是国际航运中心分散化的主要原因;二是功能上不断提升,在经济贸易发展中发挥日益重要的作用,国际航运中心往往与国际物流中心、贸易中心、金融中心、信息中心和采购中心等空间上重合,表现为港口城市功能的复合型趋势。

从空间上分析,国际航运中心的发展是一个分散化过程,其地域运动的轨迹与世界经济贸易发展重心转移的轨迹是基本一致的,国际政治经济格局变化、国际航运船舶流中心的并立性和全球产业转移,是国际航运中心分散化的主要原因,并逐步形成了以伦敦、纽约和新加坡为代表的"西欧板块""北美板块"和"亚洲板块"。

大航海时代,形成了以葡萄牙和西班牙为代表的全球性大国,也是当时的国际航运中心所在地。16世纪后期,英国逐步在海上崛起,依托工业革命的巨大成就;19世纪中期,英国成为世界新霸主,依托综合国力优势和世界重要生产基地基础,经济和贸易稳居世界第一位,伦敦港成为第一大港,伦敦市也成为全球经济、贸易中心城市,创建了现代国际航运法律体系,为推动国际海运各类组织建设、海运业技术进步、技术标准形成、海运管理等均作出了巨大贡献,英语成为世界海运语言❶,推动伦敦成为国际航运船舶流中心、信息流中心和资金流中心。20世纪中叶,美国成为政治、军事、技术、贸易和经济超级大国,在推动海运发展上,率先引进、推动了LNG、滚装和集装箱运输。1976年,美国先后发射了3颗海事通信卫星,推动船舶无线电通信跨入了采用微波频段和卫星通信技术的新时期。1994年,美国24颗卫星布设完成,引领全球卫星导航系统用于海运。也是在这一时期,英语作为世界海运语

---

❶ 参见作者《海运强国战略》第10~12页。

言得到强化,完成了绝大部分国际海运组织构建。同时,北美的纽约逐步发展为新的国际航运中心,形成"西欧板块"+"北美板块"的国际航运中心基本格局。

随着美国经济的繁荣和东亚经济的逐步崛起以及海上集装箱运输方式的兴起,国际性生产、贸易和运输的分工与合作得到了普遍的认同,新加坡、香港和东京成为新的世界金融和贸易中心,新加坡港和香港港跃升为世界级大港(1988—2006年集装箱吞吐量位居保持世界前两位),并逐步成为新型国际航运中心的代表,国际航运中心除了在欧洲、北美继续发展外,已开始向新加坡、中国香港这些"亚洲板块"渗透,进一步完善了海运组织,形成了形成"西欧板块"+"北美板块"+"亚洲板块"的国际航运中心体系(表6-12)。这些城市通过现代化城市建设和航运经济政策创新,制定具有吸引力的金融和税收政策,吸引航运要素集聚,同时设立或引进自由港、自由贸易区和自由加工区等经济特区政策,对运输货物实现就地或就近地加工、组合、分类、包装及营销,开始主动配送和分拨货物,使货物的国际流动更符合目标市场的需求,更符合企业经济效益的需求。

国际航运中心体系构成与演变　　　　　　　　　表6-12

经济板块产生	经济重心转移	国际航运中心的兴起
"西欧板块"建立	随着哥伦布发现新大陆,国际经济和贸易中心由地中海地区向大西洋移动	地中海地区威尼斯失去重要港口和贸易地位,葡萄牙的里斯本、安特卫普和阿姆斯特丹发展成为重要贸易港口城市。进入19世纪,英国产业革命后的重要生产基地,伦敦成为第一大港和全球经济、贸易中心城市
"北美板块"与"西欧板块"并立	19世纪,世界经济贸易增长的重心向大西洋西岸转移	伦敦继续巩固国际航运中心职能。以纽约为代表,"北美板块"崛起,形成与伦敦并立的国际航运中心
"亚洲板块"崛起,与"北美板块"和"西欧板块"三足鼎立	20世纪30年代以来,世界经济增长的重心从大西洋地区转向亚洲太平洋地区	在"欧洲板块""北美板块"国际航运中心发展基础上,东京、香港、新加坡凭借优越地理位置迅速崛起,成为区域经济、贸易和金融中心,港口集装箱吞吐量跃居世界前列,形成新的国际航运中心

从国际航运船舶流中心的地域分布上看,由于亚太经济,特别是东亚地区和中国经济的兴起并进入发展快车道,以国际集装箱运输为主要标志的国际航运船舶流中心已明显转向中国、新加坡、韩国等亚太板块的核心港口城市,国际枢纽港数量分散化、多港口城市并立,也使得国际航运船舶流中心独立发展。由于船舶流中心的并立性,其基础性服务创造的价值较国际航运信息流中心和国际航运资金流中心低,正因为如此,虽然既指代航运中心又指代城市、中国香港、美国纽约和英国伦敦吞吐量地位在全球看有所下降,但依然是太平洋地区和大西洋地区国际航运船舶流中心,美国纽约、英国伦敦、中国香港、既指代航运中心又指代城市2020年仍然位居全球金融中心前4位,中国上海位居第6位❶,而英国伦敦则依然以其信息发布、金融、交易、海事仲裁和研发培训等在世界航运事务中占有重要地位。

从国际航运中心发展看,大体可以概括为两种模式:一是以英国伦敦和美国纽约为代表。依托强大国家综合实力和完整的产业链,对世界海运发展作出巨大贡献,伦敦和纽约作为国际港口城市,也是国际经济、贸易和金融中心城市,而成为公认的国际航运中心。二是以既指代航运中心又指代城市为代表。新加坡没有强大综合国力依托和完整海运产业链,对世界海运发展贡献(包括重大技术、标准和组织建设等)有限。但依托优越的地理位置,结合世界产业、航运向亚洲转移机遇和港口优势,发展成为现代国际港口宜居城市和国际金融中心,通过制定自由港政策、优惠航运融资政策和税收政策,使航运要素向亚洲转移趋势下实现向新加坡集聚,而逐步成为航运中心。面对激烈竞争形势,进一步制定了鼓励和协助航运发展计划,如航运公司IT发展计划(MERIT)、航运创新和技术发展基金(MINT)、国际航运公司激励计划(AIS)、航运集群基金(MCF)和航运融资激励计划(MFI)等,不断提高其在亚洲的地位。

---

❶源于中国(深圳)综合开发研究院与英国智库Z/Yen集团共同发布的第30期"全球金融中心指数"。

评述 6-3　　　　　　　　　　典型国际航运中心

英国伦敦：在过去的五年里，伦敦的排名一直在第二和第三的位置上徘徊。尽管伦敦在海事专业商务服务方面一直处于世界领先地位，但其地理位置限制了港口生产规模的进一步扩大，没有其他航运枢纽所拥有的大批船东公司驻留。根据 Marine Traffic 的数据，2020 年，只有 3080 艘船只停靠在泰晤士河和蒂尔伯里码头。然而，伦敦具有完备的海事法律体系、经验丰富的航运服务人才，时区及语言也具有较强优势，同时伦敦又是国际金融中心，这意味着伦敦仍然有能力继续向全世界提供优质的航运服务，这一能力也并未因英国脱欧而受到显著影响。伦敦拥有许多航运业的国际机构，包括：国际航运协会（International Charmber of Shipping，ICS）、国际船级社联合会（International Association of Classification Societies，IACS）、国际船东保赔协会集团和波罗的海交易所，伦敦也是 IMO 的所在地。伦敦航运服务业主要具备四大优势：①专业能力，航运是一个"利基"型和高技术行业，需要足够专业能力支撑，英国的海员、航运金融、航运经纪与海事保险专家均具有极其过硬的专业能力；②服务质量，位于伦敦的波罗的海交易所、劳埃德船级社、海事和商业法院以及金融行为监管局等主要机构保证了伦敦航运服务具备过硬的质量；③多样性，伦敦航运服务产业兼具广度与深度，不同专业之间也形成了良好的互动联系，能够快速、专业地解决航运相关的各种复杂问题；④历史经验，伦敦提供航运相关服务已有 300 多年的历史，并继续处于新发展的前沿。

新加坡：新加坡拥有世界领先的港口条件、出色的航运服务和优良的航运商业环境，已连续八年高居榜首。在新加坡海事及港务管理局（Maritime and Port Authority of Singapore，MPA）的支持和领导下，新加坡将继续大力发展其海运业，支持在未来航运燃料、新技术应用、安全改进、人才培养和海事劳动转型方面的技术进步。新加坡政府在促进新加坡发展成为国际航运中心方面发挥了重要作用，在许多方面作出了前瞻性的规划指导，包括航运产业链的整合、港口业的发展以及引入智能、绿色港口技术，这些都有助于推动新加坡发展成为国际航运中心。同时，新加坡优越的营商环境、优惠的关税政策、灵活方便的船舶和船员登记管理制度以及各种与航运相关的激励政策，都为吸引大量航运资源创造了有利条件。新加坡海运及相关产业有17万从业人员，5000多家公司，占新加坡GDP的7%，是国家的支柱产业；在其独特的区位优势基础上，依托传统货运业的发展，新加坡吸引了各类海运企业入驻，逐步构建了综合性的航运产业生态系统；新加坡不仅成功地聚集了世界上数量最多的国际航运集团，而且还吸引了国际大宗商品贸易商，丰富了其航运和贸易业务网络；航运保险、海事法和仲裁、航运金融和航运经纪等行业资源的集聚，加强了新加坡的航运服务业，而高校、研究中心、科技公司、初创企业和其他机构的研发实力为新加坡未来航运发展注入了创新能力。尽管受到新冠肺炎疫情的影响，2020年新加坡港口的集装箱吞吐量仍达到了3690万TEU；而根据Marine Traffic的数据，2020年有33133艘总吨位超过5000t的船舶靠泊新加坡；新加坡也保持了其最大燃油港口的地位，2020年燃油加注达4983万t，同比增长5%；MPA首席执行官Quah Ley Hoon称，2020年17家国际航运集团在新加坡设立或扩大了业务；全年处理仲裁案件数量增加了5%，提高了新加坡全球仲裁中心的地位。

中国香港：香港在2018年曾超过伦敦,在世界国际航运中心十强中位居第二,但在2020年下滑到第四位,2021年的排名没有变化。虽然自2019年以来,香港港口吞吐量一直在下滑,但是香港港仍然是世界上最繁忙的港口之一,2020年共有12633艘船靠泊香港港;船舶登记规模居世界第四,已经超过1.3亿载重吨的大关;2020年,香港修订了相关法规,为船舶租赁和海上保险业务提供税收优惠,并且正在研究税制改革方案,以吸引船东公司、管理公司、代理公司和经纪公司。毋庸置疑,香港拥有强大的航运产业生态系统、优异的地理位置以及良好的营商环境,这些因素足以支持香港继续保持在前五名。

三、航运中心的特点

从当今世界的几大航运中心看,航运中心具有如下基本特点：

(1)地位公认性。由于形成背景、历史条件不同,典型国际航运中心各具特色,国际航运中心并无精确的度量。使用 CRn 和 Herfindahl·Hirschman 指数(HHI)衡量航运船舶流、信息流和资金流市场集中率,或许是一种简单、易懂的评价方法,特别是对于国际航运船舶流较为容易。而对于航运资金流、信息流全面可比基础数据的收集较为困难。航运中心是在区域航运发展中,经过长期的市场竞争而逐步形成并保持的;是一个港口城市对区域航运发展的所作出的贡献和产生的影响力,而被相关区域内的经济组织广泛认可的。在市场经济规则日益完善的今天,任何依靠市场运作以外的其他手段来获取航运中心地位的措施,都是难以得到航运界公认的。

(2)功能和内涵的发展性。随着世界经济和贸易的发展,航运中心功能不断提升。航运中心内涵也不是一成不变的,而是随着经济贸易发展而逐步变化的。现代航运中心的功能已有了很大的提升,随着经济的进一步发展,航运中心的功能也将相应地发生变化,航运中心的概念是不断发展中的概念。

(3)港口基础性。航运中心的内涵是相当丰富和复杂的,但航运船舶流中心是基础,应是以港口为主要处理平台的城市整体功能定位,大型港口是航运要素向港口城市积聚的基本条件。香港港和新加坡港集装箱吞吐量长期位于世界前两位,伦敦港集装箱吞吐量也处于所在区域前列。从世界范围来看,航运中心无一例外均是以港口为依托的城市,相反,没有港口作为依托的城市,无论其地理位置如何重要,交通网络体系多么发达,都不可能成为航运中心。随着世界制造业的转移、技术进步和城市功能的提升,当今国际航运船舶流中心开始与国际航运资金流、信息流中心分离,出现世界级大型港口城市或大型枢纽港城市,拥有较为发达的航运基础服务业,但不是国际航运资金流和信息流中心。

(4)城市关键性。航运中心是对城市的定位或者说对具有枢纽港的城市的定位,一个港口城市成为航运中心,必须在区域船舶流、信息流和资金流均具有国际竞争力,更重要的是兼具区域经济中心、贸易中心和金融中心地位的宜居城市。

四、我国沿江航运中心建设现状分析

结合国际航运中心发展趋势和我国作为世界重要海运大国的特点,为进一步促进区域经济发展,国家作出了全国航运中心建设布局,沿长江相继作出建设上海国际航运中心,以及武汉中游航运中心、重庆上游航运中心和南京区域性航运物流中心的决策,长江各航运中心功能定位和服务范围各不相同。上海为全球性国际航运中心,要求成为具有全球航运资源配置能力的国际航运中心,国内服务覆盖长三角地区、长江流域和全国。《武汉长江中游航运中心总体规划纲要》明确,武汉长江中游航运中心是立足湖北,辐射中西部,连接国际和国内市场的现代化内河航运中心,是长江中游最大的多式联运物流枢纽、现代航运服务中心、对外开放水上门户、沿江产业开发平台。重庆是立足重庆,辐射西部,沟通国际国内市场的长江上游航运中心,《重庆市人民政府关于加快长江上游航运中心建设的实施意见》提出,以重庆为中心,构建沿江综合立体交通走廊,衔接贯通"一带一路"和长江经济带,把重庆建设成为辐射国内、联通国际的长江上游中心港口城市。南京为区域性航运物流中心,《南京长江航运物流中心规划》重点建设龙潭国际综合物流集聚区、下关长江国际航运物流服务集聚区和西坝、七坝、滨江航运物流枢纽节点,形成"一带两区三节点"的总体空间布局,成为带动中西部地区发展的重要引擎、沿江产业经济转型升级的集聚平台、长江流域航运物流服务的综合枢纽。

为推动航运中心建设,中央和地方政府均采取了许多措施。中央层面,2009年国务院印发《国务院关于推进上海加快发展现代服务业和先进制造业、建设国际金融中心和国际航运中心的意见》(国发〔2009〕19号),明确了2020年上海国际航运中心建设的总体目标、主要任务和举措;2014年9月25日,国务院印发《关于依托黄金水道推动长江经济带发展的指导意见》(国发〔2014〕39号),首次从国家层面部署将长江经济带建设成为具有全球影响力的内河经济带,明确了加快上海国际航运中心、武汉长江中游航运中心、重庆长江上游航运中心和南京区域性航运物流中心建设;2016年9月,《长江经济带发展规划纲要》正式印发,提出重点发展现代航运服务,加快上海国际航运中心、武汉长江中游航运中心、重庆长江上游航运中心和南京区域性航运物流中心建设,积极培育高端航运服务业态,大力发展江海联运服务;2019年7月1日,交通运输部发布《关于推进长江航运高质量发展的意见》(交水发〔2019〕87号),提出要深化航运服务创新,以上海国际航运中心、武汉长江中游航运中心、重庆长江上游航运中心以及南京区域性航运物流中心和舟山江海联运服务中心建设为依托,大力提升航运金融、保险、海事仲裁、航运交易、航运信息咨询、航运指数研发等服务能力,研究开展期货交易;2021年4月颁布的《中共中央 国务院关于新时代推动中部地区高质量发展的意见》明确提出,加强武汉长江中游航运中心建设,发展沿江港口铁水联运功能,优化中转设施和集疏运网络;2021年6月,国家发展改革委、交通运输部印发《成渝地区双城经济圈综合交通运输发展规划》,明确川渝两省市将充分发挥水运资源优势,共建重庆长江上游航运中心,组建长江上游港口联盟,推进港口企业间加强合资合作,加强与上海国际航运中心对接合作。

地方政府层面。上海市相继印发《上海市加快国际航运中心建设"十二五"规划》《"十三五"时期上海国际航运中心建设规划》,2016年通过了《上海市推进国际航运中心建设条例》,从法律层面保障了上海国际航运中心建设可持续的发展。2021年6月上海市人民政府印发《上海国际航运中心建设"十四五"规划》(沪府发〔2021〕7号),提出全力支撑上海打造国内大循环的中心节点、国内国际双循环的战略链接,形成枢纽门户服务升级、引领辐射能力增强、科技创新驱动有力、资源配置能级提升的上海国际航运中心发展新格局,2025年,基本建成便捷高效、功能完备、开放融合、绿色智慧、保障有力的世界一流国际航运中心。2011年9月8日,湖北省人民政府发布《关于加快推进湖北水运业跨越式发展的意见》(鄂政发〔2011〕51号),确立"利用10年左右的时间,全面建成武汉长江中游航运中心"的目标;2014年2月7日,湖北省政府正式批复了《武汉长江中游航运中心总体规划纲要》(鄂政办发〔2014〕10号),为其航运中心建设提供了有力支撑和指导;2014年10月武汉市委、市政府出台了《关于加快长江中游航运中心建设工作的意见》;2018年2月,湖北省政府正式批复《武汉长江中游航运中心总体规划》(鄂政函〔2018〕11号),明确到2020年,初步建成武汉长江中游航运中心、航运中心核心功能区,基本建成较为完善的交通基础设施体系和高效、快速、信息化水平较高的支持保障体系,形成多层次的航线体系和多式联运网络;到2030年,全面建成智能、高效、功能齐全、绿色平安的,具有较强区域辐射力和产业支撑力的规模化、现代化、国际化长江中游航运中心;2021年10月15日,湖北省政府印发《湖北省综合交通运输发展"十四五"规划》,确立到2025年,建设高水平的武汉长江中游航运中心,重点打造汉江航运中心,强化三峡航运中转中心。2011年8月29日,重庆市人民政府印发《重庆市人民政府关于进一步加快重庆水运发展的意见》(渝府发〔2011〕71号),提出到2015年,基本建成以"一网络、八大港、三体系"为支撑的长江上游航运中心,到2020年,全面建成长江上游航运中心;2016年3月16日,重庆市人民政府印发《重庆市人民政府关于加快长江上游航运中心建设的实施意见》(渝府发〔2016〕8号),明确到2020年,建成"服务+辐射"型长江上游航运中心;2021年10月9日,重庆市政府印发《重庆市综合交通运输"十四五"规划(2021—2025年)》,明确"十四五"时期水运发展规划,将基本建成长江上游航运中心和物流中心。2013年南京市批复《南京长江航运物流中心规划》,2015年印发《南京长江航运物流中心建设三年行动计划(2015—2017)》。2021年8月,江苏省交通运输厅印发《江苏省"十四五"水运发展规划》,提出打造南京区域性航运物流中心,明确南京区域性航运物流中心以及省内其他沿江沿海港口努力成为特色鲜明的产业偏好型枢纽港口;2021年10月1日,南京市政府印发《南京市"十四五"枢纽经济和现代物流业发展规划》(宁政办发〔2021〕45号),持续巩固强化建设南京区域性航运物流中心。

上海国际航运中心已基本建成。经过努力,2020年,上海已基本建成航运资源要素集聚、航运服务功能完善、航运市场环境优良、航运物流服务高效的国际航运中心,初步具备全球航运资源配置能力。据《2020新华·波罗的海国际航运中心发展指数报告》显示,上海国际航运中心全球排名第三,国际影响力稳步提升。一是,航运要素集聚度显著增强。上海已发展形成七大航运服务集聚区,航运资源要素不断集聚。北外滩、陆家嘴-洋泾地区以航运总部经济为特色,集聚各类航运市场主体。洋山-临港、外高桥地区以港口物流和保税物流为重点,成为现代航运物流示范区。吴淞口地区初步形成邮轮产业链,建设国内首个国际邮轮产业园。虹桥、浦东机场地区依托国际航空枢纽、机场综合保税区、大飞机制造等实体,成为临空经济发展的重要载体。依托航运服务集聚区,一批国际性、国家级航运功能性机构云集上海,全球排名前列的班轮公司、邮轮企业、船舶管理机构、船级社等在沪设立总部或分支机构。二是,海港物流体系智慧绿色协同高效。洋山深水港四期成为全球规模最大、自动化程度最高的集装箱码头,上海港集装箱吞吐量、港口连接度保持全球首位。集疏运体系进一步优化,芦潮港铁路中心站与洋山深水港区一体化运营取得突破,集装箱水-水中转比例达51.6%。口岸通关各环节基本实现无纸化,港口业务无纸化率达100%。清洁能源设施、技术在港口推广应用,专业化泊位岸电设施覆盖率达79%。区域港航协同发展有序推进,长江集装箱江海联运实现信息共享和业务协同。航海服务保障水平显著提升,洋山港、长江口E航海项目全面完成,空中、水面、水下三位一体应急保障体系基本建成。三是,现代航运服务功能基本健全。航运保险市场规模居前,船舶险和货运险业务总量全国占比近1/4,国际市场份额仅次于伦敦和新加坡。航运信息服务发展迅速,中国出口集装箱运价指数(China Containerized Freight Index,CCFI)、中国沿海煤炭运价指数[China Coastal Bulk (Coal) Freight Index,CBCFI]得到市场广泛认可,基于"中国航运数据库""港航大数据实验室"的应用项目相继实施。上海海事法院和海事仲裁服务机构共同打造国际海事司法上海基地,海事仲裁服务全国领先。吴淞口国际邮轮港成为亚洲第一、全球第四邮轮母港,邮轮商贸、邮轮船供业务得到发展,邮轮船票制度试点实施。成功举办"中国国际海事会展""中国航海日"系列活动,打造中国航海博物馆等航运文化品牌,航运文化辨识度和认同度不断提升。四是,航运市场营商环境显著优化。上海港全面落实国家减税降费部署,降低港口使用成本。上海国际贸易"单一窗口"对接22个部门,实现口岸货物申报和运输工具申报全覆盖。除国内水路运输业务,其他航运业务均已对外开放,累计34家外资国际船舶管理公司获批入驻自贸试验区。水运行业实施行政审批制度改革,压缩审批承诺时限,大幅精简申请材料,全面推进"证照分离"改革,构建"五位一体"的行业综合监管体制。航运高端人才、紧缺急需人才和特殊人才引进力度不断加大,航运相关学科专业水平持续提升。但与此同时,上海国际航运中心建设仍存在以下问题:一是枢纽港建设需要突破资源瓶颈,提升服务水平。上海港码头结构性矛盾突出,铁路与港区、内河港区与海港衔接不畅,高等级内河航道、公路集疏运网络部分区段瓶颈影响整体效益发挥,海上搜救等应急保障能力有待进一步加强。围绕海港的增值服务规模相对有限,临港经济有较大发展空间。二是现代航运服务需要推动政策创新,集聚要素资源。与成熟的国际航运服务要素市场相比,上海在航运发展软环境方面尚有差距,在一定程度上制约了航运要素集聚和服务水平的提升。现代航运服务业仍存在市场主体规模小、分散度高的情况,国际市场辐射能力相对较弱,航运创新生态尚待培育形成。

沿江区域性航运中心建设取得显著成就,武汉长江中游航运中心、重庆长江上游航运中心和南京区域性航运物流中心相继初步建成。依托港口吞吐量的优势地位,围绕货物高效转运形成了较为齐全的基础服务产业,基本确立了区域航运船舶流中心地位。但总体看,相对各自的定位,三大区域航运中心都存在航运要素集聚水平不高、营商环境不完善和政府建设力度大的现象,城市基础设施与环境状况、金融、信息服务水平距离公认的航运中心地位尚有较大差距,距离建成区域航运中心任重道远。

(1)武汉长江中游航运中心。从先期大建码头,进而广辟航线,再大力发展航运服务,后又全面聚焦产业发展,探索出内陆地区建设航运中心的发展之路。至"十三五"末,武汉港集装箱吞吐量196万TEU,稳居长江中上游集装箱运输第一大港;汽车滚装吞吐量超过100万辆,成为全国第三、内河最大的汽车物流集散分拨中心;新增铁矿石运输综合运价、长江煤炭运输综合运价两项航运指数,发布国内首个长江(内河)航运标准合同,武汉航交所跻身武汉海事法院第一批特约调解机构,武汉长江中游航运中心功能体系初步建成。以武汉为枢纽,通江达海的国际航运物流网络体系已初步建立,2020年长江中游三省合计港口吞吐量近7亿t,武汉市、长沙市、南昌市全国综合交通枢纽功能增强,武汉航运中心综合竞争力、区域辐射力、社会影响力迈上新台阶。

(2)重庆长江上游航运中心。"十三五"期间,建成投用中心城区果园港、涪江潼南航电枢纽,开工建设嘉陵江利泽、乌江白马、涪江双江等航电枢纽,全市航道总里程达到4472km,其中三级及以上高等级航道里程突破1100km,全市港口货物年通过能力突破2亿t,集装箱吞吐能力达到500万TEU,2020年港口年吞吐量1.65亿t。加快发展全程物流、综合物流、铁水联运、甩挂运输等运输方式,铁矿石、煤炭、滚装汽车、石油及液化工品等水路运输组织体系加快完善,"十三五"年均完成铁水联运量超过2000万t,占港口货物吞吐量比重提高到 12.4%，水路货物周转量占综合交通运输比重常年保持在 60% 以上，水运为推动重庆乃至长江上游地区经济社会发展提供了有力支撑。2020 年，重庆周边地区货物经重庆港中转比重达到 45%，水路进出口货物占全市国际物流总量的 90% 以上。重庆已成为上游地区最大的集装箱集并港、大宗散货中转港、滚装汽车运输港和长江三峡旅游集散地。

（3）南京区域性航运物流中心。"十三五"期间，基础设施建设和硬件设施改善等方面成效显著，为南京加快建成区域性航运物流中心奠定了良好的基础条件。建成长江南京以下 12.5m 深水航道二期工程，沿江港口综合通过能力达到 1.98 亿 t，2020 年，南京港全年完成集装箱运输量 302 万 TEU，开辟集装箱航线每周 177 班。在航运要素方面，南京区域性航运物流中心在岸线和吞吐能力等港口基础设施、12.5m 深水航道、港口集疏运条件、中欧班列等铁水联运方面具有优势，目前南京区域性航运物流中心引入航运管理机构 12 家、航运物流及相关企业 25 家，初步建成集货运交易、船舶交易等服务功能于一体的航运交易综合信息管理平台。2020 年，南京市海洋交通运输业、海洋船舶工业、海洋工程装备制造业三大重点产业企业数量占近 70%。南京船舶竞拍平台、货运交易平台暨"e 航无忧"项目等上线，货运交易平台与省港口集团和省电子口岸平台实现数据对接，完成 43 批次国资船舶网络竞价，2020 年累计交易船舶 2193 艘，成交额 74.2 亿元。

五、沿江航运中心建设模式分析

（1）上海国际航运中心建设仍然处于重要战略机遇期。上海国际航运中心从"基本建成"迈向"全面建成"的历史新阶段。随着世界经济调整和我国经济贸易转型，水运需求增速将明显放缓，2010 年前需求快速增长、市场空前繁荣的战略机遇期特点逐步消失，但上海国际航运中心建设仍然处于战略机遇期：一是我国经济力量和综合国力将进一步提高，成为参与全球海运发展治理、提高话语权的机遇，以及全面提升上海城市功能的机遇；二是我国技术力量将显著提高，由于正处低碳绿色发展趋势下的世界海运市场、技术规则均处于新一轮调整期,故有希望成为参与全球海运技术标准和规则的制定者;三是中国(上海)自由贸易试验区临港新片区建立投资贸易自由化便利化制度体系,为航运制度创新、功能拓展、资源集聚营造了有利环境;四是"中国因素"仍是世界海运需求增长的主要力量,依托我国经济贸易发展和水运需求稳定增长的环境,上海国际航运船舶流中心的地位进一步巩固,成为吸引航运要素聚聚上海的要素;五是国内新格局加速构建要求上海国际航运中心提升站位和统筹能力。

(2)上海国际航运中心的模式选择。我国是世界人口第一大国、GDP居世界第二位,货物贸易居世界第一位,海运需求总量稳居世界第一位。展望2035年,我国将基本实现社会主义现代化,但我国发展也面临复杂的地缘政治日益显现和国际竞争日趋激烈的形势,发达国家在经济科技上占优势的压力长期存在,可以预见和难以预见的风险增多,军事打击力量、经济处罚力量和政治影响力量均达不到历史上葡萄牙、西班牙、英国和当今美国的水平,这决定了上海国际航运中心不具备复制伦敦和纽约的条件。同时,我国港口城市地理位置适中,难以与新加坡的海运要冲相比,加之我国海运产业链完整,也难于制定与新加坡相当的优惠海运经济政策,以上因素共同决定了上海国际航运中心不具备复制新加坡政策的条件。基于我国综合国力和航运要素背景,中国特色国际航运中心建设模式的基本内涵是:依托我国综合国力不断上升的背景,发挥需求第一大国、运力大国和产业链完整的要素优势,加快技术创新投入,扩大开放,吸引国际海运人才,推动区域国际航运组织建立,不断提高国际海运话语权;加快建设国际港口宜居城市,制定自由贸易区政策以及与海运大国相当的国际海运融资、税收政策。依托"中国因素"需求规模和产业链完整的优势,以完善的货主全程服务为突破口,推动电子商务、大数据在国际航运中的应用,打造国际供应链管理者在上海集聚,从而促进中国国际航运要素回归国内,并进一步吸引国际航运要素在国内集聚,形成以国内国际航运要素集聚为主、国际为辅,要素集聚总量达到亚洲前列的国际化港口城市。

(3)沿江区域性航运中心的模式选择。武汉长江中游航运中心、重庆长江上游航运中心和南京区域性航运物流中心的发展可聚焦区位优势和不同的功能定位,形成差异化发展格局。在增加航运船舶流的同时,重视航运信息流、航运资金流的集聚,特别是在航运指数等信息发布方面进一步提升行业影响力,进一步提升海事仲裁、航运交易、航运信息咨询等服务能力,研究开展期货交易。加大与上海国际航运中心的合作力度,借助上海在航运金融、航运信息发展中已形成的优势,延伸至内河航运服务领域,快速且有效提升沿江区域性航运中心的航运高端服务能力,同时与上海国际航运中心形成良性互动,打造长江黄金水道布局合理、协调互动、合作互惠的沿江航运中心建设格局。

第八节　内河运输发展面临的挑战

经济社会的发展、资源价值的提高、环境保护及应对气候变化的要求,使内河运输运能大、占地省、能耗低、环境友好的比较优势不断显现,加快推进构建以国内大循环为主体、国内国际双循环相互促进的新发展格局和长江经济带等系列区域重大战略的实施,以及《国家综合立体交通网规划纲要》《内河航运发展纲要》提出 2035 年内河千吨级航道达到 2.5 万 km 的发展目标更为内河运输的发展提供了机遇,但是,如何通过具有终极特性的资源开发规划,有效保护内河运输发展所需资源,持续为提高通过能力和通航等级提供优良的资源;如何破解中上游内河运输通过能力、通航等级的"瓶颈",加快航道成网及支线、水网地区航道建设,实现需求与供给的有效平衡,支撑区域经济社会发展;如何融资以满足年规模 1000 亿元投资需求;如何提高内河自然岸线利用效率,实现港口功能提升以及港口与城市共荣;如何制定与经济社会和行业技术经济发展水平相适应的技术标准;如何理顺内河运输管理体制,形成公正的法治体系是发挥内河运输优势长期面临的挑战。

一、内河运输基础设施长远规划与资源保护

在资源利用中的弱势地位长期难以改变,资源综合利用协调难度大。由于我国内河运输没有经历类似欧美19世纪中叶到20世纪中叶的发展历程,而是走上了公路运输优先发展,再随着内河运输比较优势显现而逐步发展的道路,因此,人们对于发展内河运输的认识不足,也没有经历过高强度、集中系统建设并形成基础设施框架的过程;发展内河运输基础设施涉及水资源、沿线净空资源、线位资源、永久性建筑物、通航等级与通过能力等资源,这些资源往往涉及城市发展、防洪、水电、农业、公路等多利益相关主体,虽然国家将发展内河运输上升为国家战略,在相关法规中明确要求要统筹兼顾防洪、灌溉、供水、发电、航运等功能,科学制定规划,发展综合交通运输体系等,也建立了相关协调、沟通机制,但内河运输在相关资源综合利用中的弱势地位没有改变,缺乏类似于欧洲莱茵河管理委员会等对于河流等核心资源进行统筹管理的协调机构,这也是未来内河运输实现可持续发展面临的资源供给挑战。

对基础设施规划的终极性特征长期认识不足,分阶段的建设规划难以有效保护内河运输资源。内河运输基础设施所需资源与其他公共基础设施建设相关,又涉及整个流域,且其全程运输中对航道条件有一致性要求也远高于公路和铁路。因此,一是其基础设施发展规划的终极性特征远高于铁路、公路、港口、机场等交通基础设施,一旦内河运输资源被利用,再调整的经济代价巨大,甚至在经济上成为不可能;二是航道整治工程整体同步和集中高强度建设的要求也高于其他交通基础设施。因此,需要制定具有终极性特征长远资源综合开发规划,有效保护相关资源,同时结合发展实力,在有效保护环境生态和经济技术可行基础上,通过不过阶段的建设规划,集中财力、高强度进行投入,才能有效发挥内河运输优势。由于历史种种原因,我国内河基础设施规划,大多数是立足发展阶段的建设规划,随着环境的变化而不断调整阶段建设规划,缺乏资源综合利用和保护规划,使得在面临需要提升等级、提高通过能力、建设新设施和航道时,相关资源获取的经济代价巨大或者成为不可能,这

是现在和今后内河运输发展必须面对的挑战。2020年以来,交通运输部印发《内河航运发展纲要》,中共中央、国务院发布《国家综合立体交通网规划纲要》,提出2035年"四横四纵两网"内河千吨级航道达到2.5万km的发展目标,为长远综合开发奠定了规划基础。但由于配套的《全国内河航道与港口布局规划》尚未修订发布,2.5万km航道的具体规划线路没有明确,故仍无法发挥对航道水资源、线位资源、沿线净空资源、净深资源的保护作用。

评述6-4　2.5万km千吨级内河航道建设目标再次发布

2000年前后,作者负责"面向21世纪水运交通发展战略研究",基于内河航道建设的终极性特征,提出了以三级及以上航道为标志的高等级航道终极目标实现时间和里程,到2040年内河三级及以上航道里程达到2.5万km,实现水系沟通、干支直达和区域成网,研究成果在《关于印发公路水路交通发展三阶段目标的通知》(交规划发〔2001〕265号)中体现。

(1)对于终极目标时间2040年的认识。基于中国经济社会发展每30年为一个时期和国家三阶段发展战略和目标的认识,预计到2040年我国基本实现现代化的第三部战略目标,城镇化和工业化基本完成,国土资源和人力资源得到比较充分开发,交通基础设施建设基本完成;从内河运输需求看,随着2020年后中西部地区人均GDP达到高收入国家水平,第三产业将成为经济发展的基本动力,内河运输货运需求增速逐步减弱并进入零增长阶段,相应到2040年,对通道能力和等级的需求是稳定的。

(2)对于三级及以上航道里程达到2.5万km的认识。2000年我国内河三级及以上航道里程7700多公里,对于到2040年航道建设终极目标里程的认识主要基于我国水资源丰富地区的降雨量,与美国进行类比得出的结论。具体规划需要立足于经济社会发展需求以及对岸线、内河航道、航运枢纽资源的彻查,经过深入研究得出。

(3) 对于发展实践的认识与判断。虽然研究成果《关于印发公路水路交通发展三阶段目标的通知》(交规划发〔2001〕265 号)中得到体现,但当时经济社会发展尚未进入内河运输优势显现期,只有不断完善阶段建设规划,直到目前并未进行面向终极目标的发展规划,以有效保护内河发展相关净空、线位、通航枢纽能力等级等资源;相关航道建设等级以及长远目标,基本停留在少数专家呼吁阶段。关于杭甬运河等级问题,基于内河机动货船 1000 吨级的长远目标,20 世纪 90 年代后期按照千吨级航道建设也只是少数专家呼吁。2020 年,在交通强国建设总体框架下研究制定内河运输发展战略,作者再次提出 2035 年内河千吨级航道达到 2.5 万 km 的发展目标,经规划研究单位根据实际现有航道资源的摸查论证后,最终在《内河航运发展纲要》文件中发布。2021 年发布的《国家综合立体交通网规划纲要》也再次明确了 2035 年"四纵四横两网"国家高等级航道 2.5 万 km 左右的发展目标规划。

二、航道建设与建设资金保障

内河运输是我国综合交通运输体系的短板,内河高等级航道基础设施建设总体滞后。21 世纪以来,我国在内河运输基础设施建设、运输船舶、运输组织等方面均取得巨大发展。但我国内河运输特别是基础设施的短板依然存在,表现为:一是高等级航道供给不足,三级及以上高等级航道仅为 1.44 万 km,仅占通航总里程的 11.3%;二是高等级航道东中西部分布不均衡,干支衔接不畅,长江、珠江上游及中西部支线航道系统治理滞后较多;三是节点瓶颈、断航问题长期存在,三峡枢纽货物通过能力常态化不足的瓶颈制约没有得到缓解,一些水电水利枢纽未同步建设通航设施或通航等级偏低,形成航道断点或堵点;四是长江、珠江等主要水系尚未连通,航道网络化程度不高,通达性和机动性差。

中上游地区通航等级、通过能力瓶颈制约将长期存在。由于我国内河运输优势显现的梯度性和基础设施建设规划的阶段性,随着中上游地区经济社会的发展对内河运输需求快速增长,现有内河基础设施通过能力、通航等级难以适应未来发展的需要,即使计入已有规划、建设项目和措施,仍然面临通过能力和通航等级的瓶颈制约,部分已经成为当前发展的"瓶颈"。如三峡枢纽通过能力问题就是其中典型代表。三峡船闸自2003年6月18日试通航以来,通过的货运量大幅增加(表6-13),2011年上行运量达到5500万t以上,提前19年达到设计通过能力,虽然采取了限制600t以下船舶过闸、优化调度等措施提升通过能力,2020年船舶平均待闸时间仍长达110h。今后一个时期,随着长江经济带建设提速,通过三峡船闸的货运需求仍将保持稳定增长,三峡枢纽通过能力矛盾将长期存在。如何进一步提升中上游地区航道等级、枢纽通过能力与等级,采取综合措施,实现需求与能力供给的有效平衡,支撑区域经济社会发展,是中上游地区发挥内河运输优势面临的挑战。

三峡船闸建成通航以来运行情况　　　　　　　　　　表6-13

年份(年)	过闸货运量(万t)		
	合计	上行	下行
2003	1377	448	929
2004	3431	1010	2421
2005	3291	1037	2254
2006	3939	1371	2568
2007	4686	1696	2990
2008	5370	2112	3259
2009	6089	2921	3168
2010	7880	3600	4280
2011	10032	5533	4499
2012	8611	5345	3266
2013	9707	6029	3678
2014	10898	6137	4761
2015	11057	6408	4649
2016	11984	6516	5458
2017	12972	7316	5657
2018	14166	8103	6063
2019	14608	7326	7282
2020	13763	6823	6940

数据来源:历年《长江航运发展报告》。

评述 6-5　　三峡枢纽通过能力与需求有效平衡思考

面对三峡通过能力瓶颈制约,为实现通过能力与需求的有效平衡已全方面采取了多种措施,总体来看当前已基本达到上限,进一步挖潜的空间很小,且随着船闸运营年限增加,设备检修时间增加,运营效率会逐步降低,船闸通过能力进一步大幅提升的可能性极小。当前采取的主要通过能力提升措施如下。

(1)提高现有船闸运行效率。一方面,通过优化船舶过闸管理、提高船舶驾引技术和移泊效率,增加船闸运行闸次数量。这也是目前一直在努力尝试的措施,包括干线过闸船舶联动控制、梯级枢纽联合运行、船舶进出闸室同步移泊等,也取得了成效,日均运行双向闸次数近30闸次,进一步挖潜十分有限。另一方面,通过技术进步,减少洪水、雾天和检修对船闸运行的影响,延长运行天数。2020年三峡船闸双线共停航946h,其中因检修停航仅190h,船闸运行负荷基本达到了上限。由于三峡船闸目前已运行超过15年,每2年需安排20~80天的停航大修,船闸停航检修要求和过闸序曲的矛盾十分突出。三峡船闸长期饱和运行,为满足过闸需求,通航保养和检修时间已尽可能压缩,船闸长期满负荷、超规范运行将带来安全隐患。

(2)三峡升船机可以部分缓解船闸压力。三峡升船机已于2016年投入使用,2019年三峡升船机旅客通过量14.7万人次,货物通过量114.2万t,2020年受疫情影响三峡升船机旅客通过量3.1万人次,货物通过量87.2万t。但根据《三峡升船机通航船舶船型技术要求》,允许通过三峡升船机的船舶类型主要为客船、滚装货船、集装箱船,且3000载重吨以下船舶,主要发挥特殊通道作用,整体对三峡船闸的疏解作用十分有限。

(3)借助船舶大型化与标准化提高通过能力。一是在合理利用船闸槛上水深的条件下,通过船舶大型化以及实载率提高等措施,提高实际通过能力;二是通过船型标准化,推进三峡船型比重,提高闸室面积利用率。创新设计并成功推广应用了"三峡船型":理论上4艘同型船舶同时过闸,闸室充满率接近90%,一次过闸船舶吨位可达到2.6万t。与原有19.2m宽的5000t级船舶和1500t级船舶组合过闸情况相比,闸室充满率提高30%以上,一次过闸船舶吨位提高60%以上。2020年三峡南、北线船闸闸室面积平均利用率分别为73.6%、73.2%,过闸货船平均额定吨位为4692.77 t。

(4)实施货源地分流,缓解部分需求压力。一是建设公路翻坝转运系统;二是推进铁路联运系统建设;三是建设液体散货分流管道。由于过闸货类特点,从经济合理性角度,只能缓解部分货物需求压力。2018年长江三峡枢纽"大分流小转运"项目入选国家多式联运示范工程,在持续推进港口设施建设的同时,已开通多条物流运输线路,2019年共有1239.3万t货物选择走翻坝,但主要以替代滚装汽车运输为主。

(5)管制需求,努力实现近10年能力供给与需求平衡。面对需求的持续增长,即使决策建设三峡新通道,形成能力也要到2030—2035年,在上述4项措施无法实现能力与需求的平衡的情况下,可通过市场与行政手段,对需求进行管制:一是结合升船机的投入使用,提高允许过五级船闸的最小船舶吨位。二是结合上行约30%为矿建材料的需求特征,细化矿建材料内部结构,对于边际社会效益较低的货类,通过鼓励政策引导地区增加矿建材料生产,提高区域自给水平,降低矿建材料过闸需求。

(6)建设三峡新通道。尽早决策三峡枢纽水运新通道和葛洲坝枢纽水运配套工程,进一步发挥长江黄金水道的作用。建设三峡新通道的必要性一是从运输需求来看,随着上游云南、四川等西部地区经济社会发展,内河运输比较优势的显现运输需求将进一步增加,特别是在岷江、嘉陵

> 江、乌江等支流航道整治及梯级通航设施建设工程完成后,四川、云南等地区的运输将进一步推动长江黄金水道上游货运需求的增长;二是,长江黄金水道是引导沿江产业转移,减小中西部地区与东部地区发展差距,实现共同富裕的重要运输通道依托;三是,畅通长江黄金水道是构建"以国内大循环为主体、国内国际双循环相互促进的新发展格局"的需要。

内河航道具有明显的正外部性和公共物品属性,应由各级政府进行投资。内河航道具有公共物品属性和连通不同省(区、市)的特点,为经济社会发展提供了基本生产和流通条件,受益主体范围广泛,具有很强的社会公益性。"依水而生、因水而兴",内河运输历史上曾是国家命脉,在现代综合交通运输体系中,内河仍是沿江经济社会发展的主要运输大通道。长江经济带11省(市)的内河货物周转量占总货运周转量的16%,有效降低了沿江地区物流成本。新时期,内河运输仍是中西部地区城镇化建设和东部地区物流降本增效的重要依托,是国内国际双循环新发展格局大宗物资流通的重要通道,是国家长江经济带等区域重大战略的重要支撑,有利于促进综合交通运输和经济社会高质量发展。内河运输具有占地省、环境友好的正外部性,促进内河运输发展是缓解公路拥堵和调整运输结构的重要手段。内河运输主要依靠天然河流和岸线,随着公路、铁路运输占用土地代价以及公路拥堵成本不断加大,发展内河运输是有效缓解城市交通压力、提升综合运输能力的可行方案。内河运输的环境友好优势既体现在 PM、NO_x、SO_x 等空气污染方面,也体现在气候变化影响方面,发挥内河运输环境友好的优势,引导公路运输向内河转移,促进运输结构调整,是交通运输可持续发展的需要。内河航道的公益性和正外部性决定了欧美国家以政府投资为主进行航道基础设施建设。

进一步加大政府投资、拓宽资金来源,仍是面临的挑战。"八五"期间,基本上贯彻"统筹规划、条块结合、分层负责、联合建设"的方针;"九五"期间,进一步由中央财政设立了内河运输建设基金,主要用于内河航道基础设施和支持系统的建设。到 2020 年,在内河航道建设上已经基本实现多元化投资主体和多渠道融资政策。资金来源包括国家预算内资金(中央和地方)、交通运输部专项资金(车购税、港建费和内河专项支出)、国内银行贷款(主要是政策性银行)、外资、地方自筹、企事业单位资金和其他资金,同时开创出"以电养航""以陆补水"等筹资模式;鼓励在有条件的地方实行"航电结合",多主体共同投资航电枢纽建设,按股分红;积极争取重点航道建设和整治工程利用国际金融组织和政府间优惠贷款;鼓励大型厂矿、企业在交通行政主管部门的统筹规划下,按照"谁投资、谁建设、谁受益"的原则,建设航道设施等。通过采取各种措施,我国实现了内河航道建设投资的快速增长,2020 年实际内河航道建设投资规模达到 478 亿元。未来,对于实现 2035 年内河航道发展目标,资金来源仍面临诸多挑战:一是航道建设投资需求巨大。实现内河航道基础设施建设目标,初步估计年投资规模需要达到约 1000 亿元,是当前年投资规模的 2 倍。一方面工程总量大,实现 2035 年内河三级及以上航道达到 2.5 万 km 的目标,需要加快推进新增 1.1 万 km 三级及以上航道建设工程,而 2000 年以来我国三级及以上航道里程仅增加了 0.61 万 km;另一方面工程更为复杂、技术难度更高,单位投资需求更大,具体体现在中西部地区地势复杂,长江、珠江水系主要支流的航道建设整治工程难度大,水电站枢纽通航设施建设工程复杂,京杭运河黄河以北段复航以及沟通长江、珠江两大水系的湘桂、赣粤运河连通工程等需突破一系列工程技术。二是中西部地区建设项目较多,地方政府投资实力有限,地方为主投资模式难以按期推进建设。新增万公里三级及以上航道中,中西部地区占比 63.1%,三峡水运新通道扩能工程、龙滩水电站 1000 吨级通航工程、百色水利枢纽通航设施建设工程等通航枢纽建设项目以及平陆运河、湘桂运河等大型运河工程也涉及中西部地区更多。"十四五"内河航道建设重点工程中,长江、西江干线的扩能工程集中在中西部地区的中上游段,岷江、嘉陵江、乌江、汉江、沅水、赣江、信江、北欧安江-红水河、柳黔江、沙颍河等支流高等级航道畅通延伸工程以及江淮运河、平陆运河沟通工程均位于中西部地区。三是港口建设费停止征收,国家专项资金资金来源减少。

评述 6-6   **湘桂、赣粤运河工程面临的挑战**

    网络性是内河航道的重要特征之一，互通成网是实现运输可达性、韧性（有可替代路线）的需要。我国形成了以长江、珠江、京杭运河、淮河、黑龙江和松辽水系为主体的内河水运格局，湘桂、赣粤运河是沟通长江与珠江两大水运水系的重大运河工程，对提升我国内河航道网络化水平至关重要。

    湘桂、赣粤运河工程的推进实施面临以下方面的挑战。一是生态保护问题，需要在建立科学的运河工程生态影响和生态保护评估方法和标准的基础上，开展各航段的生态保护措施研究。二是水资源问题，以湘桂运河为例，由于位于河流的上游源头段，河流流量偏小，尤其越岭的人工开挖运河段几乎完全无水源补给，增加了水资源协调综合利用的难度，也对工程技术提出了更高要求，需根据具体情况采取提水翻坝、优化梯级布置、采用省水船闸等不同方式解决运河航运用水需求。三是运输经济性问题，无论是"公转水"的转移需求还是诱发的新增需求，均需要从运输组织规划设计、全程物流成本节省等角度充分论证运输的经济性，回答工程前期社会关注和保证运河建成后的经济社会效益。四是资金保障问题，运河工程涉及多梯级建设、桥梁改造、土地征用与拆迁、生态保护、风景名胜和文物古迹的保护等诸多问题，需要投资巨大，如何拓展投融资渠道面临挑战。

    湘桂、赣粤运河将是我国内河航道建设工程史具有里程碑意义的重大工程，其面临的众多挑战都需要通过创新思维来解决，包括技术标准与评估标准的创新、运输组织优化和船型的创新、建设开发模式的创新等。

三、港口岸线资源利用与开发建设模式

1. 港口自然岸线利用效率面临挑战

为了适应经济社会发展对港口的需要,依据《港口法》对港口规划的规定:"根据国民经济和社会发展的要求以及国防建设的需要编制,体现合理利用岸线资源的原则,符合城镇体系规划,并与土地利用总体规划、城市总体规划、江河流域规划、防洪规划、海洋功能区划、水路运输发展规划和其他运输方式发展规划以及法律、行政法规规定的其他有关规划相衔接、协调",具体体现为交通运输部发布的《全国内河航道与港口布局规划》和各省(区、市)港口布局规划及港口总体规划。

在城市发展工业特别是重化工工业过程中,港口对岸线、陆域、水域的利用效率处于很高水平,很难有哪个行业能够挑战港口对资源的利用效率,规划的港口自然岸线较为丰富。实际执行中,部分沿江地区地方政府出于"以港兴市"而出现投资建港冲动,部分地区甚至到了乡乡建港、村村建港的地步,规划的科学性、严肃性受到挑战,部分岸线资源开发无序,造成优质岸线"占而不用,多占少用,碎片化使用"。长江沿线的多家石油炼化企业因沿江输油管道建设而使原有的液化码头基本废弃;部分火力电厂采用沿江平行布置建厂模式多占长江岸线及相关沿江陆域;沿江企业普遍存在着港口岸线多占少用的问题,甚至存在通过占用岸线和后方陆域,凭借土地、岸线资源升值获得效益的问题。

为解决港口岸线乱占滥用、占而不用、多占少用、粗放利用等突出问题,2016 年交通运输部印发了《关于进一步加强长江港口岸线管理的意见》(交规划发〔2016〕119 号),开始对非法码头进行清理整治。仅 2017 年,长江干线共拆除非法码头 959 座,恢复生态岸线 100 多公里,促进了长江岸线资源的科学集约利用,长江干线内非法砂石装卸码头已全部取缔。2018 年 4 月 26 日,习近平主席在深入推动长江经济带发展座谈会上,强调指出要优化已有岸线使用效率,把水安全、防洪、治污、港岸、交通、景观等融为一体,抓紧解决沿江

工业、港口岸线无序发展的问题[1]。2019年,交通运输部办公厅、国家发展改革委办公厅联合印发《关于严格管控长江干线港口岸线资源利用的通知》(交办规划〔2019〕62号),提出牢固树立集约高效利用港口岸线理念,坚决防止非法码头现象反弹,坚持控总量、调存量、优增量、提效率,引领长江干线港口走上集约化、规模化、现代化发展道路。截至2020年底,全国共有内河港口生产用码头泊位16681个、泊位长度110.26万m,较2015年分别减少8679个、33.70万m。

随着我国经济社会的发展、经济结构和运输结构调整,港口利用岸线效率问题逐步显现。一是生态优先绿色发展的战略导向要求港口岸线合理高效利用。《中华人民共和国长江保护法》从法律层面明确了对长江干线港口岸线的保护,增加了港口岸线供给的难度。为落实《中华人民共和国长江保护法》,沿江省市陆续出台岸线保护法规,例如江苏省正在起草《江苏省长江岸线保护条例》。截至2020年底,江苏省腾退长江主江岸线60.3km。二是在经济社会发展的推动下,港口吞吐量持续增长,但所需优质岸线面临供给压力。长江优良岸线长度为1792.7km,整体开发利用比例为61.1%,其中优良岸线丰富的江苏省开发利用岸线的比例为76.0%。但由于开发集约化程度不高和碎片化使用,可用优良岸线越紧缺,岸线利用越倾向于以存量调整、提升利用效率为主。三是第三产业对沿江城市经济社会发展的拉动作用日益凸显,部分第三产业单位GDP对沿江岸线、水域和陆域等资源占用低于码头业,使码头业在资源争夺中处于不利地位,港口利用岸线资源的效率将面临现代服务业和人们休闲娱乐需求的挑战。

2. 粗放式港口建设难以为继

由于吸引各类投资的取向和相关涉水规划,部分内河港口岸线被分割、开发粗放,岸线利用散乱,功能布局不合理,影响了港口岸线的成片集约化开发。部分港区集装箱码头、通用件杂货码头功能区与煤炭、水泥等粉尘污染重的大宗散货码头功能区互为交叉;部分地区存在着深水浅用、深水不用的问题,一

---

[1] 出自《人民日报》(2016年01月08日01版)。

些港口岸线因经济或运输结构调整而废弃不用。由于上述原因,港口岸线资源供给总量虽仍较丰富,但水陆域条件和城镇依托较好的优良岸线大部分已开发利用,未开发的优良岸线资源日趋紧张。因此,2012年,交通运输部会同国家发展改革委出台了《港口岸线使用审批管理办法》(交通运输部 国家发展改革委令2012年第6号),规范了港口岸线使用的审批范围、程序、内容和形式。该办法于2018年5月3日进行了第一次修订,增加了港口行政管理部门应当加强港口岸线使用情况的事中事后监管,并按照规定将有关信用信息纳入相关信用信息共享平台。由于岸线审批以后的执行缺乏建设管理、违规处罚等全过程监管及处罚措施,实际执行效果面临挑战。

由于我国没有走上"地主港"的管理模式,加之当时相对丰富的港口自然岸线和资本相对短缺,以往码头建设基本采用顺岸布置的模式,这一建设模式的优点就是开发速度快、建设成本和维护成本低,但也暴露出这一模式的问题:一是形成单位长度生产泊位需要同等的自然岸线,自然岸线消耗大,同时需要大量临岸陆域进行支撑,远低于挖入式码头对自然岸线和陆域开发的效率;二是不利于陆路集疏运、港口物流功能提升;三是码头作业过程对自然生态影响较大,而挖入式对原河流生态影响要小。随着经济社会的发展,自然岸线以及后方陆域资源价值随之提高,对港口功能的要求和保护自然岸线、生态等均提出了更高的要求,继续沿用顺岸码头建设模式面临挑战。比利时安特卫普港以及德国杜伊斯堡港口的码头挖入式建设模式值得借鉴。

评述6-7　　　　　　比利时安特卫普港简介

安特卫普早在16世纪就成为欧洲十分繁荣的商业港口城市,比利时全国海上贸易的70%通过安特卫普港完成。安特卫普港以港区工业高度集中而著称。港口腹地广阔,除本国外,包括了法国和德国以及荷兰的部分地区,现有港区主要分布在斯海尔德河右岸,码头泊位半数以上布置在挖入式港池中,港池间用运河相沟通并设船闸与斯海尔德河隔开,以免受北海潮汐影响。港区有6座海船闸,其中北港的参德夫利特船闸长500m,宽57m,高潮时门槛水深可达17.5m,能通过15万吨级海船,是世界最大海船闸。德尔维德港池是港口核心部分,水深16.75m,有4个杂货码头和1个散货码头,其中有14个集装箱泊位。港区各种交通方式发达,铁路线就有近4km。

评述6-8　　　　　杜伊斯堡港简介

　　杜伊斯堡港是德国最大的内河港。杜伊斯堡港地处欧洲重要工业中心鲁尔区,在鲁尔河和莱茵河汇合处。港区范围南北长25km,东西宽14km,总面积约233km²,水域面积占10%。莱茵河流经港区的岸线长37.5km。全港年平均货物吞吐量约6000万t,1974年创6360万t的最高纪录。货主码头属于联邦德国一些大型冶金工业、化学工业的公司所有,例如曼内斯曼钢铁公司、蒂森钢铁公司和杜赫特勒本化工公司等。货主码头占地面积和货物吞吐量均占全港的60%左右。三大公用港区主要也是为几家大型冶金和化工公司服务,装卸的货物主要有矿石、煤炭、石油产品、钢铁、有色金属、建筑材料、盐、食品和饲料等。

四、港口转型发展与港城和谐共荣

　　经过长期发展,我国内河港口和城市的关系大都进入第二阶段❶,部分核心城市进入第三阶段。为了适应区域均衡发展和实现和谐发展的需要,要求港口转型发展,以高质量发展为导向,实现自身可持续发展、实现与城市和谐

---

❶港口与城市关系三个阶段:港城共生,港城共兴,港城共荣。

共荣。为了促进港口转型升级,交通运输部于2014年6月发布了《关于推进港口转型升级的指导意见》(交水发〔2014〕112号);为适应高质量发展要求,2019年交通运输部联合国家发展改革委、财政部、自然资源部、生态环境部、应急部、海关总署、市场监管总局和国家铁路集团联合印发了《关于建设世界一流港口的指导意见》(交水发〔2019〕141号),提出建设安全便捷、智慧绿色、经济高效、支撑有力、世界先进的世界一流港口。2020年印发的《内河航运发展纲要》中提出了打造集约高效功能协同的现代化港口,明确了强化港口枢纽辐射功能、推进资源整合完善港口布局和促进港产城协同发展三方面主要任务要求。内河港口面临新形势下建设发展和高质量发展的双重挑战。

一是企业转型发展,提高投资回报。在港口总体布局规划框架内,地方纷纷出台了各自的港口总体规划,在前一轮吞吐量高速增长的背景下,出现一轮"港口开发热",老港区的扩张、新港区的开发,使港口与港口之间的距离越来越近,加之功能单一、腹地交叉和吞吐能力适应性由相对不足转向适度超前状态,使得港口间同质化竞争加剧。加之内河码头作业装备水平低,码头公司规模小、企业集约化程度低,且大部分局限于母港城市,码头作业服务成本上升难以转移,投资收益率呈现逐步下降态势,码头公司如何转型、提升功能和服务,从而提高投资回报是面临的挑战。2020年以来,江苏、安徽、湖北等省纷纷成立省级港口集团,作为区域港口资源整合平台,推进区域港口一体化,开展港口资源整合,解决无序竞争等问题,这或许是未来解决同质化竞争、提升港口企业效益的主要方式。二是港口高质量发展,实现港城共荣。随着城市的发展,要求港口转型发展,走节约资源、环境友好的高质量发展之路,提高自然岸线和陆域利用效率,降低建设、生产中对自然生态影响、能源消耗以及CO_2和NO_x排放,提高疏浚土利用效率,有效控制粉尘、废水等对周边环境的影响,尽可能降低港口集疏运对城市交通对交通资源的争夺。为了实现港城和谐发展,一方面要求港口调整码头布局,使港口和城市均获得发展空间,全面提高城市资源利用效率和城市功能(老码头搬迁、功能调整、挖入式港池建设是适应这一趋势的案例),实现港城一体化发展,为城市发展提供新的发展模式和空间;另一方面就是结合现代信息技术发展,全面融入多式联运体系,提升港口现代物流服务功能和网络化服务水平,提高单位吞吐量增加值,扩大区域就业。

评述6-9 城市与港口关系发展的三个阶段和特征

(1) 港城共生。港城共生是港口和城市发展初始阶段,表现为与城市互动形成和共同繁荣。该阶段港口以简单、非竞争方式转运城市贸易物资,是城市向外辐射通道,与城市的关系密切,空间上融合性强,大都位于城市中心区域。港口转运、仓储、加工等业务的发展,带动了产业、人口、贸易活动在港口周边的聚集,城市因港口运输枢纽功能而发展,城市又成为港口进一步繁荣的依托;由于城市规模和港口吞吐量规模较小,城市交通可以满足集疏运的需求。相对于港口与城市发展所需资源,区域土地、岸线供给能力充裕,足以支持港口与城市同时迅速扩张。

(2) 港城共兴。城市化进程推进与重化工业发展和港口规模扩张与大型专业码头互动发展,该阶段港口与城市同时扩张、关系紧密,空间上融合和分离并存。一方面,港口所在城市参与区域、国际分工,港口作为国际贸易的窗口,有便利的交通条件和区位优势,可吸引重化工业和加工工业在城市在非核心区聚集,使临港工业逐渐得到发展,城市地位和影响力得到不断的提升,形成工业化的港口城市。城市交通和集疏运系统的不断完善,使港口规模日益扩大。另一方面,为适应重化工工业发展,在部分港口业务继续在近城市核心区域发展的同时,在远离城市核心区建设大型专业化码头,适应船舶大型化和城市工业化发展需要。港口和城市对土地、岸线和交通基础设施的要求和依赖强烈,区域土地、岸线逐步得到充分开发。

(3) 港城共荣。城市化进程进一步推进与第三产业快速增长和港口发展对集疏运需求争夺资源,该阶段港口与城市分别扩张、关系紧密,但在空间上趋于分离。城市工业化发展一定阶段开始转向第三产业,经济增长的直接货物流动需求增长明显放缓,城市综合服务功能逐步提升,国际影响逐渐增强,对市区交通、环境和土地需求明显增长,特别是区域核心城市尤为突出。港口吞吐量增速减缓、功能也趋于多元化,集疏运与城市交通、港口生产与城市环境要求对相关资源争夺逐渐显现,港城关系向以提高资源利用效率而实现相互协调、相互平衡的方向发展。城市第三产业对土地资源、环境资源的利用效率往往高于码头装卸和仓储业务,原近城市核心区的码头业务逐步迁移至城市边缘地区,将有更大开发潜力的滨水岸线、陆域转换为城市功能区,使核心城区资源利用效率得以提高,边缘地区资源得到开发,拓展新的港口功能区,实现港城共荣。

五、经济社会发展水平、资源环境约束与技术标准

为有效控制内河工程设施建设、船舶运输和港口生产可能带来的负效应,在土地、岸线、防洪、水资源、渔业和环保要求等方面均有相关要求,政府通过制定、并严格执行相关安全技术标准、污染排放标准、能耗标准、相关装备和生产运营标准等,适应经济社会发展需要。

标准水平应与经济社会发展水平、技术支持水平和政府严格执行标准能力相协调。若技术标准水平低,则达不到有效控制建设和生产过程中负效应的目标;而技术标准水过高,则会超越经济社会发展水平承载能力、技术保障能力和政府严格执法、有效监督的能力,可能影响内河运输建设与发展,也可能出现普遍不执行技术标准,而形成"潜规则"和参差不齐的技术标准并存的现象,同样达不到控制负效应的目标。

经济技术水平相对(欧美)较低与内河运输需求巨大、单位排放要求较高之间的矛盾,是我国内河相关安全绿色技术标准面临的挑战。2020年,我国内河运量38.15亿t,遥居世界首位,其中长江是世界运输最为繁忙的河流,长江干线完成货物通过量30.6亿t(含海进江),长江干线航道宜宾至长江口段年平均日船舶流量616艘,南京以下深水航道年平均日船舶流量1453艘,这一水平已超过美国密西西比河与欧洲莱茵河之和,且单位国土面积人口密度高,即使制定与欧美同样的排放标准,我国内河船舶排放总量也要远高于欧美。

水运基础设施建设与资源环境约束方面,随着经济社会的发展,资源环境要素价值日益提高,特别是长江经济带共抓大保护、不搞大开发的战略导向,环境、生态等对航道、航运枢纽的约束日益增强,要求在总结以往航运枢纽、航道建设保护环境的经验上(建设鱼道保护渔业资源,通过库区抬田减少农田淹没。采用新工艺、新材料、新技术努力实现航道治理与河势稳定的双赢,通过生态护岸加固堤防、美化环境),切实落实土地、岸线、防洪、水资源、渔业和环保要求,在加快基础建设、促进内河运输发展的同时,实现保护环境、节约资源的目标。

船舶安全技术标准水平方面,一是制定科学合理且符合我国内河实际情况的船舶安全技术标准面临挑战。欧美通过制定并严格内河船舶安全技术标准,船舶实际安全和经济使用年限明显较长。如欧洲莱茵河,1970年以前建造的机动船占总艘数的70%。我国虽然制定了相关技术规范和标准,船舶理论使用寿命约30年,但实际执行技术标准水平差异较大,同时受航道条件、市场条件变化等影响,我国内河船舶实际的经济寿命相对强制报废船龄要短得多,根据对重庆等内河航运企业的情况,内河船舶的实际经济船龄一般为10~15年,对15年以上船舶,船东基于安全和经济性等因素更新的意愿较强烈。我国工业化尚未完成,与欧美后工业化社会在发展积累上存在差距,经济社会发展水平承载能力、技术研发投入、内河水文基础数据积累、船舶基础技术理论研究能力、工业发展体系不配套等,均难以适应创新发展、制定适于中国国情的科学合理内河船舶安全技术标准的需要。如基于我国经济社会发展水平和内河船舶发展实际,是否需要按照 15 年寿命制定相关安全技术标准和船舶建造规范,是对未来内河船舶标准化推进的挑战。二是现行船舶检验制度对技术标准的统一执行能力提出挑战。我国内河船舶法定检验除特殊船型有强制性要求由中国船级社进行检验外,绝大部分普通货船是按照属地化管理进行检验。由于地方船检为属地化管理,各地对船舶检验技术标准的执行存在一定差异,从而促使船东趋向于选择船舶检验更为便利的省(区、市)进行船舶检验和登记,造成实质上的标准执行和质量要求不统一。

应急救捞能力与内河危险品安全运输方面,与公路运输相比,内河运输事故发生概率明显低。随着沿江地区石化工业走廊的建设,危险品运输需求持续增长,2020 年长江液体危险品运输市场(不含海进江运输)全年完成运输量约 8900 万 t,危险品种类超过 250 种。"水是生命之源、生产之要、生态之基",内河具有强流动性且水系互相连通,水资源的环境承载力低于海洋,更低于陆地,很多城市居民的生活用水也来自江河湖泊,危险品运输中一旦发生安全事故,极易扩散,且治理相当困难,对人们生活、生态环境等影响巨大。随着大量高坝的建设,经过长期累积,库底将形成淤泥,这与原来内河砂质或石质河底有明显区别,一旦运输危险品的船舶沉入淤泥,船舶打捞和船载危险品的抽取将构成对现有救助能力的严峻挑战。2011 年修订的《危险化学品安全管理条例》明确规定"禁止通过内河运输的剧毒化学品以及其他危险化学品的范围,由国务院交通运输主管部门会同国务院环境保护主管部门、工业和信息化部部门、安全生产监督管理部门,根据危险化学品的危险特性、危险化学品对人体和水环境的危害程度以及消除危害后果的难易程度等因素规定并公布",据此,将 335 种剧毒化学品列入了我国内河危险化学品禁运的范围。2015 年,《危险化学品目录(2015 版)》颁布,并于同年 5 月 1 日起实施,为做好政策衔接,2015 年 7 月,四部委在原禁运范围(即《剧毒化学品目录(2002 年版)》)的基础上制定了《内河禁运危险化学品目录(2015 版)》(试行),禁运危险化学品 308 种,不区分包装或散装形式。之后经研究论证,交通运输部牵头制定了《内河禁运危险化学品目录管理办法》,并相应调整发布了《内河禁运危险化学品目录(2019版)》,禁运313个品种,其中,全面禁运228个,禁止散装运输85个,自发布之日起实施。《中华人民共和国长江保护法》于2021年3月1日生效实施,根据要求,整个长江流域禁止运输剧毒化学品及《内河禁运危险化学品目录(2019版)》中的列明货物。在参照欧美内河危险品运输标准的基础上,切实结合我国内河危险品运输发展水平,加快研究评估,尽快制定恰当的内河危险品运输标准和加快应急救助打捞体系建设等十分重要。

船舶排放标准与环境保护方面,与公路运输相比,内河运输具有环境友好的明显比较优势,这主要是基于船舶单位运能大和能耗低的技术经济特点,也是社会长期对船舶排气污染物控制标准推进慢的原因。我国对公路运输排气污染物控制标准控制起步较早,1983年开始参照欧洲制定机动车尾气污染控制排放标准,其后逐步发布实施柴油车国一、国二、国三、国四、国五和国六等标准,对包括 CO、HC、CH_4、PM、NO_x 等指标进行控制,对车用柴油的硫含量限制也由轻柴油的 2000×10^{-6},降至符合国六标准的 10×10^{-6}。其中,国四标准于2015年1月1日起全国开始强制实施,国五标准自2017年1月1日起在全国实施,国六排放标准自2021年7月1日起全国范围全面实施。我国内河船舶排气污染物控制标准进展相对滞后,且标准水平相对较低,2008年开始对航行于三峡库区的船舶排气污染物提出 NO_x 限值标准(内河船舶法定检验技术规则2008修改通报),2011年改版的《内河船舶法定检验技术规则(2011)》中开始全面对船舶尾气的 NO_x 和船用燃料硫含量进行了限值规定。此后,先后在《内河船舶法定检验技术规则(2015修改通报)》以及2019年改版的《内河船舶法定检验技术规则(2019)》中又对内河船舶污染物排放进行了全面细致的规定。从柴油机技术标准层面来看,2019年实施的重型柴油车污染物排放国六标准 NO_x 排放限值是 $0.69g/kW\cdot h$,2021年实施的船舶发动机排气污染物排放国二标准 HC 和 NO_x 总排放限值是 $5.8\sim11g/kW\cdot h$,加之船舶使用周期较长、更新淘汰较慢,高排放船舶存量大、占比高;排放低优势的弱化体现在，相较新能源和清洁能源车辆的发展，新能源和清洁能源船舶发展缓慢，以 LNG 动力船为例，自 2010 年发展至今，我国内河 LNG 动力船规模也仅有 300 艘左右，运营中真正使用 LNG 燃料的更是少数。因此，尽管从平均船龄看，我国内河船舶截至 2020 年底平均船龄为 11.38 年，但整个船队的绿色发展水平仍然较低。从国外经验看，欧洲已经认识到随着公路排放标准的快速提高，内河船舶在主要空气污染物排放方面的环境友好优势正在弱化，也在着手提高标准和采取其他措施来提升绿色发展水平。在燃料标准水平上看，根据《船用燃料油》(GB 17411—2015/XG1—2018)，内河船用燃料油硫含量标准基本达到了柴油同等水平，但实施中仍有部分使用非标准柴油的现象，使得船舶运输排放和港口作业空气污染物排放，日益受到人们的关注。能耗方面，我国推出了一系列商用车油耗限值标准，自从商用车第一阶段油耗标准于 2012 年施行以来，中国的重型商用车燃油消耗标准已经取得了巨大进展，目前第四阶段标准正在制定中。船舶方面，2012 年发布了营运船舶能耗和 CO_2 排放限值及验证方法两个推荐性标准，同年发布的《内河运输船舶标准船型指标体系》中，将燃料消耗限制和 CO_2 排放的两个标准纳入船型标准化指标体系中执行，但由于船舶的生产制造和车辆高度集中化不同，上述两个标准一直未得到真正执行，同时作为强制性技术标准的船检法规中一直没有对能耗作出限定。随着国家对内河水质、沿岸空气环境保护的空前重视，如何既符合行业发展实际水平和承受能力，又可兼顾未来绿色低碳发展的需要，适当提高标准水平，进一步发挥内河运输的环境友好的比较优势，是未来发展面临的巨大挑战。

船型标准统一方面，由于我国内河航道没有经历过集中开发的过程，长期处于不断加大建设时期，加之历史上碎片化的开发模式，通航设施的设计建设标准不统一，是船型杂乱原因之一。沿江经济社会高质量发展对船型标准统一，加强谱系化、系列化和美观化提出了更高要求。为推动船型统一，国家历年发布了多项过闸船舶主尺度公告，对过闸船舶平面尺度进行约束。2020 年，《内河过闸运输船舶标准船型主尺度》系列标准上升为国家强制性标准，对长江水系、京杭运河和淮河水系、西江航运干线、珠江水系"三线"、黑龙江-松花江内河过闸运输船舶的总长、总宽尺度进行了强制性规定。该标准从保证船闸总体通过效率最大化、适应流域经济社会发展需求等角度出发,充分考虑航道、港口、船闸尺度等限制性条件,结合不同吨级船舶船型发展需要和实际情况,尽可能赋予国内水路运输经营者对船型主尺度选择的灵活性,共确定了 124 种船型主尺度。同一水系不再按不同支流分别规定主尺度,而是统筹考虑干线、支流的通航船舶主尺度,并兼顾水系通航船舶主尺度之间的匹配性。总体看虽然国家标准对过闸船舶主尺度进行了大幅精简,但仍然多达上百种。对于大量非过闸船,则一直缺乏有效的控制手段。总体来看,我国内河船舶尚未形成主流的船舶尺度,船舶吨级、主尺度较为分散,没有形成谱系化、系列化。在船舶外观方面,一般内河船东不太重视船舶的维修保养,缺乏维保意识,加之船员普遍文化程度低,大部分无自行维护保养的意识,平时不进行刷漆等日常维护,船容船貌等观感差,特别是在经济发达地区或城市中心区,已经严重影响了内河船舶社会形象。当前,我国经济社会尚处于内河运输比较优势全面显现和基本发挥的阶段,航道基础设施仍需加快建设、补足短板,基础设施条件的变化,必然引发船型与运输组织方式发展的变化。如何通过行政、经济政策等手段加速船型标准统一,仍是面临的挑战。

六、船舶建造提档升级与提高企业质量效益

(1) 内河船舶建造质量不高。我国内河船舶设计一般以单船设计为主,一船一设计图纸,设计时以增加载货量为主,对船舶功能和外观设计不够重视。造船厂以小型民营船厂为主,生产设施落后,技术力量薄弱,多数不具备图纸设计能力,建造时完全以设计单位图纸为准,按图进行施工。除船舶建造完工后由船舶检验机构检验发证外,整体缺少有效的准入和过程监管。此外,船用配件生产集中度不高、标准化程度低。在难以控制建造质量的情况下,为保障船舶使用安全,我国实施老旧运输船舶强制报废船龄制度,内河散货船的强制报废船龄为 33 年。但发展实际中,船东大都根据市场需要,结合基础设施大建设时期特点,在造船时一般按照 15 年左右的实际使用寿命考虑建造投

资和维修保养,到期就会拆解更换新船,造成钢材等资源利用率不高,同时拆解也对环境造成不利影响。内河船厂如何提升设计建造技术水平、提供产品化、高质量的内河船舶是面临的挑战。

(2)企业质量效益低运行方式难以维持。我国实行"有水大家行船"的水运领域改革开放政策,极大调动了各方面投资内河运输的积极性,促进了内河运输的快速发展。随着内河运输供给由瓶颈制约转向适度超前,加之需求结构的变化,服务质量不高、增加值低、企业创新和创利能力不足的问题日益显现,对高素质、创新型人才和社会资本的吸引力不高,难以适应区域经济社会分梯度逐步达到高收入国家水平的需要。从航运角度看,大型航运企业没有表现出应有的持续创新服务能力和经济竞争力,大量民营和集体、个体经营人涌现,市场规模结构极为分散,经营主体中小散弱,创新能力不足,全程服务能力弱,议价能力低,在市场供过于求情况下极易出现不规范经营和恶性杀价竞争,企业效益普遍较差,无力进行创新和研发投入。从港口角度看,内河港口功能主要仍然集中于装卸储存和提升工业功能阶段,现代物流服务、全程供应链服务水平低,加之码头大规模顺岸式的建设和能力适度超前,使得码头公司之间距离相近、功能相似、服务相争和价格相压的现象十分普遍,单位吞吐量增加值普遍不高,港口对城市经济贡献度较低。码头公司作业成本的上升难以转移,企业投资收益率逐步下降,特别是2009年以来新建设码头,依赖装卸、储存业务几乎无法盈利,创新服务能力更是不足。长此以往,内河运输将失去自身可持续发展能力。

七、内河运输服务创新与产业环境深刻变化

(1)更好地融入综合交通运输体系。构建"以国内大循环为主体、国内国际双循环相互促进的新发展格局"是中央充分结合国内国际形势发展的新变化、新趋势和新挑战作出的重大战略部署。以国内大循环为主体,就是要充分发挥国内超大规模市场优势,以满足国内需求作为经济发展的出发点和落脚点,打通国内生产、分配、流通、消费的各个环节,通过繁荣国内经济、畅通国内

大循环为我国经济发展增添动力。以国内大循环为主体,需要打造更加安全可靠、经济高效和自主可控的产业链、供应链和消费链,形成国内的链条闭环,这要求强化交通运输对国内生产、流通、分配、消费的基础支撑作用,以及对优化生产力布局的先导带动作用,降本提效促进要素高效流动。内河运输具有运能大、占地省、能耗低、环境友好、边际成本低等比较优势和市场规模大、产业链长的特点,适应国内大循环为主体的要求,应特别注重强化运输服务功能,融入现代化综合交通运输体系,提升运输服务能力和品质,适应我国产业发展和消费升级新趋势,支撑国内人流、物流和商流的高效运转。从区域战略看,我国实施的京津冀一体化、长江经济带、长三角一体化、粤港澳大湾区等战略,也是前瞻性探索区域间合作模式,为构建双循环体系提供支撑,对构建以长江黄金水道核心的长江经济带综合立体交通运输网络提出了巨大挑战。当前,我国内河运输在服务水平、服务创新方面还相对落后,服务模式较为传统,标准滞后,如何适应新发展阶段要求,使内河运输从通道规划、航运枢纽建设、运输服务等层面加快融入综合立体交通网络,提供平台型、高效化运输服务,构建综合物流系统,以运输组织和服务创新引领区域合作将面临系统性挑战。

(2)内河运输提供的传统服务如何适应以互联网为代表的新一轮技术革命所导致的需求环境深刻变化。长期以来,我国内河运输服务的对象主要以煤炭、矿石、矿建材料等大宗货物为主,属于依靠资源提供服务的标准服务市场,服务流程类似,服务质量的提升和创新主要依靠提高资源的使用效率,以及不断扩张和完善服务网络,以降低运输成本、提高准时性等来提升竞争力。然而,过去几十年来,随着现代工业技术革命和信息技术革命的不断突破,特别是互联网的深入应用,"互联网+"的模式已经深入影响和改造了许多传统行业,当前迅速发展的电子商务、互联网金融等已经改造了许多传统产业发展的模式。2019年,习近平总书记致信祝贺第六届世界互联网大会提出新一轮科技革命和产业变革加速演进,人工智能、大数据、物联网等新技术新应用新业态方兴未艾,互联网迎来了更加强劲的发展动能和更加广阔的发展空间。❶ 2021 年,习近平总书记出席第二届联合国全球可持续交通大会开幕式并发表主旨讲话,提出要大力发展智慧交通和智慧物流,推动大数据、互联网、人工智能、区块链等新技术与交通行业深度融合,使人享其行、物畅其流❷。在这种趋势下,内河运输服务的产业将对运输需求产生深刻变化,未来内河运输将不断面临服务创新的巨大挑战。从其他替代运输方式看,实际上在过去几年电子商务快速发展过程中,公路物流已经基本适应了新兴互联网经济的发展,物流服务能力快速提高,铁路与民航物流等也正在加快转型。内河运输由于其特定的技术经济特点,只能作为主干道运输,未来应充分考虑如何以港口物流枢纽为节点,深入融合到服务更加细致化的上下游物流链中,实现协同创新,综合提高服务创新能力,适应未来门到门、柔性化等服务的挑战。

(3)内河运输与互联网的融合。交通运输行业与互联网融合已取得较大发展,随着新技术、新模式、新业态不断涌现,邮政快递业与互联网深度融合,兴起多年的网约车等都是传统交通行业与互联网结合的产物。一般而言,互联网对于传统行业的改造,可以带来经济运行模式上的改变,传统的产业规模越大,管理成本越呈指数型增长,而对互联网＋传统产业,则可以实现产业规模越大,附加值反而越多,规模效益能够使竞争力大幅增加,而成本却不会增加。国家已经开始重视水运与互联网技术的融合,2020 年交通运输部印发《内河航运发展纲要》,提出到 2035 年,物联网、人工智能等新一代信息技术在内河运输广泛应用。目前许多沿海港口都开始尝试将 5G、大数据技术、云计算技术、互联网思维、物联网技术等信息技术应用到港口生产和商业运作中,如青岛港的全自动化码头还和互联网、物联网、大数据平台深度融合,形成"超级大脑",使自动化码头设计作业效率达每小时 40 自然箱,比传统码头提升 30%,同时节省工作人员 70%。对内河运输来说,如何把握互联网、物联网、大数据、人工智能等技术变革带来的发展机遇,以互

---

❶ 出自《人民日报》(2019 年 10 月 21 日 01 版)。
❷ 出自《人民日报》(2021 年 10 月 15 日 02 版)。

联网思维改造和提升产业经济运行模式,提高创新能力和竞争力,均是巨大挑战。

八、法规体系建设与市场发挥决定性作用

(1)公正的法治体系。形成统一开放、竞争有序的内河运输市场,实现宽进严管,使市场在配置内河运输资源中发挥决定性作用的基础,均有赖于公正的内河运输法治体系。但在完备的法规规范体系中,有法可依、有法必依、违法必究的高效法治实施体系和严密的法治监督体系三个方面均面临严峻挑战。首先是科学立法,科学立法是公正执法和严格司法的源头,良法和善治是真正意义上的法治。改革开放以来,我国十分重视内河运输法规系统的建设,取得了显著成就,但未来形成完备的内河运输法规规范体系仍面临巨大挑战。一是现有内河运输法规体系仍不健全,目前我国内河运输方面已出台了《港口法》和《航道法》两部龙头法,在水路运输管理、安全管理和防污染管理等方面仅有条例、行政和技术法规等,法律层次相对较低。部分法律、行政法规制定时间较早,随着改革开放的深入和经济社会环境快速变化,在一定程度上已不能完全适应现实需要,迫切需要修订或出台实施细则。例如,近年来出现一些水运新业态,但由于缺乏法规规定,实际上市场主体难以实施,限制了创新与发展。而且近年来随着问责制度的完善,使得内河一些领域发展陷入先有法规规范还是先有试点的困境中,没有试点积累就无法出台标准规范,反过来没有标准规范实质上难以推动试点,如何处理好二者关系是创新发展的重要挑战。部分法律出台时间较晚,如《航道法》于2015年出台,在资源利用与保护方面的立法空间受到很大限制,对内河航道融资、经济鼓励政策缺乏法规支持。二是以行政立法弥补国家立法不足的方式,容易造成立法程序上存在自我授权、自由裁量权过大等问题,导致出现各个涉水行业"圈权运动",引发多头执法问题。

(2)高效法治实施体系。"天下之事,不难于立法,而难于法之必行。"❶十八届四中全会指出,法律的生命力在于实施,法律的权威也在于实施。全面推进依法治国,推进依法治水,核心就在于保证法律严格实施,做到严格执法。内河运输长期以来在执法体系方面存在的诸多问题使得建立高效法治实施体系方面面临巨大挑战,主要体现在:一是目前我国海事、运政、港口等内河运输执法主体属于行政管理机关,只能根据法律的赋予的职责或其他法规、规章的授权,在严格遵守法定的依据和程序下,仅对管理相对人的行为、财产实施有限的限制、制约和处分,而并非像国家司法机关一样,对触犯法律的公民人身自由、财产具有强制的手段,并且拥有国家赋予的强制执行机构和人员,如何创新执法体制面临挑战。二是交通运输综合行政执法改革仍面临职责职能界定不清晰、执法人员对水上专业了解较少等问题。2018年中共中央办公厅、国务院办公厅印发《关于深化交通运输综合行政执法改革的指导意见》(中办发〔2018〕63号),将交通运输系统内公路路政、道路运政、水路运政、航道行政、港口行政、地方海事行政、工程质量监督管理等执法门类的执法职能进行整合,组建交通运输综合行政执法队伍,以交通运输部门名义执法。各级交通运输行政主管部门按照党中央、国务院部署,积极稳妥、紧凑有序推进交通运输综合行政执法改革工作。交通运输综合执法改革工作需从整合组建执法队伍、破除机构重叠和多头多层重复执法的改革期,尽快转入厘清职责职能、构建高效运行综合执法机制、增强素质能力的新阶段。三是目前内河运输执法力量普遍不足,无法适应日益增强的执法要求,甚至导致出现"选择性执法"等现象,使规范经营的品牌企业守法成本远高于部分企业的违法成本,引发"劣币驱除良币"的怪象,如何加强执法队伍建设、增强执法能力和水平面临挑战。四是我国长期在计划经济下运行,行业管理普遍存在"重审批、轻监管"的执法惯性,在当前发挥市场在资源配置中的决定性作用前提下,如何实现从管企业到管行业转变、从事前别人找上门审批向自己下去事中事后监管

---

❶ 明代张居正上书明神宗实行考成法时首次提出。

转变,均面临挑战。

(3)严密的法治监督体系。在全面依法治国中,形成严密的法治监督体系是非常重要一环,"失去监督的权力,必然导致腐败",十九届四中全会强调以党内监督为主导,推动各类监督有机贯通、相互协调,形成科学有效的权力运行制度和监督体系,形成监督合力,增强监督实效,把权力装进制度的笼子里。长期以来,我国内河运输执法监督体系一直处于比较薄弱的状态,缺乏有效监督,加之内河运输长期处于低水平运行状态,许多地方出现了虽可有效执法但程序不规范的问题。而随着国家全面推进依法治国,国家执法监督机制不断完善,互联网等新媒介的发展,社会公众和网络监督力量正在不断增强,未来针对如何既能加快完善内河运输执法监督体系又能保证有效执法等方面提出巨大挑战。

九、"补短板"与推动创新发展、完善激励机制

(1)认识内河运输发展共性与差距,通过成功经验的借鉴实现内河运输的跨越式发展。近二十多年来,我国内河运输在基础设施建设、船舶大型化标准化和运输服务方面均取得了显著成就,但相对欧盟、美国等发达国家和地区在上述三方面仍然存在较大差距,与我国海运相比同样存在较大差距。因此,应结合区域经济技术发展水平,分梯度追赶世界先进技术和最优秀服务。在客观认识内河运输的优势和发展面临的差距的基础上,通过改革开放,打破地方保护,发挥市场配置资源的决定性作用,通过借鉴欧美发达现代化内河运输体系发展经验,积极引进海运业、沿海港口的先进管理理念和方法、船舶码头技术以及资金,结合现代绿色技术、信息化智能技术发展,提高内河运输技术水平和服务质量,实现内河运输高质量发展。

(2)认识我国内河运输发展的个性,创新推动发展。随着我国经济社会和内河运输的发展,在服务质量、效果等方面整体分梯度追赶发达国家的同时,应清醒地看到我国面临的特殊问题:一是沿江地区经济发展水平存在较大差异与内河运输技术标准、依法管理的统一;二是虽然整体运输规模远超美国

和欧盟,但经济发展水平又低于美国和欧盟,即使单位排放与其相当,也将面临排放总量的压力;三是某些货类运输需求、大型工程可能是我国特有的,需要对运输安全和环境风险进行大量基础研究,才能制定出恰当的技术标准。例如,为了调整沿江流域用能结构,在内河运输相关船舶、港口推广清洁能源,需要进行 LNG 内河运输,而现有可参考的海上 LNG 运输船舶安全技术标准(包括船舶距离、护航等要求),在我国内河如此大的船舶密度背景下,相当于禁止运输。又如,我国沿江大坝建设,长期运行可能形成淤泥质库底,对于沉船如何打捞、如防止危险品泄漏等,既无过去经验,也面对没有世界先进技术可学的局面。针对发展中面临这些特有问题,沿用寻求发达国家管理经验和技术的思路难于找到答案,必须寻求理念、管理与技术的创新,需要全面加大研发投入,成为该领域世界最先进技术和管理的掌握者和服务提供者,实现对欧盟、美国等发达国家在内河运输领域的局部超越。

(3)加快绿色智能创新发展的迫切需求与激发行业内生动力。从绿色发展来看,新能源清洁能源动力船舶应用在起步发展阶段面临的突出问题就是初始投资高、投资回收期长。无论是 LNG 动力船还是电动船,目前在我国并不是法律法规强制性要求的,而是鼓励性的措施,绿色发展主要体现社会效益,长远看将起到降低成本、提升效率的作用,但经济效益一般在起步阶段都不明显。现有内河绿色船舶项目一般的盈利模式是运营阶段节省的燃料费可以在一定年份内弥补初始投资的增加,整体才具有运营的经济可行性,例如 LNG 动力船舶的初始投资增加约 30%,在有一定油气价差的情况下,通常需要 10~15 年收回增加的初始投资部分,电动船舶则初始增加更多、投资回收期更长。在国家没有补贴、运营环境不够优惠(如优先过闸等优先性政策可以变相提高船舶运营效率,从而增加经济性)、配套设施不尽完善等情况下,新能源清洁能源动力船舶发展难以激发航运企业的内生动力,实现市场化运作面临挑战。从智能发展来看,在船员供给不足与成本快速增加、船员素质差带来船舶安全管理存在隐患以及绿色发展水平要求不断提高的背景下,亟须通过智能技术的应用实现减员、减排和提高安全性,但内河船舶技术基础薄弱、信息化水平低,企业规模小、效益差,市场经营不规范,智能设备先期研发、测试、应用成本高等因素都导致内河运输短期内无法通过市场自发动力走上智能化发展道路。智能的最大推动力是通过减少配员降低运营成本提高竞争力和经济性,如何依据船舶智能化发展水平科学论证适宜匹配船员数量,并及时调整配员管理政策,充分调动企业和市场的积极性,处理好政府和市场在智能化发展中的关系是面临的挑战。

(4)构建促进内河运输比较优势隐性特征显性化的经济政策。内河运输运能大、占地省、能耗低、环境友好、枢纽功能强、休闲娱乐功能强和边际成本低的比较优势中,休闲娱乐功能强、边际成本低基本属于显性优势,枢纽功能强、能耗低则兼具显性和隐性优势双重特点,而运能大、占地省和环境友好基本属于隐性优势,隐性优势由于不直接在市场竞争中体现易被忽略,需要发挥政府宏观调控作用,通过经济和环保等政策手段促进隐性优势显性化,提升内河运输的市场竞争力。如何使隐性优势显性化,提升市场竞争力是内河运输发展长期面临的挑战。

(5)完善激励机制,加快技术创新。科学技术对现代社会生产力的发展越来越具有决定性的作用。科技创新是发展社会生产力的重要支撑,也是推动社会生产力不断提高和不断向前发展的关键。新中国成立70多年来的许多重大科技成就,从"两弹一星"到神舟十四号载人飞船,从三峡工程到北斗导航等,都体现了科技创新有助于提高科学技术水平,推动劳动资料和劳动对象的变革发展,对生产力的发展具有主导和超前作用。2020年9月11日,习近平总书记主持召开科学家座谈会强调,现在我国经济社会发展和民生改善比过去任何时候都更加需要科学技术解决方案,都更加需要增强创新这个第一动力。❶ 当今世界正经历百年未有之大变局,我国发展面临的国内外环境发生深刻复杂变化,我国"十四五"时期以及更长时期的发展对加快科技创新提出了更为迫切的要求。党的十九大确立了到2035年跻身创新型国家前

---

❶出自《人民日报》(2020年09月12日01版)。

列的战略目标,十九届五中全会提出了坚持创新在我国现代化建设全局中的核心地位,把科技自立自强作为国家发展的战略支撑。立足自主创新,提升供给体系的创新力和关联性,解决各类"卡脖子"问题,是构建新发展格局,开启全面建设社会主义现代化国家新征程的重要一环。从国际看,美国未来今日研究所发布的《2021年科技趋势报告》分析了人工智能、识别技术与信用评分技术、新"实境"技术、合成媒体、新闻与信息、工作、文化与娱乐、医疗保健与可穿戴设备、智能家居与电子消费品、政策与政府、隐私与安全、区块链、金融科技与加密技术、5G、机器人与交通、能源、气候与太空、合成生物学、生物技术与农业共12个领域近500项科技发展趋势,指出未来世界将深受人工智能、5G、区块链等技术的影响。尽管对未来技术进步在内河运输应用难于准确判断,但可以预见现代信息技术、节能技术、新能源和新材料应用等,将把内河运输服务、技术以及竞争提高到新的水平。我国内河企业实力弱,对相关研发投入必要性认识不够,投入实力也不足,如何用现代信息技术和节能减排技术成果,改造和武装内河运输业,用全程供应链服务视角提升服务质量和范围,有效应对各类资源和人力成本上涨,仍是内河运输面临的长期挑战。

(6)完善激励机制,提高人员素质。人力资源是全球国民财富中最大的财富。通过教育的投入和人事干部制度的改革,内河运输业人力资源状况,使用机制得到很大改善,但从长远发展看,内河运输业对于人才的吸引力面临挑战,如何创新机制培养、造就一支由优秀公务员、企业家、科技创新人才和技术工人队伍,是抓住机遇加快内河运输发展面临的挑战。特别是内河船员,由于与岸上相比收入差距不大、工作条件相对艰苦,长期以来职业吸引力不高,导致船员队伍老龄化严重、文化素质普遍不高,成为制约内河运输高质量发展的关键。根据《2020年长江内河片区船员发展报告》,截至2020年底,长江片区内河船员平均年龄47.38岁,高于沿海航行海船船员4.38岁,高于国际航行海船船员11.38岁,年龄结构呈现倒金字塔形,结构性失衡严重。这些年龄较大船员普遍文化程度较低,以小学、初中文化为主,对现代信息技术等应用接受程度不高,缺乏内在创新的活力。如何提高内河船员职业荣誉感、归属感和吸引力,加大培养力度,提升船员供给质量将是面临的长期挑战。

十、内河运输管理体制进一步深化改革

伴随内河运输的发展,我国内河运输管理体制改革经历了不断深化和完善的过程,为促进内河运输持续发展发挥了重要作用。1983年以前,在计划经济时代下,长江干线运输实行统一管理原则,长江航运公司统一管理干线港口、航道、航政、船舶、公安、工厂、科研、设计、院校等,实行政企合一、港航合一的独家管理经营。改革开放以后,国家实行"有水大家行船"的政策,促进了长江航运的快速发展和繁荣。为解决当时港航不分,政企不分的体制障碍,1984年,根据国务院国发〔1983〕50号文件精神,交通部对长江航运管理体制进行改革,按照政企分工,港口、航政和航运分管,统一政令,分级管理的原则,对长江航运行政管理体制、运输企业体制、港口体制改革进行了重新明确和划分,组建长江航务管理局,为交通部派出机构,统一负责长江干线的航政、港政、航道整治管理,发展规划,船舶监督检查,船员考试发证,水域防污,海难救助,港航事故处理,公安、通信和运输市场的行政管理工作。沿江各省(区、市)的航务管理机构,业务上受长江航务管理局指导。明确长江轮船总公司是交通部的直属航运企业,实行独立经济核算。在其后30多年时间内,长江航运管理体制改革不断深入。在港口体制改革方面,从1984年港航分管后由长江航务管理局垂直管理干线港口,1987—1989年,长江干线23个港口陆续下放地方,实行交通部与地方政府双重领导。2002年,长江干线25个港口全部下放,并实行政企分开。在长江航道体制改革方面,1997年长江航道局实行疏浚与养护分开管理,相继成立了南京、武汉、宜昌航道工程局,并实行事业单位企业化管理。在政府行政管理管理体制改革方面,1997年组建长江三峡通航管理局,2002年进一步明确了长江航务管理局的管理职能、单位性质、法律定位以及人员身份,长江航务管理局为原交通部派出机构,是对长江干线航运行使政府行业管理职能的行政主管机构,受部委托或法规授权行使长江干线航运行政主管部门职责。2001—2004年,先后完成长江干线海事两监合

并工作、长江港航公安体制改革等。2016年,交通运输部出台《关于深化长江航运行政管理体制改革的意见》,以进一步强化长江航务管理局作为部派出机构的地位和作用、理顺长江干线海事和航道管理体制、推进长江通信和引航体制改革、在长江干线实行水上综合执法、对长江航道管理实行政事企分开。2019年9月,中共中央办公厅、国务院办公厅印发《交通港航公安机关管理体制调整工作实施方案》,将长江航运公安局划转公安部统一领导管理,为公安部所属的垂直管理机构。在政府行政管理管理体制上,长江航务管理局受部委托管理长江海事局、江苏海事局、长江航道局、长江口航道管理局、长江航运公安局、长江通信管理局、长江三峡通航管理局等单位。在珠江航道体制改革方面,2019年6月,《国务院办公厅关于印发交通运输领域中央与财政事权和支出责任划分改革方案的通知》(国办发〔2019〕33号)明确将西江航运干线上划为中央财政事权,中央承担专项规划、政策决定、监督评价职责,建设、养护、管理、运营等具体执行事项视改革进展情况,逐步由中央实施,并由中央承担支出责任。目前,正在研究制定《西江航运干线航道管理体制改革实施方案》。

总体上看,我国长江等内河运输管理体制通过多年改革,初步解决了制约内河运输发展的政出多门、事权不清的弊端,基本理顺了中央和地方的关系,极大地促进了长江等内河运输的快速发展,但仍存在一些制约发展的体制机制障碍。一是由于内河运输跨流域、跨行政区域的特点,且对流域区域经济发展影响重大,中央和地方、流域沿线各省(区、市)、水利、航运、发电等各部门的利益之争仍然存在,特别是以前的改革主要集中在理顺交通运输主管部门内部的管理关系,水资源综合利用方面没有取得实质性进展,导致长江、珠江内河运输中仍存在枢纽通航能力不足、航道等级低甚至存在部分梗阻、码头重复建设、航电之争等现象。究其原因,仍在于中央和地方、各省(区、市)、各部门的利益关系没有彻底理顺。目前对内河运输跨流域等问题的解决主要以各种协调机制为主,如长江三角洲城市经济协调会、长江中游四省水运规划工作联席会议制度、长江中游四省交通运输区域合作机制、长江水运发展协调领导小组会议以及沿江29个重点城市合作建立的长江沿岸中心城市经济协调会、推动长江经济带交通运输发展部省联席会等,但这种协调机制构成非常松散,作用有限,随着国家把依托长江黄金水道打造中国新经济支撑带提升到国家战略高度,制约内河运输比较优势显现的体制机制障碍显得更加突出。二是我国过去的航道建设以干线开发为主,形成了以长江航务管理局、珠江航务管理局为主的干线航道建设管理机构,为形成两大干线航道网络发挥了重要作用,今后2.5万km高等级航道网建设则强化通道建设、水系沟通、干支成网,建设重点发生明显变化。根据《国务院办公厅关于印发交通运输领域中央与地方财政事权和支出责任划分改革方案的通知》(国办发〔2019〕33号),长江干线、西江航运干线、京杭运河和界河航道的事权基本已经明确,但属于地方事权的高等级或者非高等级航道管理实际执行中放在省级层面还是继续下放并不统一,特别是被逐层下放不利于资源保护和集约利用。因此,现有航道管理体制能否适应新的要求,如何构建适应新形势建设需要的跨流域航道建设管理机构将成为挑战。

界河管理体制方面,我国目前实行的是以地方管理为主的模式。根据《国务院办公厅关于印发交通运输领域中央与地方财政事权和支出责任划分改革方案的通知》(国办发〔2019〕33号),界河航道的专项规划、政策决定、监督评价职责以及建设、养护、管理、运营等具体执行事项属中央财政事权,但具体执行事项中,界河航道(包括航运管理)中由中央实施或委托地方实施。据此,目前界河航道建设养护资金全部由中央承担,但管理和运营仍以地方交通运输部门为主。中俄界河航道主要由黑龙江省人民政府管理为主,中朝界河由辽宁、吉林两省进行地方管理为主,澜沧江航道实行部省双重领导、以云南省为主的管理模式;其他界河航道一直由相关省区地方港航部门管理。由于界河航道的特殊性,涉及政治、外交、军事等诸多因素,在当前以地方为主的管理体制下,中央事权无法履行到位,地方政府在政治上承担不起,甚至有时地方利益会与国家利益冲突,存在国家主权受损、与外方不对等、管理模式不统一等诸多问题。

水系管理体制改革有待进一步深化。2018年,习近平总书记在深入推动长江经济带发展座谈会上的讲话中指出,"要落实中央统筹、省负总责、市县抓落实的管理体制。中央层面要做好顶层设计,主要是管两头,一头是在政策、资金等方面为地方创造条件,另一头是加强全流域、跨区域的战略性事务统筹协调和督促检查。省的层面主要是做到承上启下,把党中央大政方针和决策部署转化为实施方案,加强指导和督导,推动工作开展。市县层面主要是因地制宜,推动工作落地生根。"❶2020 年,《交通运输部关于推进交通运输治理体系和治理能力现代化若干问题的意见》(交政研发〔2020〕96 号)中提出要完善综合交通运输管理体制机制。深化铁路、公路、航道等管理体制改革,建立健全适应综合交通一体化发展的体制机制。推进机构、职能、权限、程序、责任法定化,制定落实权责清单,优化工作流程,完善交通运输部门组织机构,健全综合交通运输统筹发展、运行监测、公共服务等职责体系。围绕落实区域协调发展战略及城市群、都市圈发展,完善跨区域综合交通运输协同发展工作机制。健全海事、救捞、长航、珠航等管理体制及其与地方交通运输部门协作机制。深化交通运输事业单位体制改革。鼓励地方加快建立健全综合交通运输管理体制。2019 年,《交通运输部关于推进长江航运高质量发展的意见》针对长江航运服务品质有待提高、营商环境有待改善、监管能力有待提升等方面的问题,提出了完善法规标准体系、构建法治化营商环境、引导市场有序发展、不断提高监管能力、深化长江航务管理局系统体制机制改革 5 个方面的重点任务和发展目标。2020 年,交通运输部印发《内河航运发展纲要》,提出要构建多方共建共治共享的现代行业治理体系,深化内河运输事权改革。未来内河水运在进一步深化改革中,如何创新内河水运的协调发展体制机制,建立起统一协调、运转高效的适合内河水资源综合管理的体制机制,在水路管理体制改革方面深化航道管理体制事企分开,理顺三峡等枢纽通航管理体制,建立起与国家战略、军事和外交相适应的界河航道管理体制,顺利实现改革总体目标,真正使内河运输成为"活水",仍面临巨大挑战。

---

❶出自《习近平:在深入推动长江经济带发展座谈会上的讲话》。

第九节　内河运输高质量发展认识

一、高质量发展的必要性

我国内河运输发展的巨大成就是在内河运输资源供给比较丰富和需求快速增长的历史背景下取得的,我国成为世界上内河运输规模最大的国家,未来随着发展环境的改变,客观上要求内河运输转变发展方式,适应经济社会可持续、高质量发展的需要。

1. 是适应经济社会高质量发展的必然要求

我国经济已由高速增长阶段转向高质量发展阶段,这是新时代我国经济发展的基本特征,未来中长期内我国宏观经济仍将保持稳定增长,"一带一路"倡议、长江经济带发展、长三角区域一体化、粤港澳大湾区建设等实施为内河运输发展带来了新机遇和新要求。2035年是我国经济社会发展的重要转折点,内河运输优势将得到充分发挥,到2050年我国建成富强民主文明和谐美丽的社会主义现代化强国的战略目标,要求全面实现内河运输现代化。当前,实现内河优势战略需要的五个方面外部支撑基本成熟,客观上要求内河运输转变自身发展方式,全面强化和提升六个方面的内部支撑,向更加安全、便捷、高效和绿色的方向发展,以不断适应发展环境的变化,抓住发展机遇,加快内河运输转向高质量发展。

2. 是适应国家现代综合交通运输体系完善的必然要求

党的十九大立足新时代,作出建设交通强国的重大决策部署,当前交通运输行业正在奋力开启交通强国建设新征程。从长远看,充分发挥内河航运的资源优势、生态优势和经济优势,推动运输结构调整、中长距离大宗货物运输公转铁公转水、降低物流成本是交通强国建设背景下的长期趋势,也是构建现代综合交通运输体系的必经之路。综合交通运输体系建设必须建立在各种运输方式均衡发展的基础上,只有这样,才能按照市场和经济社会发展的需要,在通道上,在区域内,选择最可行的交通运输方式。当前综合交通运输体系发展中,内河运输已经成为明显的短板,内河高等级航道所占比重与国外相比差距较大,内河运输经营主体分散、规模小、竞争力低、抗风险能力和服务能力弱,明显不适应综合运输发展的需要,如不尽快转变内河运输发展模式,综合交通运输体系的内河短板仍将长期存在。2021年中共中央、国务院印发《国家综合立体交通网规划纲要》,提出到2035年,"四纵四横两网"的国家高等级航道2.5万km左右,内河主要港口36个。

3. 是适应内河运输自身可持续发展的必然要求

内河运输与其他运输方式相比,更加具有环境、社会和经济方面的优势,但如果要更加充分发挥内河运输的作用,内河运输体系作为一个整体,自身也必须具有可持续发展性。不断弥补劣势,强化优势,增强可持续发展性,适应比较优势充分发挥时期的要求,均需要内河运输不断调整优化自身发展模式。内河运输的可持续发展❶包含财务与经济可持续、运营可持续、环境与社会可持续等多方面内容。经济可持续性取决于满足对社会整体具有正效益的运输市场需求的经济资源的可利用性和利用程度,这些经济资源主要包括充足可靠的水资源、供船舶高效通过的无障碍航道资源、船闸和升船机等通航设施资源、通用或专业化码头以及高效率船队等;财务可持续要求内河运输发展有充足可靠的资金保证,用于基础设施的建设、维护和必要的运营以满足市场需求,对运输经营人来说,财务可持续主要依靠商业收入,对基础设施提供者来说,则主要依靠基础设施用户的商业收入和各级政府的财政拨款。运营可持续包括通过提高内河基础设施建设的管理能力和技术水平,使内河运输系统更加安全、高效、可靠地运行。环境可持续要求内河运输应当适应并满足社会不断提高的环保要求,包括降低能耗、减少碳排放以及更为严格的环境管制。社会可持续意味着确保内河运输发展应做到与人和社会、环境的和谐发展。

---

❶ 参见世界银行《中国内河运输可持续发展研究》。

欧盟把内河运输作为整个交通运输可持续发展的重要部分,不断提高内河自身可持续发展能力,如欧盟近年来认识到,尽管内河运输在 CO_2 排放方面具有无可比拟的优势,但在对人们生活更为密切的 NO_x 和 PM 等空气污染物排放方面,内河水运在污染物排放的标准更新方面已经远滞后于公路,内河在环境可持续方面开始出现问题。为此,正在采取措施推动立法层面的改善,以加强内河运输自身可持续发展能力。对我国来说,现有发展方式下,在内河运输可持续发展的各个层面均需要进行调整。

二、高质量发展的内涵及表现特征

随着土地、矿物资源和环境价值提高,内河运输比较优势在进入 21 世纪以来逐步显现,长江已成为世界运量最大的内河,航道、港口、船队等要素发展取得了显著成就,具备了高质量发展的社会经济基础和技术条件。内河运输高质量发展的内涵是推动实现三大变革,主要体现在安全绿色、顺畅高效、先进适用、创新协调、保障有力五大方面。

1. 内河运输高质量发展的内涵

推进内河运输高质量发展要在交通强国建设目标引领下,坚持质量第一、效益优先,以供给侧结构性改革为主线,全面落实新发展理念,推动实现质量变革、效率变革、动力变革,提高全要素生产率,促进内河航运比较优势充分发挥。质量变革就是要不断提高水运基础设施、船舶、港口装卸设备、安全应急等要素供给质量,提供更加安全、便捷、高效、绿色、经济的内河运输服务;效率变革就是要实现内河运输要素最优配置和岸线、土地、水域等资源高效利用,进一步提高港口作业效率、口岸通关效率、运输服务效率等;动力变革就是要依靠技术进步、机制创新和治理能力提升,转换发展动能,促进传统航运产业转型升级,引导航运新业态发展。

2. 内河运输高质量发展的基本特征

内河运输高质量发展的基本特征可以概括为七个方面:一是航道网络化。要实现航道区段标准统一,着力推进干支衔接、水系沟通、江海联通、区域成网,形成能力超前、畅通高效、通江达海的航道设施体系。二是港口现代化。要实现港口码头管理统一,着力推进集约化、规模化、枢纽化、智慧化发展,形成岸线高效利用、布局合理、功能完善、高效便捷的内河港口运输系统。三是船舶标准化。要实现过闸运输船舶船型标准统一,着力推进船舶向标准化、大型化、专业化、绿色化方向发展,拥有结构合理、技术先进、组织高效、安全绿色的内河运输船队。四是服务品质化。要实现基础设施、运输装备等要素供给质量高,着力满足人民群众个性化、多元化需求。五是发展绿色化。要实现与自然生态和谐共生,形成低碳、循环、可持续的内河航运发展模式。六是治理规范化。要具有完备的内河航运法规体系、标准规范体系、执法和监督体系,有效规范和引导内河航运健康可持续发展。七是队伍专业化。要集聚形成更多高层次、复合型、专业化的行业技术精英、管理团队和科技领军人才,努力打造高素质航运劳动者大军。

3. 内河运输高质量发展效果体现

围绕内河运输高质量发展的内涵,按照《交通运输部关于推进长江航运高质量发展的意见》(交水发〔2019〕87号)提出的绿色发展、顺畅发展、创新发展、安全发展、健康发展五大方向,以及《内河航运发展纲要》提出的航道、港口、船舶、企业、人才、治理体系等要素发展关键举措,将内河运输高质量发展情景归纳为安全绿色、顺畅高效、先进适用、创新协调、保障有力五大方面的效果体现。

(1) 安全绿色。安全是发展的基石,主要聚焦安全生产和应急保障能力建设等方面,实现安全生产水平与应急救助能力建设全面适应内河运输发展需要和经济社会高质量发展要求。绿色成为普遍形态是高质量发展的基本要求,绿色方面要突出落实国家"双碳"目标等,引导内河运输能源结构调整,实现与自然生态和谐共生,形成低碳、循环、可持续的内河运输发展模式。

(2) 顺畅高效。顺畅主要突出航道及通航建筑等基础设施的畅通,高效主要体现在提高船舶标准化系列化水平、港口生产效率和岸线资源利用效率。从主要生产要素来看,航道要实现区段标准统一,着力推进干支衔接、水系沟通、江海联通、区域成网,形成能力超前、畅通高效、通江达海的航道设施体系;港口要实现码头管理统一,着力推进集约化、规模化、枢纽化、智慧化发展,形成岸线高效利用、布局合理、高效便捷的内河港口运输系统;船舶要实现系列化、标准化发展,与通航基础设施协调发展,提高运营效率。

(3)先进适用。先进体现在船舶专业化、港口功能完备、航道服务设施设备提供信息服务方面。适用体现在运输船舶、港口能力、结构满足运输需求,运输成本低、经济适用。从主要生产要素来看,船舶要向专业化、绿色化方向发展,拥有结构合理、技术先进、组织高效、安全绿色的内河运输船队;港口要实现码头、航道、锚地等设施能力对腹地货物运输需求的保障,以及具有完备的港口服务和作业功能;航道要实现通航服务设施设备数字化、智能化发展,提供更加便捷、实用的通航信息。

(4)创新协调。创新体现在技术创新和新业态创新等方面,通过挖掘典型案例、示范引领,促进新技术应用推广。航运技术创新包括基础设施建设与运维、运输装备研制与运营、运输组织优化与管理以及智能航运发展等全行业各方面的软硬技术的研发、应用创新。新业态要体现内河运输发展适应人民日益增长的客货运服务品质化需求,要实现基础设施、运输装备等要素高质量供给,着力满足人民群众个性化、多元化需求,例如旅游客运、航运平台经济发展等。协调主要体现在内河运输作为综合交通运输体系的重要组成部分与其他运输方式的协调发展。强化内河运输与其他运输方式的互通互联,引领水-水中转、铁水联运、公水联运协调顺畅发展。

(5)保障有力。保障有力是内河运输服务经济社会发展最终的综合性效果体现。一是运输能力充足,为经济社会发展特别是运输结构调整提供坚实保障;二是提升内河运输的经济贡献程度,提升航运企业、港口企业、辅助业、临港产业等内河运输业的增加值;三是要实现人才队伍专业化,引导船员和港口一线从业人员综合素质提升,打造高素质航运劳动者大军。

4. 建立高质量发展指标体系

为进一步细化落实内河运输高质量发展的主攻方向、发展任务,应围绕内河运输高质量发展的主要方面加快构建高质量发展指标体系。内河运输高质量发展指标体系,既是引领体系,也是评价体系。作为引领体系,能够指明走向高质量发展这一动态过程中,不同时期的努力方向和工作重点,说明应该加强的方面和应该调整的政策导向。作为评价体系,应能够评价各地区内河运输业发展的先进程度和差距,评估内河运输高质量发展的动态进程,能够回答各地区内河运输业发展是否实现了高质量、是否走在了前列。

试点先行、示范引领,应用指标体系开展内河运输高质量发展评价。高质量发展既要符合实际,又要适度超前。沿江资源优势显著、生产要素集聚、发展基础条件较好的省(区、市)应率先开展内河运输高质量发展评价,先行先试,全面掌握内河运输各要素高质量发展的领先水平与差距不足,为全国内河运输高质量发展提供更多可复制可推广的经验。

第七章
内河运输发展目标、策略与政策措施

第一节　2035 年发展目标与 2050 年展望

到 2035 年,内河运输至臻性、协调性、支撑性目标实现,可持续发展能力进一步增强,运能大、占地省、能耗低和环境友好的比较优势得到充分发挥,基本建成现代化内河航运体系,有力支撑国家基本实现社会主义现代化的国民经济和社会发展需要。到 2050 年,内河运输要素创造和配置机制、水资源利用机制更加完善,依托人工运河的内河航道网络化建设取得突破,全面建成现代化内河航运体系,为国家建成富强民主文明和谐美丽的社会主义现代化强国发挥支撑和保障作用。

一、2035 年发展目标

1. 内河运输至臻性实现

（1）内河千吨级及以上高等级航道网基本形成。形成长江干线、西江干线、淮河干线、黑龙江通道横向走廊,京杭运河、江淮干线纵向走廊,以现有航道提档升级为主建成内河千吨级及以上航道达到2.5万km,形成干支直达、区域成网的国家高等级航道网。长江干线适应3000t级船舶直达宜宾、5000t级船舶直达重庆、万吨级船舶直达武汉、5万t级船舶直达南京的需要。建成适应长三角一体化发展和粤港澳大湾区发展的长三角、珠三角国家高等级航道网。枢纽瓶颈制约基本解除。

(2) 运河工程取得突破。形成江淮运河、平陆运河等示范工程,形成运河工程经验。湘桂运河、赣粤运河等水系沟通运河工程研究取得突破。

(3) 旅游航道建设取得突破。形成休闲娱乐航道通航标准,实现具有水上运动、垂钓等休闲娱乐功能的航道统一规划、有序发展,建成一批集交通、观光、度假、文化、休闲等一体的代表性特色旅游航道。

(4) 船舶大型化跨上新台阶。在市场的推动下,内河船舶大型化再上新台阶,机动货船平均吨位达到2000t。

(5) 船舶基本实现标准化。形成适应经济社会发展水平的船舶安全、节能、环保和装备技术标准体系,标准水平适度超前经济社会发展需要,船舶污染物排放控制水平不低于欧美同期发达国家水平。船容船貌标准化、美观化水平显著改善,总体感观与沿江沿河和城市经济社会发展实现深度融合。

(6) 船舶智能化取得明显突破。船舶操纵和航行基本实现智能化,大部分船舶实现智能系统辅助决策驾驶,部分通航秩序好、船舶交通密度适中的支线航段航线实现岸基遥控驾驶为主,船端人工值守。开展自主航行试点。机舱和能效管理智能化基本实现,运营管理、航线优化、智能机舱、排放监控、数据传输等智能系统设备应用广泛,有力支撑提升船舶能效和降低污染排放。编队航行等智能船舶运输新业态在局部开展试点。

(7) 客运船舶基本实现品质化。中国特色的内河大型休闲度假豪华游轮和中短途休闲游、观光游特色游轮船型研发取得突破,旅游产品和服务功能发展满足人民日益增长的美好生活需要。

(8) 港口基本实现现代化。单位吞吐量增加值达到发达国家同期水平。

港口功能显著提升。各港区按照功能定位,实现集约化经营。在做精转运服务的同时,加强港口与区域内产业互动,临港工业服务功能更加完善。实现与物流园区融合,港口现代物流服务功能拓展取得显著成效。内河主要港口新能源和清洁能源加注、充(换)设施功能完善,建成一批内河水上绿色航运综合服务区。港口管理和运营数字化、信息化和智能化水平显著提升,部分大型煤炭、矿石等大宗散货码头实现无人装卸,部分干线集装箱枢纽港堆场实现无人化。

(9)形成统一开放、竞争有序的市场体系,形成若干家品牌企业。港航一体化及跨区域经营水平显著提升,形成2~3家流域化经营的大型港航企业。形成一批生产服务标准化的内河港航品牌企业,经营管理、资本管理、风险管理与控制水平明显提高,经济储备能力和可持续发展能力显著增强,具有较强的应对危机和突发事件能力,在面临发展机遇时能够迅速投入,以收购或兼并方式快速提高综合扩张能力。在做精装卸、仓储和运输服务基础上,依托现代信息化技术和电子商务发展,全程服务水平显著提高。

(10)企业可持续发展能力显著提高。企业在提高经济效益回报股东的同时,培育具有特色的核心价值观,承担"社会型企业"职责,实现由"经济型企业"向"经济型企业"+"社会型企业"转型,形成与员工、客户、合作伙伴的互信关系,对社会的回报明显增加,实现企业与社会的和谐发展。结合企业资源优势,实现从生产经营型管理向资本营运型管理者转变。充分利用大数据、信息化、智能化技术、绿色技术和管理技术成果,改造业务流程,沿供应链全程服务可预期性、服务能力和服务水平显著提高。

(11)创新能力显著提升。港航企业研发支出占主营业务收入比例、科技进步贡献率显著提升,形成2~3家行业产学研合作协同创新平台,创新服务能力显著增强。形成内河运输技术创新体系,建立完善的技术创新激励机制和知识产权保护机制,研发能力整体与内河运输发达国家同期水平相当,优势领域达到世界领先水平,成为内河运输最先进技术的创造者和应用者。

(12)人才吸引力大幅提升。实现船员体面劳动,船员生活工作条件显著改善。完成专业技术人才、管理人才、科研人才梯队建设。对高层次、复合型、专业型技术人才具有较高吸引力,形成结构合理、稳定性强的高素质船员队伍,具有一批创新能力强的行业技术精英和科技领军人才。

(13)基本形成沿长江航运中心体系。全面建成辐射全球的上海国际航运中心,基本建成辐射沿江区域的重庆长江上游航运中心、武汉长江中游航运中心和南京区域性航运物流中心。依托港口吞吐量增长,航运基础服务业发展取得显著进步,航运船舶流中心地位进一步巩固,运行效率对港口技术发展影响力明显增加。依托航运中心核心港口城市发展,各类专业化人才规模化集聚,配送、采购、贸易、航运融资、航运交易、航运租赁、航运信息和金融服务功能明显提升,形成各个领域具有规模和竞争力的企业,航运信息流、资金流地位明显提升。

(14)形成以法律为龙头,以行政法规和配套规章以及地方性法规、政府规章为补充的科学法规体系。形成以《港口法》《航道法》和《国内水路运输条例》等为龙头,以《港口规划管理规定》《港口经营管理规定》《港口建设管理规定》《港口危险货物安全管理规定》《航道建设管理规定》《防治船舶污染内河水域环境管理规定》《内河交通事故调查处理规定》和《内河海事行政处罚规定》等部门规章以及地方性法规、政府规章为补充的科学法规体系。

(15)执法行为规范,法律监督有效。内河运输执法体制取得突破,依托海事机构、各地交通运输综合执法部门,形成区域合作和联合执法体系,形成业务标准程序完善、合法合规审查到位、防范化解风险及时和法律监督有效的法治化治理方式。全面打破行业保护和地方保护,在严格执行国内市场准入标准的基础上,实现登记制和特许制市场准入管理,形成公平、公正、公开、竞争、开放、有序的内河运输市场。法规与内河运输发展适应性评价机制全面形成,能够及时调整、修改不符合实际需要或与上位法有冲突的条文和规定。形成"权责清晰、规范高效、监管有力、服务优质"的船舶检验新格局。

(16)内河运输安全生产水平稳定。从企业资质、装备水平、人员素质等方面形成严格的准入标准和监管机制。适度提高内河运输安全事故代价、环境生态代价,引导企业、政府强化风险管理,对有关政府官员、企业管理层和各级上岗操作与组织人员均构成震慑力,实现从源头控制内河运输不安全因素。

(17)基本实现治理体系现代化。建成完善的水运安全长效机制,在保障水运通道安全、重点物资运输、抗灾抢险、溢油控制、安全救助等方面能力显著提高,全面建成长江干线水上应急救助体系,重要航段船舶应急到达时间不超过45min,具有危险品运输船舶淤泥质水域沉没的处置能力,形成智能化、标准化的集监视、指挥、协调、服务功能于一体的安全监管综合平台,有效应对突发事件,为全面履行政府社会职能,提供有力支撑。长江水系、珠江水系管理实现由干线管理为主向流域化管理的转变。形成内河航道常态化养护管理跟踪分析机制与疏浚养护市场化机制。形成以信用为基础的新型行业监管机制。

2. 内河运输协调性显著改善

(1)内河运输优势显性化。形成完善的促进内河运输发展经济政策,使其环境友好隐性优势得到显性化,并转化为经济竞争力。

(2)绿色低碳发展水平大幅提升。内河营运船舶能耗和碳排放强度显著下降,新能源和清洁能源船舶占比大幅提高,清洁低碳的船舶能源体系基本形成,船舶用能以内河船用燃料油、LNG、电力为主,甲醇、氢、氨等得到部分应用。港口和水上服务区岸电使用率大幅提升,新能源和清洁能源港做机械和车辆占比超过60%,港口源网荷储一体化综合能源利用效率大幅提高,形成近零碳港口样板。船舶污染物全面实现全回收全处理。

(3)完善的水资源综合利用机制。形成完善的水资源综合利用协调、沟通机制,内河水运资源得到合理开发、高效利用、有效保护和优化配置。结合区域经济发展和水资源综合利用,实现水系沟通示范性工程突破。内河物流服务功能进一步完善,内河航运中心形成并充分发挥区域性资源配置作用,在内河主要港口内河与其他运输方式实现有效衔接,江海直达、干支直达、江海联运的运输方式更加合理完善,内河运输与区域经济社会发展更加和谐。

(4)船舶谱系化、系列化程度明显提高。过闸船舶主尺度高度集中,结合基础设施条件和相关经济政策,在市场机制推动和政府政策引导下,过闸船舶吨位、尺度实现与通航设施尺度相协调,干线主要船闸的船舶主尺度标准化率达到100%。非过闸船舶船型不断优化,主要货类和航线船型形成系列化、谱系化。

(5)港口实现与城市的协调发展。结合城市发展、港口功能提升和产业转型的机遇,调整码头布局,创新港城和谐发展新模式,专业化码头布局与产业布局更加协调,核心城区岸线得到高效利用,城市边缘地区岸线得到开发。岸线利用效率进一步提高,单位岸线吞吐量较2020年提高20%以上。港口安全事故死亡人数每亿吨吞吐量不超过0.15人,特别重大事故实行零控制。港口环境质量明显改善,港口污水综合处理率达到100%,新能源和清洁能源消耗量占港口综合能源消耗总量的80%,码头公司前沿装卸设备、堆场设施作业能耗达到世界先进水平。煤炭、矿石、散粮等码头粉尘有效控制,其他码头距离码头2km外的大气粉尘环境达到城市平均水平。港口周边、河道两岸形成和谐的自然与生态环境,有条件的地区成为重要的消闲、娱乐、旅游场所,适应水上休闲、娱乐和旅游业发展的需要。

(6)基本形成完善的内河运输管理体制。完成港口体制改革最终目标,形成适合地方社会经济特点的、在世界上具有特色的港口管理体制。完成内河航道管理体制改革目标,形成以中央和省两级为主,相对集中的管理模式。完成界河航道管理体制改革,建立起权责一致、事权与财权相匹配的界河航道管理体制,实现对国际河流的中央垂直管理。形成完善的水上安全生产应急组织指挥和应急救援体制,重特大事故的救援救助和处置能力显著提高。

3. 有力支撑经济社会高质量发展

(1)形成整体适度超前的运输能力。内河运输货物周转量占全社会比重达到9%。除个别航运枢纽外,通过能力实现适度超前。具有吞吐能力适度超前、运行安全、适应船舶大型化和作业高效的专业化码头,吞吐能力适应性1.2,适应运输季节不均衡性和储备物资运输需要。码头信息化、智能化和自动化水平取得显著进展,适应沿江地区进入高收入行列的需要。

（2）基本形成专业化运输系统。港口结构合理、层次分明、功能完善、信息畅通，与其他运输方式有效衔接，内河干线、长江和珠江三角洲地区形成安全、便捷、高效的集装箱、液体散货、干散货运输组织模式和运输系统。

（3）内河运输服务跨上新台阶。基本形成安全、便捷、绿色、经济、高效的内河运输服务体系，建立服务质量标准体系。基本形成统一开放、公平竞争、规范有序、诚实守信的内河运输市场。内河运输市场结构调整取得新进展，市场集中度上升，形成一批规模化经营、竞争能力强的产业链型企业，运输生产安全性进一步改善，节能减排取得显著进展，服务质量全面提高，在水资源丰富地区经济社会发展中发挥基础性、服务性和先导性作用。

（4）内河运输韧性进一步提高，服务保障特殊时期战略物资运输畅通的能力显著提升，并得到全社会认可。

（5）完成水运行业链条重造。发挥市场在配置资源的决定性作用和政府的重要作用，推进内河运输发展各个要素构筑相互关联和相互强化的产业链条。形成内河运输行业与货主、造船业、金融服务业、能源供应商等上下游及辅助行业深度融合发展的新业态样板，供应链完整性、可靠性进一步提升。

（6）内河运输文化基本形成。内河船舶船容船貌美观、标识统一，形成富有特色的水上流动文化带。形成典型的行业发展精神文明代表人物或集体。形成沿江沿河文化带、景观廊道等，形成航运文化服务和产品体系，建成有影响、有品质、有内涵的航运博物馆品牌、航运文化旅游线路等。形成举办内河航运大型论坛、会展、节庆等文化宣传机制。

二、2050年内河水运发展战略目标展望

1. 内河运输发展情景[1]

党的十九大报告提出了从2035年到21世纪中叶，在基本实现现代化的

---

[1] 对于2050年经济社会、技术和政策发展环境等作出预测是不现实的，以情景分析为基础，提出内河运输发展目标展望。

基础上,再奋斗15年,把我国建成富强民主文明和谐美丽的社会主义现代化强国。到那时,我国物质文明、政治文明、精神文明、社会文明、生态文明将全面提升,实现国家治理体系和治理能力现代化,成为综合国力和国际影响力领先的国家,全体人民共同富裕基本实现,我国人民将享有更加幸福安康的生活,中华民族将以更加昂扬的姿态屹立于世界民族之林。内河运输作为经济社会发展的基础产业,届时应整体达到世界先进的水平,到2050年,内河运输优势得到全面充分发挥,实现自身可持续发展,在经济社会发展中发挥重要支撑作用。

（1）生态文明建设全面提升。2018年5月,习近平总书记出席全国生态环境保护大会时指出,到21世纪中叶,物质文明、政治文明、精神文明、社会文明、生态文明全面提升,绿色发展方式和生活方式全面形成,人与自然和谐共生,生态环境领域国家治理体系和治理能力现代化全面实现,建成美丽中国。❶ 在此情景下,经济社会高度发达,人民对内河运输绿色优势的认识将有质的提升,同时经济社会发展对运输服务质量提出更高的要求,内河运输运量的需求基本进入零增长时代。

（2）国家治理体系和能力实现现代化。2019年10月31日,第十九届四中全会通过《中共中央关于坚持和完善中国特色社会主义制度 推进国家治理体系和治理能力现代化若干重大问题的决定》,指出到新中国成立100年时,全面实现国家治理体系和治理能力现代化,使中国特色社会主义制度更加巩固、优越性充分展现。内河运输形成立法科学、执法规范和监督有效的法治体系,内河运输实现依法治理;形成完善的水资源综合利用和协调体制和内河运输管理体制机制,市场在内河运输资源配置中发挥决定性作用。

（3）工业化城镇化完成。2035年我国基本实现现代化后,中国进入后工业化时期,城镇化率达到发展极限,基本完成城镇化进程。与之适应的是,在工业化和城镇化完成、内河比较优势全面充分发挥等预期下,以及2035年内河千吨级航道达到2.5万km发展目标下,2035年前国家将密集出台鼓励内

---

❶出自《人民日报》(2018年05月20日01版)。

河运输基础设施建设和发展的各项政策,2050年内河运输基础设施建设全面完成,内河运输绿色环保的比较优势在经济政策引导下充分显性化,竞争力大幅提高。

创新型国家建成。2016年5月中共中央、国务院印发《国家创新驱动发展战略纲要》,明确到2050年建成世界科技创新强国,我国成为世界主要科学中心和创新高地,劳动生产率、社会生产力提高主要依靠科技进步和全面创新,经济发展质量高、能源资源消耗低、产业核心竞争力强。随着内河运输受到全社会充分关注,各种新技术、新方法、新理念、新材料等将在内河方面得到充分应用,行业技术水平和创新能力将达到世界先进水平;2035年以后内河运输全面进入创新发展时期,来自内河运输自身技术创新的动力明显增强;物联网等各种信息化技术的应用和绿色环保的社会形象将使内河运输能够完全被社会感知,基本实现智慧内河;随着基础设施建设全面完成和船舶充分大型化,内河运输在至臻性状态下运行,对资源的利用效率达到或接近极限水平,内河运输发展更加依赖制度与服务创新,制度资本、创新资本在内河运输中发挥引领作用。

2. 2050年战略目标展望

(1)形成水系互通、江海联通的高密度内河航道基础设施网络。适合发展内河水运的自然资源得到充分利用和开发,建成"四纵四横两网"干支联通、水系沟通、区域成网的高等级航道网,通航枢纽通航等级与航道相适应;赣粤、湘桂等长江、珠江两大水系沟通工程基本贯通,实现水系互通;水网地区通过人工运河建设形成连接沿海干线枢纽港口的航道网络,实现江海联通;层次分明、布局合理、结构优化、功能完善、高效畅通的内河水运基础设施网络全面建成。水路交通支持系统达到世界前列水平。

(2)航道休闲娱乐功能日趋完善。航道实现两岸成景化、功能旅游化,成为区域重要生态走廊、景观走廊、文化走廊和旅游走廊,与城市发展融为一体,充分满足人民休闲娱乐旅游的需求,有力支撑国家乡村振兴战略。

(3)船舶实现标准化与大型化。内河船舶全生命周期的技术标准全面适应当时经济社会发展水平,船型全面实现系列化、谱系化,建成安全、绿色、高效的现代化内河运输船队,机动货船平均吨位达到较为稳定的水平。形成一支绿色低碳、技术先进、设计美观的内河运输船队。

(4)港口实现现代化。港口码头布局合理、功能完善,成为区域重要的运输枢纽和物流节点。专业化码头的前沿装卸设备、水平运输车辆、堆场装卸机械等关键设备实现自动化或半自动化,生产调度系统实现智能化。内河口岸形成港航、海事、海关、国检、边检等部门的监管信息互联互通的"单一窗口"。形成完善的物流信息平台,有效提升转运效率、本质安全水平、服务便捷性,全面提升港口物流供应链一体化服务能力与水平。实现港城和谐发展。

(5)实现内河运输治理体系和治理能力现代化。形成内河运输流域化管理体制和跨流域协调机制,形成系统化、全面化、科学化的法规体系,实现执法规范、监督有效。信用为基、统一开放、良性竞争的内河运输市场完全形成,市场在内河运输资源配置中发挥决定性作用;形成合理完善、运行高效的内河水资源综合利用和水运管理体制。

(6)内河运输基本实现智慧化。内河船舶、港口、运输服务、政府监管等方面智慧化水平总体达到世界先进,与欧洲内河运输智能化、智慧化水平相当。港口码头船舶装卸、堆场作业实现少人或无人化。船舶智能化水平大幅提升,基本实现"船岸"协同、"船港"协同、"运输"协同和少人化管理。

(7)低碳绿色世界领先。船舶污染物排放控制水平达到或者超过同期欧美发达国家水平;港口空气污染物控制水平达到所在城市同等水平。新能源和清洁能源得到充分应用,能源利用效率位居世界前列。

(8)发展实现可持续化。通过加强水运资源规划、开发与维护,以及管理和新技术的应用,形成可持续发展的内河水路交通系统;运输系统发展重点全面转向强调系统的可预期性、安全性、经济性以及与城市、社区发展的协调性,实现运输与经济均衡发展;形成完善的技术创新和人才培训体系,具备世界先进水平技术的创新能力和独立知识产权,内河从业人员整体素质在全社会居于较高水平。

(9)沿江航运中心全面建成。上海、武汉和重庆成为宜居城市,营商环境达到世界先进水平,航运服务要素高度集聚,形成辐射全球的上海国际航运中心、辐射沿江区域的重庆长江上游航运中心、武汉长江中游航运中心和南京区域性航运物流中心。上海依托区位、区域海运需求规模和产业链完整的优势,抓住"互联网+航运"的战略机遇,形成全程物流服务新模式,吸引各类航运要素在上海的集聚,形成新的航运中心建设模式。

第二节 推进内河优势战略的重点任务

基于对内河优势显现的外部环境、内部要素和发展阶段分析,为塑造我国内河运输核心发展能力,不断增强内河比较优势,实现可持续发展、高质量发展,推进内河优势战略需要围绕加强水运资源开发与基础设施建设,加快先进适用运输装备发展,优化运输组织和运输服务,筑牢安全发展防线,强化绿色低碳发展意识,提升科技创新能力等方面进一步创新发展模式。

一、加强水运资源开发和基础设施建设,提高资源利用效率

(1)着眼长远、系统规划,加强规划对建设和资源保护的指导作用。基于对内河运输基础设施长远规划对资源保护的认识,切实按照可持续发展要求,以坚持水资源综合效益最大化为原则,统筹兼顾防洪、灌溉、供水、发电、航运等功能,充分利用自然资源,从岸线、陆域、净空、线位(运河和航道)、航道等级和能力、船闸通航等级以及通过能力等,坚持资源利用与保护并重,科学合理制定长期内河运输资源开发、保护、维护和建设规划。尽早发布面向2035年和2050年的内河航道网规划,保护内河运输发展资源。尽快完成建港岸线资源、内河航道资源彻查,在此基础上,结合国民经济发展目标以及对水运发展的需求,制定"四纵四横两网"2.5万km三级以上航道网的详细规划,其余国家高等级航道按发展规划技术等级加强资源保护,制定面向2050年的水系

沟通工程、京杭运河黄河以北复航工程等大型工程的远景规划,从深水岸线、陆域、净空、线位(运河和航道)、高等级航道、船闸通航等级以及通过能力等方面,切实为长远内河运输发展的资源开发、维护和使用提供支撑,保护内河航道提升等级所需的资源,使内河长远发展拥有可得、经济的资源,逐步做到合理使用、节约和保护内河水运资源,提高资源利用效率,为内河运输可持续发展提供优良资源。规划中注重航道成网、水系沟通、标准统一。切实发挥规划指导作用,由指导建设为主转向建设与资源保护并重,保障内河运输长远发展所需优良资源的可得性与经济性。

(2)加快推进新增万公里千吨级航道建设工程。结合我国发展实力,在有效保护环境生态和经济技术可行的基础上,通过不同阶段的建设规划,对内河航道等基础设施由以干为主、局部治理,转向集中财力、物力进行高强度建设,实施全面、系统和集中开发。在现有高等级航道网基础上,增强干线通航能力,加快实施长江、西江等中上游航道整治工程,加快支流与水网地区航道整治,注重干支流沟通,注重连接不同水系和内河枢纽的运河沟通,实现2035年内河千吨级航道达到2.5万km的目标,形成千吨级以上的通江达海、标准统一、水系沟通的网络化内河通航基础设施,充分发挥内河运量大、运距长,运输不间断、成本低的优势。推进长三角水网地区至上海、宁波舟山、连云港、苏州等沿江沿海港口,珠三角水网地区至广州、深圳港的集装箱快速水运通道建设,加快通航净空高度不足的碍航桥梁改造,建设适应长三角一体化发展和粤港澳大湾区发展的长三角、珠三角国家高等级航道网。

(3)加快突破节点瓶颈、恢复通航工程建设。加快实施三峡水运新通道扩能工程。建设三峡枢纽水运新通道是解决三峡枢纽过坝能力不足问题的根本措施,工程实施后,单向通过能力至少可增加一倍,可强化长江中游、成渝地区与长江三角洲区域的连通,实现流域协调发展。加快推进龙滩水电站1000吨级通航工程和百色水利枢纽通航设施建设工程,打通珠江中上游贵州、云南两地沟通连接粤港澳大湾区的水运大通道。贯彻落实习近平总书记关于大运河历史文化保护传承、大运河文化带建设等重要指示精神,结合南水北调工程,逐步恢复京杭运河黄河以北段航运功能。

(4) 梯度推进水系沟通运河工程。加快推进西部陆海新通道(平陆)运河工程建设工作，打通西江出海通道。深入开展沟通长江、珠江两大水系的湘桂、赣粤运河连通工程重大专题研究和前期工作，为纳入空间布局规划、作出实施决策奠定坚实基础。运河工程普遍面临梯级枢纽建设和改造、航运水资源调用、桥梁改造、土地征用及拆迁、生态环保及用地审批等共性问题，且运河工程较航道整治工程具有工程量大、工程难度大、投资需求大等特点，因此，在工程经验尚不充足的情况下，适宜选择难度较低的工程先行先试，积累运河工程相关经验，梯度推进运河工程建设。结合当前正在推进及开展前期研究的江淮运河、平陆运河、赣粤运河、湘桂运河等主要运河工程，综合考虑工程紧迫度、难度等，首先在江淮运河、平陆运河推进实施，积累桥梁改造、土地征用及拆迁等工程技术和运营模式、投融资等政策经验后，梯度推进实施赣粤运河、湘桂运河等工程。

(5) 结合水资源调配工程开展运河工程研究与实施。充分考虑当前我国长江、珠江流域水资源总量虽较丰沛但时空分布不均、流域水工程调节能力存在短板、局部地区供用水矛盾较为突出、特枯年份供需矛盾尤为突出的特点，结合水资源调配工程开展运河工程研究与实施，一方面解决运河工程面临的资金、环保以及综合效益问题，另一方面提高水资源综合利用水平，实现集约高效发展。

评述7-1　　　　　　主要运河工程情况简介

(1) 江淮运河(引江济淮航运工程)。通过开挖运河，将长江、淮河在安徽省境内连接起来，实现两大水系间沟通，将长江丰富的水资源补给淮河，满足淮河中游地区工业、农业、城市供水。该工程是一项以调水为主,兼具发展江淮航运和改善水生态环境等综合效益的大型跨流域调水工程。江淮运河工程自2017年开工建设以来快速推进,预计一期(合肥段)工程2022年通水,二期工程在一期工程的基础上,构建江淮骨干水网,完善江淮运河网络,全面实现和发挥城乡供水、江淮航运和生态效益的后续建设内容,目前已列入国家2020—2022年重大水利工程开工计划。

(2)平陆运河。平陆运河始于南宁横州市西津库区平塘江口,经钦州灵山县陆屋镇沿钦江进入北部湾,全长约140km,其中,分水岭越岭段开挖约6.5km,其余利用现有河道建设。项目按内河Ⅰ级航道(3000t级船舶)标准建设,在通航建筑物建设中合理预留发展空间,项目静态总投资约680亿元。平陆运河以发展航运为主,兼顾供水、灌溉、防洪、改善水生态环境等,平陆运河连通西江航运干线与北部湾国际枢纽海港,是一条通江达海的水运通道。2022年3月,平陆运河项目正式批复立项。

(3)赣粤运河。赣粤运河是连接长江水系与珠江水系的水系沟通工程,是赣江与北江之间衔接河流的总称,北连长江交汇口湖口,南接珠水三水河口,穿越鄱阳湖,经赣江流域,越分水岭至北江流域,汇入珠江出海。2021年,交通运输部已启动赣粤运河重点问题专项研究工作。

(4)湘桂运河。湘桂古运河,即2000多年前在广西壮族自治区兴安县境内开凿的灵渠,也称兴安运河,是我国和世界最古老的人工运河之一,有着"世界古代水利建筑明珠"的美誉。今湘桂运河自长江的湖南省城陵矶(岳阳市内)起,溯湘江而上,再沿潇水上至两江口入永明河,在江永县城附近的白令岗起经过人工河跨越分水岭,经恭城河至平乐入桂江,以后经桂江从平乐至梧州进西江航运干线,连接长江水系与珠江水系的水系沟通工程。2021年,交通运输部已启动湘桂运河重点问题专项研究工作。

（6）制定界河开发战略。黑龙江、鸭绿江、图们江和澜沧江等十余条河流是我国与周边国家的界河,发展内河运输和江海直达运输具有超出航运本身的意义,应切实做好开发战略与规划,努力完善与周边国家国境河流开发合作机制。一旦出现有利时机,能够快速投入,形成国际内河通道。统筹推进国境国际通航河流航道发展,遵守相关国际协定,积极推进黑龙江、澜沧江、鸭绿江等重要国境国际通航河流航道的综合开发利用和养护管理,有序推进图们江、额尔古纳河、乌苏里江、元江、怒江、北仑河等其他国境国际通航河流航道的建设、养护和管理。

（7）优化内河港口布局。按照国家长江经济带战略和新时期经济转型升级发展要求,进一步研究优化内河港口和港区布局,建立分区域、分层次规划体系,注重区域港口资源合理配置,引导港口集约化发展,强化内河主要港口在全国综合交通运输体系中的枢纽作用和对区域经济发展的支撑作用,在国家内河港口和航道布局规划基础上,研究出台专项区域内河港口布局规划。

（8）合理开发和有效保护岸线资源。严格港口岸线使用审批管理,切实按照《港口法》和《港口岸线使用审批管理办法》要求,做好港口岸线使用合规性审查工作,严格控制码头能力过度超前和能力利用不充分的岸线审批,防止重复建设和港口资源浪费。加强港口岸线使用监管,建立港口岸线的定期巡查监督制度和定期评估制度,杜绝未批先建、占而不用等现象。结合港口码头功能结构调整,推进港口岸线资源整合,统筹好新港区开发与老港区改造,鼓励码头公用化和共建共用,提高岸线资源利用效率。按照控总量、调存量、优增量、提效率的原则,构建严格管控长江干线港口岸线利用的长效机制,严格控制工矿企业自备码头和危险化学品码头岸线使用。通过非法码头整治、老港区改造等实现岸线集约节约利用。研究新增港口岸线使用经济调节和港口岸线退出机制。

（9）促进港城和谐发展。结合城市功能提升,对影响城市发展的老码头进行搬迁、改造,打造港口亲水岸线,提升港口城市功能。有条件的地区,结合新港区开发,探索"地主港"模式。优化港口集疏运体系,加强公共锚地和水上综合服务区建设,削弱港口集疏运对城市交通资源的争夺,促进港城和谐发展。在有条件的地区,借鉴欧洲港口经验,在老码头结构调整和更新改造,以及新港区建设中改变现有的顺岸式开发建设模式,鼓励采用挖入式港池,集约利用岸线和土地资源。

(10)促进区域港口一体化发展。随着区域经济一体化的推进,港口一体化也将持续深化。在新时期产业结构、城市功能调整等形势下,港口应深化体制机制改革,实施资源整合,提高岸线资源利用效率,促进区域港口一体化发展。在一体化实施中,应按照功能互补、错位发展原则,提高港口发展质量和效益,推进实现区域港口规划协调、运营协调、管理统一、服务标准统一。在内河港口资源整合过程中,以市场手段为主、政府行政手段干预为辅,探索以整合港口经营资源为主的集约化、规模化发展路径,同时避免形成垄断。依靠市场机制,鼓励以资本、技术、管理为纽带,开展跨区域兼并、重组或联盟合作,引导集装箱等航线优化配置,促进沿江港口间分工协作和运营联合。同时,推动沿江港口与沿海港口间的协作,实现优势互补。

二、加快先进适用运输装备发展,提升可持续发展能力

(1)提升设计建造能力。推动内河船舶设计单位开展前瞻性预设计,加强船舶外观及标志标识整洁美观和标准化设计,形成谱系化、标准化船型设计产品,打造一批内河船型设计品牌。推动船舶设计建造一体化,提升内河船舶系列化产品设计和制造能力,鼓励通过规模化、批量化生产实现降本增效,形成内河船舶谱系化产品目录,打造内河船舶制造发展新模式。优化船舶建造流程,探索钢材等主要原材料批量化定制采购模式。引入沿海大型船厂优秀管理、资本和技术经验,改变传统发展模式,推进产业链横向和纵向整合,实现质量变革、动力变革和效率变革。加强对设计单位与船厂的监督管理,强化造船生产流程改进与优化,提升船舶建造质量。支持船厂实现船舶总装建造绿色化、集约化、智能化发展,促进绿色智能先进制造技术与内河船舶制造产业深度融合。推动发动机等船舶关键系统和配套设备、信息化管理系统生产制

造企业做大做强,培育一批内河船舶专精特新"小巨人"企业,形成内河船舶装备谱系化目录和产品系列。

(2)加快运力结构调整。按照"淘汰一批、改造一批、新建一批"总体思路加快内河船舶运力结构调整。采取综合措施加快推进高耗能、高污染老旧运输船舶拆解,促进符合条件船舶进行改造,不断加速现有存量运力结构调整,支持新建标准化、专业化、绿色化船舶。推进专业化船舶发展,引导集装箱船、商品汽车滚装船、液化天然气船、化学品船等专业化运输船舶发展。

(3)推动船型标准统一。全面修订《内河运输船舶标准船型指标体系》,按照新形势发展要求,从安全、绿色、先进、适用等全方面构建标准船型指标体系;强化技术政策执行,督导各地加强对过闸运输船舶主尺度系列强制性国家标准和《内河运输船舶标准船型指标体系》中其他强制性指标的执行落地,避免新建非标船进入市场。

(4)组织开展重点水域标准船型优选及推广。研究制定新时期内河船型优选工作方案,构建船型优选指标,集中优势技术力量开展船型优选工作,优选船型主要图纸和主要技术性能指标向社会公布,并配合相应的鼓励政策加以推广。

(5)推广先进高效船型。发展高效江海直达、干支直达船型,重点发展长江干线及长三角地区至宁波-舟山港干散货和集装箱、长江干线及长三角地区至上海洋山集装箱江海直达运输,有序推进长三角苏北港口至上海港的江海直达运输、长江商品汽车滚装江海直达运输。研究将连云港港、乍浦港纳入江海直达特定航线的可行性,不断延伸江海直达航线范围。

(6)发展适应人民美好生活需要的内河特色游轮。结合不同水域资源条件及船型特点,打造适应不同水域的高品质内河游轮船型,满足人民日益增长的美好生活需要和亲水文化需要。在航道条件较好的干线河流,结合中国传统文化和沿线自然人文资源,创新发展大型休闲度假豪华游轮。在航道水深、桥梁净空等方面受限制的中上游支流地区,研发大载客量、浅吃水的特色游轮船型,适应中短途休闲游及观光游需求。

三、优化运输组织和运输服务,提升企业发展质量效益

(1)打造江海直达、江海联运有机衔接的江海运输物流体系。在大力发展长江干线和长三角地区至上海洋山集装箱航线、至宁波-舟山干散货和集装箱航线等重点江海直达航线基础上,优化运输组织方式和网络布局,扩大辐射范围,形成江海直达、海进江和江海转运有机衔接的江海运输物流体系,降低运输成本,提高江海运输服务水平。

(2)探索船舶运输组织模式创新。借鉴欧洲莱茵河等地区船舶运输组织经验,充分吸收驳船运输组织方式边际成本低、能耗低、排放低的比较优势和特点,探索发展高效船组运输等先进高效船舶运输组织模式。船组运输结合了机动船和驳船的优势,由具备顶推或拖带功能的机动货船与驳船组成船组,大小可根据货物运输需要灵活组合,既可充分利用单船优势,也可与驳船灵活组合,放大机动船运力。在具体运作方面,可以采用甩挂运输方式,优先选择具有船港货较强资源整合能力的优势企业在特定场景开展试点示范应用,并进一步在发展理念、管理理念、政府相关标准和制度(如配员等)等方面进行配套政策创新后进行推广。推动智能技术在运输组织模式创新方面应用,探索发展编队航行,由一艘"领航船"和一艘或多艘"跟随船"组成编队,以降低配员,减少劳动力成本,并增强运输的灵活性,提高运输效率。

(3)增强主要港口枢纽功能及辐射带动作用。注重发挥内河港口在区域综合交通运输体系中的枢纽作用,规划中注重公路、铁路、水路和航空等多种运输方式衔接,构建区域物流枢纽,走大节点与综合节点发展模式。以主要港口为节点,以铁路、公路、航道等为支撑,以集装箱、商品汽车、煤炭、铁矿石、水泥等货类为重点,拓展水运服务链,构建衔接顺畅、运转高效的多式联运体系降低综合物流成本。促进港口对运输、仓储、装卸、搬运、代理、加工、配送和信息处理等活动的整合,打造枢纽型港口,具备多式联运、仓储分拨、流通加工、临港工业、商品交易、信息处理、港航服务和全球物流供应链节点等综合服务的物流功能集聚区。强化主要港口枢纽作用,完善港口集疏运体系,强化主要

港区与干线铁路、高等级公路的连接,打通港口集疏运"最后一公里",完善港口仓储设施、口岸环境、配送网络,提升物流加工、配送和商贸服务功能,打造铁水联运、多式联运枢纽。长江沿线着力构建以重庆、武汉、南京、上海为核心,打造船舶流、资金流和信息流高度集聚,航运服务体系完善的内河航运中心。

(4)加快多式联运技术标准和服务规则统一。在多式联运基础设施高效融合衔接的基础上,需要进一步推动技术标准和服务规则的统一,才能真正实现运输服务的一体化、一站式和"一单制"。强化多式联运数据交换电子报文标准应用,推进多式联运信息交换共享,提高业务协同和服务效能。鼓励企业汇集多种运输方式信息资源,建立以业务为支撑、以服务为导向的具有创新示范效应的多式联运信息平台。大力推进航运、港口、铁路企业之间的业务单证电子化,逐步实现多式联运单证统一。鼓励航运、港口、铁路企业深化业务合作,促进联运业务"一单制"。

(5)优化航运市场规模结构。鼓励内河航运企业建立健全现代企业制度。在充分发挥市场在资源配置中的决定作用和更好地发挥政府作用的前提下,对集装箱等规模化边际效用高的领域,推动航运企业按照市场原则兼并重组或采用联营的方式实现经营集中化,增强抵御风险能力,形成规模企业间的良性竞争。对煤炭、矿石、油品等大宗干散货等需求比较集中的领域,随着货主方对船舶运力可控性、安全绿色服务标准、服务质量要求的提高,推动航运企业(船东)与货主方形成更加稳定的合作关系,降低航运企业经营风险,实现提质增效。

(6)促进上下游产业链协同发展。以运输市场规模结构调整和港口资源整合为契机,引进优秀的金融、船舶设计与制造、港口机械设备制造等企业,采取共同设立内河造船基金、港口基金、内河发展基金等形式,形成利益共同体,以整合运输需求为突破,创新合作共赢模式,构建一体化产业链发展模式。鼓励企业采取船、港、货、金融等上下游一体化发展,创新合作共赢模式,向全程物流承运人转型。以主要港口为节点,以铁路、公路、航道等为支撑,以集装箱、商品汽车、煤炭、铁矿石、水泥等货类为重点,拓展水运服务链,构建衔接顺畅、运转高效的多式联运体系降低综合物流成本。鼓励港航企业与货主合作,优化运输管理,提高运输服务水平。拓展以水运为主的供应链和物流体系,适应需求结构变化趋势,加快推动内河港航企业向综合物流运营商转变,提升物流、金融、贸易等高附加值服务功能,向贸易、物流等上下游产业链一体化发展,提高投资效益。

(7)提升港口企业发展质量效益。完善港口评价机制,开展基于增加值的港口经济运行综合评价。港口增加值指标,意味着港口发展从单纯追求吞吐量向更加广泛均衡的发展方向转变,其核心是推进港口业从注重追求吞吐量向均衡发展方向转变。鼓励内河港口发展现代港口物流服务和现代航运服务,加强技术和创新管理。

(8)鼓励航运业态创新。推进航运与旅游深度融合,建设旅游景观航道,丰富游轮旅游产品,提升三峡游品质,拓展都市水上游、运河游范围。完善长江游轮运输服务标准,鼓励优势企业打造长江游轮核心品牌。支持京杭运河航运与文化、旅游等融合发展,打造绿色现代航运发展示范区。大力发展"互联网+航运",鼓励企业发展航运平台经济,开展线上线下服务。

四、筑牢安全发展防线,提升应急救助保障能力

(1)提升基础设施建设与维护安全水平。完善航道、通航建筑物、过河建筑物等基础设施安全技术标准规范,持续加大内河基础设施安全防护投入,提升船闸、过河桥梁等关键基础设施安全防护能力。构建现代化内河工程建设质量管理体系,推进船闸、运河等重大工程精品建造和精细管理。强化航道基础设施养护,加强船闸等基础设施运行监测检测,提高养护专业化、信息化水平,增强设施耐久性和可靠性。

(2)加快平安港口建设。加强安全设施建设维护,建立完善港口储罐、安全设施检测和日常管控制度,提高设施设备安全可靠性。提升客运码头安检查危能力,推动高危作业场所和环节逐步实现自动化、无人化。推进实现重要

设施设备实时监测、智能感知和风险预警。研究推进对内河港口危险品实施集中管理。加强内河港口危险品运输管理,优化危险品港区布局,实施规划、建设和运营集中化,进行风险集中管理,确保内河港口运输安全。

(3)提升船舶建造质量及安全运营水平。严格执行相关标准,提升内河船舶及船用设备安全可靠性,建立完善新能源和清洁能源动力系统、储运系统等新型船用关键装备风险评估机制。加强内河船舶生产企业基本生产条件监督管理,按照技术上要先进、质量上要可靠、安全上有保障的原则,提高内河船舶生产制造企业安全管理要求,依法依规推动落后产能退出。船舶检验机构加强依法依规实施船舶检验管理,保证船舶检验质量。严格落实企业安全主体责任,加强船员培训,强化新型绿色智能船舶运营安全管理。推动智能技术在船舶安全运营中应用,研究船端值守岸基远程操控新模式,探索船舶配员减员措施。

(4)完善安全风险防控与监管制度体系。完善安全生产风险分级管控和事故隐患排查治理双重预防机制,建立完善安全风险清单。推动企业落实安全生产主体责任与安全生产标准化建设,强化事前事中安全监管。持续加强重点水域、重点港口、重点船舶、重点时段安全监管,强化危化品运输、水上客运、城市渡运等重要领域联防联控。加强源头管控,严格落实港口危险货物建设项目安全审查制度。以危险货物作业和重大危险源等为重点,定期全面排查,形成安全风险清单,落实分级分类管控措施。加强港口客运站、危险货物储罐、堆场等区域风险联防联控。建立健全隐患排查治理制度,实行隐患定期排查、重大隐患及时"清零",形成闭环管理。建立实施客运、危险货物作业安全生产责任保险制度。

(5)提升安全保障与应急救助能力。建立健全内河航运应急救助指挥体系,完善水上交通安全监管与救助系统布局规划建设,加强无人机、水下机器人等新装备、新技术推广应用,强化水上交通动态感知预警、人命快速有效救助、船舶溢油与危化品处置等核心能力建设。加快长江干线、西江航运干线北斗导航系统的常态化应用,逐步向全国内河覆盖。遵循长江干线巡航救助一体化总原则,强化重点地区、重点水域、重点环节的应急救助能力,整合万州、武汉、南京区域性救助基地功能,推动沿江省市设立在地方政府领导下的省级水上搜救中心,健全内河水上应急救助指挥体系。升级完善各级水路交通应急指挥系统,加强对"四类"重点船舶和重点水域、重点航道实施有效监控。完善港口应急预案,纳入城市应急预案体系。加强消防和应急救援专业设备设施、队伍建设,强化港口非预设场景应急演练和实战演练,加快应急保障关键技术研发应用。完善应急管理机制与预案,纳入城市应急预案体系,强化专业救助和应急管理等人才队伍建设,支持社会救援力量发展,提高公众水运安全素养和意识。

五、强化绿色低碳发展意识,促进环境友好比较优势发挥

1. 深入推进船舶标准化,提高船舶绿色低碳发展水平

切实总结以往工作经验,以建设一支安全、环保、高效的现代化内河船队为目标,综合采取技术、经济等手段,调整内河船舶运力结构,引导绿色船队发展。

(1)加快强制性技术标准和规范的整合和制修订。根据我国经济社会发展水平及生态环境总体容量的承载能力,全面加强技术标准研究,形成完整的、与我国经济社会发展水平相适应的内河船舶安全运营技术标准、安全及应急反应装备配置标准、能耗和污染排放技术标准和船用燃料标准体系。加快建立健全适合我国国情的港口岸电、船舶污染物接收转运处置、船舶洗舱等标准。整合现有对内河船舶的各种安全技术标准、污染排放标准、能耗标准和相关装备标准等,并把所有技术标准和要求统一为不可突破的强制性检验规范;切实提高排放标准控制水平,在主要污染物排放方面按照不劣于同期公路运输相关标准的目标,制定分阶段实施计划。加强基础水文数据收集和船舶建造基础理论研究,制定符合我国内河特点的船舶建造规范;加强船舶基础技术研究,逐步由船龄标准转变为以船舶安全技术水平标准为主,鼓励加强船舶安全保养、维护建造等,提高内河船舶质量和使用效率,降低全周期运营成本。

(2)加强标准规范执行,健全执法和监督。严格按照国家船舶技术标准和规范的要求,船检、海事、运政、航道等部门通力合作,切实加强对新建船舶的检验,健全执法和监督机制,坚决杜绝不符合要求的新建船舶进入运输市场,把好准入关,从根本上堵住后门。

(3)持续推进存量船舶运力结构调整。持续综合采取技术、经济等措施,引导或限期淘汰存量低质量和低标准船舶,加速运力结构优化,并为新建高质量船舶发展腾出空间。如以涉及安全、绿色等标准作为红线,对现有船舶宜更新则更新、宜改则改。实施国内新建船舶能效设计指数(Energy Efficiency Design Index,EEDI)准入制度,建立现有内河船舶能效标识制度,加快现有高耗能老旧船舶报废更新,分阶段实施高能耗内河船舶禁限航措施。加强船舶使用燃油质量动态监督管理,严惩违法用油船舶和企业,为绿色船舶营造有利环境。

(4)引导绿色低碳船舶发展。建立内河航运企业碳排放统计、监测和核算制度,鼓励各地探索建立内河船舶碳交易市场。加大新能源和清洁能源推广应用力度,鼓励绿色低碳船舶"优先过闸""优先靠离泊"。近期大力推进LNG、纯电力船舶,探索发展甲醇、氢燃料电池等动力应用。支持成立船舶绿色创新产业联盟。充分利用好现有各类支持绿色创新发展的政策渠道,建立完善支持船舶绿色发展的专项鼓励政策,推动符合条件的项目纳入相关产业发展专项支持范围。探索利用政府采购等政策,促进绿色船舶规模化应用。推动国家相关产业基金、金融机构、社会资本与绿色船舶发展项目有效衔接。

2. 强化港口污染防治,加快港口低碳绿色发展

(1)强化港口污染防治。探索破解"化工围江"问题,对长江干线危化品码头岸线进行总量控制、布局优化、结构调整方案。将绿色发展贯穿港口规划、建设和运营的全过程,严把港口建设项目环境准入,合理避让环境敏感区域,做好与"三区三线"的协调衔接,积极推进生态保护红线内码头整治,积极修复清退的港口岸线。建立港口污染物排放清单,全面落实港口水污染物和粉尘防治,协同推进船舶污染物接收转运处置设施建设,实现船舶污染物免费接收,完善煤炭、铁矿石等散货码头环保设施设备。提高疏浚土利用效率,有效控制粉尘、废水等对周边环境的影响。

(2)加快港口低碳绿色发展。港作机械和港内运输装备优先使用电能、天然气等清洁能源,大力推广港口岸电,推动源网荷储一体化整体解决方案在港口应用,降低建设、生产中对自然生态影响、能源消耗、CO_2排放及NO_x排放。综合采用技术标准与经济政策,以近零碳为目标,引导和鼓励港口走绿色发展之路。推进应用《绿色港口评价指标体系》,对绿色发展水平高的港口给予经济鼓励,鼓励提高绿色发展水平。

3. 示范引领与市场驱动,促进内河运输环境友好比较优势发挥

内河运输覆盖范围广,地处陆地深处,航线周边城市和人口密集,环境承载力低于沿海,提高内河运输综合绿色发展水平,必须注重更好发挥政府的引导作用,注重产业链上下游结合、内外结合,综合采取示范引领与市场驱动的路径,进一步保持和加强内河绿色发展优势,树立绿色发展形象。

建立技术可引领、商业可持续的内河运输绿色发展示范产业链,发挥示范引领作用,树立发展标杆,提供可供借鉴经验。借助能源革命或者信息化革命的契机,在具体航线的特定经营场景中,通过采取造船、运输、能源供应等一体化发展模式,以规模化、批量化、智能化生产实现降低船舶建造成本,以船港货一体化稳定货源,提高经营收益,以合同能源管理等模式降低运营成本,以碳交易等进一步提高效益,打造可持续发展的示范产业链。进而吸引更多市场参与主体借鉴,推动市场化运作、产业化集成、规模化推广,最终实现市场驱动下的内河绿色船舶商业可持续发展。

六、提升科技创新能力,促进智能引领发展

(1)加强重要基础设施建养前瞻性技术研发。推进航道整治和通航建筑物的建设、养护、生态修复等关键技术,以及基于船岸协同的内河航运安全管控与应急搜救技术研发。推进平安百年品质工程建设。发展以高能低耗材料、BIM、装配式技术相融合的基础设施智能设计与建造技术。发展用于基础

设施服役性能保持和提升的监测预警技术。突破空间、功能和寿命协同的内河港航共网多线基础设施养护技术。

推动内河港口智能化发展。充分借鉴沿海港口在智能化方面的发展经验,加快推动内河港口智能化发展,逐步实现设备智能化、服务智慧化。以港口智能化和信息化为重要手段,提升港口核心竞争力,降低物流成本、提高物流效率加快港口商务、物流单证等无纸化和服务全过程的网络化,实现货物实时追踪、全程监控和在线查询,促进港口企业与上下游企业的无缝连接等,提供更加优质高效和低成本的服务。

(2)积极推进智能船舶发展。适应智能化技术发展,在内河船舶率先推进智能技术应用,发展智能船舶,减轻船员劳动强度,提升安全性和降低运输成本。积极开展智能船舶技术研发,在信息感知技术、通信导航技术、能效控制技术、航线规划技术、状态监测与故障诊断技术等方面针对内河船舶特点进一步深化研究。以豪华游轮、集装箱等为重点,通过新建或改造的方式,在三峡库区等通航密度较小的宽敞水域试点开展内河智能航运,推动实现智能航行、智能机舱、智能排放监控、智能能效管理等功能。结合电动船等新能源和清洁能源船舶发展,推动智能船舶技术整体应用。率先在内河领域围绕智能船舶航行、智能港口作业、智能航保、智能航运监管等建立智能航运法规、规范、标准体系。

第三节 推进内河优势战略的政策措施

为保障内河优势战略目标的实现,顺利完成各项战略重点任务,政府需配套相关政策引导和促进内河优势战略的实施。具体包括中央财政资金全面加大内河建设投资,加快内河航道基础设施建设;深化内河运输体制改革,提高公共服务水平;构建长期稳定技术、经济政策体系,促进内河运输可持续发展;完善法规体系,规范市场运行;鼓励创新发展,加快人才培育等。

一、政府全面加大内河投入,加快内河航道等基础设施建设

加快内河航道基础设施建设。加大中央财政投资力度,完善融资政策,全面、系统和集中加快航道等基础设施建设。切实按照《航道法》要求,保证并不断加大政府财政性资金投入力度,提高政府投资引导作用,积极创新投融资渠道,鼓励社会资本投资,逐步实现航道建设和养护以政府投资为主、各类社会化投资为辅的投资格局。一是加大高等级航道建设中央财政预算投资。内河航道具有公共物品属性和明显的正外部性,建议全额纳入中央财政预算进行投资。若中央资金不足或者难以纳入财政预算,建议通过设立专项资金或以中央预算内投资补助方式进行支持,由中央保障不低于50%的资金。二是采取航道综合开发模式,搭建投融资平台,为高等级航道建设提供资金保障。将航道建设工程纳入沿江沿河工业园区、物流园区的规划建设项目,在采用土地补偿等形式筹集航道建设资金的同时,进行一体化规划建设有利于保障航道基础设施能力的充分利用。提升内河航道特别是高等级航道在水资源综合利用中的战略地位,开展航道建设与水电项目、水上娱乐项目、污水治理项目、水资源调配项目等联合开发。三是通过收取"碳税"等方式引导货运由公路转向内河,拓展内河航道建设资金来源。参照欧盟《2010年欧洲运输决策》白皮书、《新一轮的全欧交通运输网络(TEN-T)规划》等运输结构调整政策,对高污染、造成拥堵的公路货运加收"碳税""里程税"等,引导运输结构调整,促进大宗货物运输由公路向水运、铁路转移。同时,将该部分税收作为内河航道基础设施建设的资金来源之一。四是将运河连通工程等重大关键共性技术纳入国家重点科技攻关项目。沟通长江、珠江两大水系的湘桂、赣粤运河连通工程,需提出航运为主、兼有防洪、引排水等效益的综合开发技术方案,涉及生态保护、梯级越岭、节水船闸等方面的工程技术突破,前期系统研究工作需从国家层面统筹协同开展,完成重大关键共性技术研发突破。

二、深化内河运输体制改革,提高治理能力和水平

(1)做好改革顶层设计。按照十八届三中全会、四中全会关于全面深化改革的精神,贯彻落实十九届四中全会关于推进国家治理体系和治理能力现代化要求,坚持市场发挥决定性作用,坚持依法推进,坚持统筹兼顾和注重实效,做好内河运输体制改革顶层设计。

(2)深化航道管理体制改革。按照《航道法》关于国家对航道管理体制改革的要求,完善国家与地方航道管理机构的职责体系,逐步建立以中央和省两级为主、相对集中的管理模式,长江航务管理局和珠江航务管理局从干线管理拓展到流域高等级航道管理。京杭大运河是内河航道网的纵向主要通道,涉及多个省(区、市),需要建立统一的管理机构或机制,促进流域整体发展和协调发展。建议纳入地方事权的高等级航道由省级层面管理,并完善部属航道机构与地方航道管理机构的联动机制。

(3)加强界河管理。根据事权与支出责任相适应的原则,推进界河航道管理体制改革,加强中央统一管理。当前,对国际、国境河流等界河航道实行中央垂直管理的时机已较为成熟,按照"明晰职责,分类推进,突出重点,发挥合力,统一对外"的原则,充分发挥中央和地方两个积极性,建立权责一致、事权与财权相匹配的界河航道管理体制,切实履行中央事权,并分中俄、中朝和其他界河航道三种不同情况分类分步实施,中俄界河航道管理体制改革条件较好,应率先取得突破,恢复中央垂直管理,统一负责中俄界河和黑龙江省内河的航务管理,继续研究推进中朝界河航道管理权上收,适时推进其他界河航道管理权上收。在界河航道划归中央垂直管理以后,要充分加强军地合作,军方、地方政府与航道管理部门要建立合作,共同维护界河安全和国家领土主权,在兴边富民和保障民生等方面发挥积极作用。

(4)深化港口体制改革。加强资源整合,深化区域港口一体化改革,促进港口资源利用集约化、运营一体化、竞争有序化、服务现代化。鼓励国有骨干港口企业向资本投资、运营管理转变。精简港口经营许可事项,逐步推行普通

货物港口经营许可告知承诺制。完善长江等岸线管理制度,提高岸线资源使用效率。落实港口规划与岸线资源保护要求、拓宽港口基础设施建设与维护资金来源渠道、明晰各部门港口安全与环保监管职责以及港口绿色低碳发展要求等。完善港口评价机制,引导港口改变以量为主的传统观念,注重提质增效,完善以增加值、经济贡献度、绿色发展等为主的统计体系,试点开展基于港口增加值的港口经济运行综合评价,开展绿色港口等级评价,引导港口转变增长方式。进一步开放内河港口市场,加快探索负面清单管理模式。清理和废除妨碍港口统一市场和公平竞争的各种规定和做法,制止地区保护和企业垄断行为。鼓励企业专用码头在公平竞争前提下提供社会化服务。研究推进港口收费市场化改革,逐步完善价格形成机制,合理调整收费结构和标准,放开竞争性环节收费,规范港口企业价格行为。

(5) 深化海事管理体制改革。理顺海事、地方交通运输综合执法部门等水上监督职责,实现统一高效管理。加强海事管理模式、监管方式创新,提升监管和应急处置等能力。推进基层执法机构改革,加强现场执法。遵循长江干线巡航救助一体化总原则,强化重点地区、重点水域、重点环节的应急救助能力。整合万州、武汉、南京区域性救助基地功能,合理配置救助打捞、溢油和危化品处置等设施设备。加强深潜设备远程快速投送能力建设。推动沿江省市设立在地方政府领导下的省级水上搜救中心,健全长江航运应急救助指挥体系。

(6) 推动内河船舶检验体制改革。打破现有属地化管理船舶检验体制,建立垂直管理内河船舶检验体制,统一检验执行标准,扭转当前"地方保护""低标准驱逐高标准"的船舶建造发展局面。进一步加强船舶检验机构资质管理,贯彻分级负责、分类管理要求,进一步明晰船舶检验机构的业务分类和业务范围,优化船舶检验机构的资质条件,实施严格的资质管理。加强船舶检验的事中事后监管,通过水上交通安全监管、船舶检验机构监督检查,督促船舶检验机构依法履职。构建船舶检验机构评价体系和评价结果通报机制,建立船舶检验机构约谈制度。进一步完善船舶检验质量监督制度,健全船舶检验现场监督机制,建立海事管理机构和船舶检验机构的联动机制,实现船舶检验质量问题处理的闭环管理,加大对违法违规检验机构和相关责任人员的追责力度。落实船舶安全质量责任制,推动造船及相关企业落实船舶安全质量责任制,强化造船企业安全质量主体责任的落实。

(7)完善政府职能。按照国家简政放权的总体要求,转变政府职能,进一步提高政府治理能力。从以审批管理为主,转向更加注重过程监管和后续管理,完善强制性市场退出机制。全面深化"放管服"改革,破除区域壁垒,推动规范相关口岸收费,推进政务服务"一网通办",构建统一开放、竞争有序的现代市场体系。精简船检证书组成体系,长三角逐步推广船舶证书"多证合一"和证件电子化。协调推进口岸通关管理统一,促进"单一窗口"建设。完善长江干线省际客船、液货危险品船运输市场的宏观调控政策,加强长江航运市场监测与信息引导。完善航道疏浚养护市场化机制。充分发挥行业协会、联盟、航运交易服务机构等组织在政企沟通中的桥梁纽带作用。加强航运文化建设,营造文明航运环境。

(8)提高内河运输信息公共服务水平。广泛应用云计算、大数据和北斗卫星系统等现代信息化技术,形成对我国内河运输相关海量信息采集和处理能力。加快内河运输基础数据库和市场监控信息系统建设,及时提供准确的船舶、船闸、港口、航道和水文气象等微观信息。提供宏观反映内河国内运输、外贸运输需求基础数据,相关企业、船队规模和船龄结构,重要物资运输等方面的、全面、准确、及时反映市场供需状态的基础数据和运价信息。建议将上述数据信息服务资源与现有电子航道图进行整合,丰富电子航道图的服务功能,实现市场化运作。加强信息化建设,建立完善的信息发布和保密制度。积极参加全国电子口岸建设,推进水运管理电子政务和水运行业电子商务发展,占领水运行业信息制高点,用信息管理行业、服务行业,引导行业健康发展。实现政府有关政策、法规、统计、年度报告等网上查询。加快电子政务工程建设,完善水运管理信息系统,全面提升行业管理和服务水平。

三、构建长期稳定政策体系,促进内河运输隐性优势显性化

消费者和市场对运输价格、货物损耗、运输时间具有更高价值偏好,而水运排放低、安全性高、缓解交通拥堵、提升土地价值等隐性优势易被忽略,需要发挥政府宏观调控作用,通过经济和环保等政策手段促进隐性优势显性化,加快公路运输向内河航运转移,提升内河水运的市场竞争力,促进运输结构调整。

切实按照《国内水路运输条例》要求,结合《中华人民共和国长江保护法》《中华人民共和国水污染防治法》和《中华人民共和国大气污染防治法》等,制定长期、稳定的技术和经济政策,以预期明确、稳定的政策引导公路运输向内河航运转移,并逐步提高内河运输在安全、环保等方面的技术标准,支持和鼓励内河运输经营者采用先进适用的水路运输设备和技术,保障运输安全,促进节能减排,减少污染物排放。

(1)建立内河运输环境友好价值的评价体系。按照"用户付费"和"污染者付费"原则将不同运输的外部成本内部化,率先建立内河运输较公路运输的减排计算标准体系,并实现环境价值的经济成本化,并通过政策引导向社会普及宣传内河运输的环境价值。

(2)通过经济补贴或碳交易等政策,鼓励货物运输由公路转向内河。如《2010年欧洲运输决策》白皮书、2013年的《新一轮的全欧交通运输网络(TEN-T)规划》都持续出台相应政策鼓励运输结构调整和内河航运发展。在各种运输方式对环境的影响价值量化的基础上,通过经济鼓励政策或者一些市场交易机制转化为内河运输成本的相对下降,引导和促进全社会运输结构调整和对内河运输认识的提高。

(3)鼓励内河运输技术进步和提升绿色化水平。为加强内河运输绿色比较优势,需进一步提高新造船的排放标准,并对现有船实施排放限制,同时提供激励和资金支持,实施清洁船舶优先过闸、降低车船税、港口费折扣等政策,以促进低排放技术的应用。

(4)引导内河船舶建造标准化发展。船舶建造具有一定的规模效应,结合船舶工业淘汰落后产能结构调整与内河船舶绿色升级工程,通过政策引导内河船舶增量和更新运力集中规模化、标准化建造,提升船舶标准化水平和建造质量。

四、完善法规体系,规范市场运行

(1)加快制修订内河运输法律法规。按照建立"分工明确、上下有序、布局合理、相互衔接"的综合交通运输法规体系框架的总体要求,在水路基础设施、水路运输、水上交通安全和防污染三个方面进一步清理、修订现有法律和行政法规,完善内河运输相关法规体系,重点修订《中华人民共和国港口法》;根据《中华人民共和国航道法》要求,完善航道建设养护资金管理、航道规划、航道建设、航道养护、航道保护、通航条件影响评价、法律责任等方面的相关配套法规,重点是完善配套法规,修订《中华人民共和国航道管理条例》,制定《通航建筑物管理条例》,规范改善通航条件、保障航道畅通和航行安全。修订《内河交通安全管理条例》,并研究适时上升为内河交通安全法,提升内河交通安全水平。研究制定水上人命搜寻救助条例、沉船打捞清除管理条例、潜水条例,规范水上人命搜寻救助及沉船打捞清除活动,维护潜水作业市场秩序,提升水上交通应急管理能力。逐步形成以《中华人民共和国港口法》《中华人民共和国航道法》等法律为龙头,以《国内水路运输管理条例》《中华人民共和国航道管理条例》《内河交通安全管理条例》《防治船舶污染内河环境管理条例》等行政法规和配套规章等实施细则为补充,形成配套齐全的内河水运法律法规体系,提高法规的可操作性,真正做到内河运输有法可依,依法行政。建立现行法律法规的定期评估机制,根据国家依法治国要求,及时调整、修改不符合实际需要和妨碍公平竞争的条文与规定。

(2)健全内河运输标准体系。健全航道养护技术规范体系和考核体系,加快制修订水运工程绿色设计标准和施工规范、内河水运工程生态和环境保护技术规范、内河水运工程BIM技术应用规范、绿色港口、绿色航道评价标准。完善内河船舶检验技术标准规范。建立《绿色智能船舶标准体系》,健全新能源和清洁能源船舶应用技术标准体系,完善纯电池动力、甲醇、氢燃料等船舶建造规范和检验法规,制定《纯电池动力船舶直流充换电技术条件》《甲醇燃料动力船舶加注作业安全规程》等新能源和清洁能源燃料加注、充(换)电等基础设施建设、操作规程指南等安全标准。制订《船舶集装箱式电池技术条件》等配套船用设备和产品标准。完善船舶加注、充(换)电设施运营服务质量和评价标准等。加快港口设施装备、货物装载、信息交换、服务质量等标准的制修订,促进不同运输方式有效衔接。

(3)优化船员相关标准。①优化船舶配员标准。2018年3月9日,交通运输部海事局发布了《中华人民共和国海事局关于修订〈中华人民共和国船舶最低安全配员规则〉附录3的通知》,对内河船舶最低安全配员标准进行了修订,减少对普通船员配备要求,但仍明显高于欧洲。应结合我国长江、西江等内河特点和现代自动化、智能化发展,通过船舶技术的研发应用以及安全管理水平的提高,在保障船舶运营安全的基础上,进一步优化船舶配员标准,降低船舶运营成本,长远来看有利于提高船员收入水平。②制定船员工作环境标准。受船舶空间所限,加之我国内河船舶标准规范长期以来缺乏对船员工作和生活条件的考虑,一般内河船舶的驾驶室、机舱、起居室等舱室狭窄,缺乏人文化设计,居住舒适度低,船员工作、生活环境有待改善。欧洲内河船舶大都配有汽车、小艇等出行工具,内部居住、生活和工作条件较好,体现了船员职业在社会中的地位。我国内河船舶高质量发展应注重改善船员工作、生活环境,制定驾驶室、机舱、起居室等舱室的环境标准,提升船员职业体面度,提高职业吸引力。

(4)探索研发短寿命船舶建造标准。在我国内河船舶走上短生命周期船舶发展道路的背景下,探索发展更容易适应市场需求变化和技术进步的短寿命、高安全和绿色标准船舶。加强船舶基础技术理论、实证数据、配套工业体系的研究,研发船东能普遍接受、自愿执行的15年生命周期左右的船舶建造标准,改变当前以长寿命标准建造短寿命船舶的局面,从根本上引导船东走高质量发展道路,杜绝船舶安全隐患,整体改善船舶船容、船貌和总体技术水平,促进船舶技术更新。

（5）完善执法体系。加强各级管理和执法队伍建设，高标准、严要求吸引各层次人才，加强执法队伍培训，规范执法行为，提高执法能力。加强内河水运市场监督，海事、运政、航道等各部门的配合，严格执行国家关于内河水运企业、运输船舶、船员等准入的市场标准。提升港口行业治理能力，进一步强化港口岸线资源管理，严格执行岸线管理制度，严格按照基本建设程序开展港口项目建设，推行施工安全标准化，提升港口工程质量管理水平。建立健全经营市场诚信体系。以水上客运、危险化学品水路运输和港口作业、重要航运枢纽运行、防范船舶碰撞重要桥梁等为重点，建立安全风险清单，实施分级管控，严格按照"五到位"的要求实行闭环管理。加强港口重大危险源管理，强化港口危险货物集中区域风险联防联控。加快建设具备目标识别及电子巡查、跟踪、预警、指挥功能的电子巡航系统，实现海事动态监管资源的综合利用，打造智能化、标准化的监视、指挥、协调、服务的综合平台，提高监管效率、服务能力和应急水平。全面落实安全管理责任，提高安全事故代价，对有关政府管理机构、企业管理层和各级上岗操作与组织人员均构成震慑力，提高自觉加强安全生产的意识和加大对安全管理的投入，基本能够从源头控制水运不安全因素。

（6）建立执法监督机制。建立和完善以社会舆论监督、行业内部利益相关主体的体系内监督、纪检监察、上级监督等政府内部监督为主的立体监督机制，顺畅监督反馈渠道，提高监督能力。

五、加强基础研究，鼓励创新发展

（1）加强基础数据的长期收集与积累。对内河航道的波浪、泥沙、流速、水质等水文数据建立长期有效的监测和收集统计制度，为船舶波浪载荷预报、结构强度及疲劳强度计算等基础理论研究和船体设计创新技术研究提供充足的基础数据。加强对船舶运行监测，研究适合我国船舶运营实际的内河船舶发动机运行工况谱，为优化船舶绿色低碳标准制定提供基础数据。加强对重大以及具有关键技术创新的港口、航道、通航建筑物等内河工程实例数据资料的系统收集,并建立运营数据长期有效的监测和收集统计制度,为类似工程技术的研究和创新提供充足的基础数据。

(2) 加大内河运输基础和应用研究。政府加大应用基础研究、科研基地建设和科技信息资源共享平台建设的投入,对涉及行业发展的重大关键技术,由政府根据研发企业实际投入、研发能力择优进行配套投入。全面加大对技术标准的研究、制定的投入,推动形成完整的、与我国经济社会发展水平相适应的相关安全、排放等技术标准。结合绿色发展,加大对新能源和清洁应用、绿色低碳和污染防治新技术的投入,加强涉及排放指标设备及设施的技术创新和建设能力。对行业共性关键技术,鼓励采用产学研相结合、联合攻关、国际合作等多种方式,提高成果转化效率。

(3) 树立大众创业、万众创新、人人皆可成才的意识。让每一个业内人都充满创新、成才的渴望,坚定成才的信心。关心每一个劳动者的成长和发展,开启每一个劳动者的创新智慧、创业潜能、创优热情,使内河运输各领域广大劳动者各得其所、各展其长,汇成一支浩浩荡荡的发展内河运输业人才大军。

(4) 营造鼓励创新发展的良好环境。根据国家实施创新驱动战略,结合内河运输实际制定有效激励的知识产权保护政策,打破制约创新的行业垄断和市场分割,改进新技术、新产品、新商业模式在内河运输市场的准入管理制度,健全产业技术政策和管理制度,形成有利于转型升级、鼓励创新的产业政策导向,全面推动内河运输发展创新。建立技术创新市场导向机制,以科技创新为核心,实施全面创新,从内河运输自身运行的基本规律和特点出发,坚持企业的创新主体地位,鼓励发展模式创新、商业模式创新。

六、加大教育投入,加快人才培育

(1) 继续加大水运教育投入。按照一流大学目标,通过政府投入并制定政策,鼓励企业和个人向水运教育以不同方式进行投入,多渠道筹措发展高职高专、本科及研究生三个层次教育的资金,保证教育的基础条件、教学训练船等专业教育需要。政府给予企业相关支持的同时,要求其为专业为海事大学学生提供实习机会。以学校自身师资队伍为基础,以引进外籍教师、教材以及业内人士为补充,加强教学力量,不断提高教学内容的系统性、完整性和时效性,加大案例教学力度,培养对水运的自豪感。完善船员培养体制机制,鼓励高校、职业院校、航运公司、培训机构等共同培养专业技术人才。

(2)加强内河船员队伍建设。切实体现船员体面劳动,建立船员在船期间生活设施及工作条件的基本标准,改善船员工作和生活条件。鼓励航运企业和船员服务机构提高自有船员比例,为船员提供健全的社会保险、企业福利等职业保障制度体系。加强内河船员培训力量,对船员培训机构及船员职业培训给予政策性补贴,认真落实航运企业作为船员培训主体的责任,鼓励校企合作定向培训船员。弘扬航运文化,培树船员劳模等精神文明典型代表,提升船员职业社会认可度,激发船员职业自豪感。切实提高船员职业吸引力,改变内河船员资源流失状态,适应内河航运运力、运量发展的需求。

(3)完善人才培养、使用机制,加强复合型、专业人才队伍建设。结合内河航道、港口等大型基础设施工程建设、装备制造和管理进步,以及大型港航企业的发展,培养具有国际视野、战略思维,能够深入分析经济贸易形势和内河市场形势,善于从市场变化中把握发展机遇、应对风险挑战,对内河运输有广泛影响的企业家。培养通晓资本运作和水运经营管理能力的高级航运管理人才。培养和造就精通技术经济政策与法律方面的专业技术干部。培养具备复合型知识和技能的高级船员和专业技术人员,尤其是能胜任操纵专业化大型集装箱船、液体化学品船的高级船员和专业救助直升机高级驾驶员。

(4)培育行业技术精英。结合国家知识产权政策,营造内河水运行业发展人才培养、使用、激励的环境和创新激励机制。实施《交通领域科技创新中长期发展规划纲要(2021—2035年)》和新世纪十百千人才工程,培育一批水运科技前沿的青年学术技术带头人。依托科研基地、重大科研和建设项目、国际学术交流和合作项目,加快造就一批交通科技领军人才,形成科技创新梯队,鼓励企业攻坚克难,解决行业发展问题,强化科技成果转化和应用,提高内河水运的科技含量。

(5) 改革人才培养和使用机制。强行业人才培育。重点加强管理人才、专业技术人才和技能人才队伍建设，抓住人才引进、培养和使用三个关键环节，创新人才的选拔、培养、使用和激励机制。健全公开、公平、公正的干部选拔机制，推进竞争上岗、公开招聘，加强干部交流，强化干部培训，着力建设具有创新意识和创新能力的干部队伍，积极培养创新型人才，为内河水运发展提供强有力的人才队伍保障。加大内河运输学历教育力度，着力完善职业技能教育培训体系，开展多种形式的技能培训，大力推进执业资格制度，鼓励技术创新，培养数量充足、富有创新精神的技能型人才。鼓励和支持广大交通职工立足本职，开展岗位创新活动。

附录

2020年全国各省(区、市)相关指标 附表1

地区	GDP(亿元)	外贸进出口(亿美元)	人口密度(人/km²)	人均GDP(元)	降水量(mm)	单位面积GDP(万元/km²)
全国	1006363	46462	143	71828	706.5	1024
北京	35945	1150	1303	164158	560	21396
天津	14008	1258	1227	101068	534.4	12396
河北	36014	1001	193	48302	546.7	929
山西	17836	220	223	51051	561.3	1141
内蒙古	17258	206	20	71640	311.2	146
辽宁	25011	1183	292	58629	748	1714
吉林	12256	196	128	50561	769.1	654
黑龙江	13633	205	67	42432	723.1	288
上海	38963	4788	3949	156803	1554.6	61846
江苏	102808	6844	826	121333	1236	10020
浙江	64689	4650	634	100738	1701	6342
安徽	38062	752	437	62411	1665.6	2725
福建	43609	1721	343	105106	1439.1	3595
江西	25782	509	271	57065	1853.1	1544
山东	72798	3535	661	71825	838.1	4733

续上表

地区	指标					
	GDP（亿元）	外贸进出口（亿美元）	人口密度（人/km²）	人均GDP（元）	降水量（mm）	单位面积GDP（万元/km²）
河南	54259	1045	595	54691	874.3	3249
湖北	43005	616	309	73687	1642.6	2313
湖南	41523	479	314	62537	1726.8	1960
广东	111152	12062	701	88521	1574.1	6175
广西	22121	667	213	44237	1669.4	937
海南	5566	166	298	55438	1641.1	1637
重庆	25041	840	390	78294	1435.6	3043
四川	48502	1173	174	58009	1055	1008
贵州	17860	748	204	46355	1417.4	1015
云南	24556	3436	123	52047	1157.2	641
西藏	1903	3	3	52280	600.6	15
陕西	26014	513	192	65867	690.5	1265
甘肃	8980	57	55	35848	334.4	198
青海	3010	3	8	50845	367.1	42
宁夏	3956	29	109	55021	309.7	596
新疆	13801	271	16	53606	141.7	83

注：GDP、外贸进出口、人口密度、人均GDP、面积、铁路里程等取自《中国统计年鉴》；降水量取自2020年《中国水资源公报》；全国数据未包含港澳台地区。

2020年全国各省（区、市）交通线路密度　　　　　　　　　　　　　　附表2

地区	指标					
	公路密度（km/100km²）	铁路密度（km/万km²）	3级以上航道密度（km/万km²）	5级以上航道密度（km/万km²）	等级航道密度（km/万km²）	内河航道密度（km/万km²）
全国	54.2	152.3	74.4	93.6	128.2	129.9
北京	132.7	833.3	—	—	25.0	—
天津	145.1	1061.9	—	41.6	41.6	88.5
河北	52.8	203.8	—	—	—	—
山西	92.3	403.1	—	7.5	8.9	32.0
内蒙古	17.8	120.0	—	6.4	20.1	20.3

续上表

地区	公路密度 (km/100km²)	铁路密度 (km/万km²)	3级以上航道密度 (km/万km²)	5级以上航道密度 (km/万km²)	等级航道密度 (km/万km²)	内河航道密度 (km/万km²)
辽宁	89.7	452.4	3.8	13.4	28.3	27.4
吉林	57.5	266.8	3.4	50.4	73.7	80.0
黑龙江	35.5	143.8	38.7	74.1	99.9	107.8
上海	204.8	793.7	433.3	757.1	1565.1	2698.4
江苏	154.1	409.4	237.5	413.1	855.5	2378.2
浙江	120.7	313.7	43.3	203.6	492.4	960.8
安徽	169.3	379.4	63.9	151.8	363.1	408.0
福建	90.8	313.3	14.8	53.5	104.6	263.8
江西	126.1	293.4	47.5	58.0	140.7	335.3
山东	186.5	448.6	18.3	26.7	66.9	71.5
河南	161.9	389.2	—	39.3	79.9	83.8
湖北	155.8	279.7	107.3	166.2	324.4	457.2
湖南	113.8	264.4	53.3	70.6	195.0	543.0
广东	123.3	272.2	77.6	118.4	246.1	683.3
广西	55.8	220.3	51.0	95.0	147.7	241.5
海南	118.2	294.1	2.6	5.0	22.4	88.2
重庆	219.7	291.6	133.7	172.5	228.8	534.6
四川	81.9	110.1	6.0	38.4	83.7	226.4
贵州	117.4	221.6	—	88.6	158.0	227.3
云南	76.3	109.6	0.4	45.9	95.8	120.0
西藏	9.6	6.5	—	—	—	—
陕西	87.9	272.4	—	7.1	27.1	53.5
甘肃	34.3	112.2	—	7.2	10.0	19.8
青海	11.8	41.5	—	—	9.2	9.7
宁夏	55.4	256.0	—	—	17.5	15.1
新疆	12.6	47.0	—	—	—	—

注:全国数据未包含港澳台地区。

附表 3

1995—2020 年各种运输方式完成情况

年份(年)	货运量(万 t)						货物周转量(亿 t·km)						平均运距(km)					
	合计	铁路	公路	沿海	内河	管道	合计	铁路	公路	沿海	内河	管道	合计	铁路	公路	沿海	内河	管道
1995	1229459	165855	940387	24761	83182	15274	23770	12870	4695	4028	1586	590	193	776	50	1627	191	386
1996	1280444	168803	983860	27031	84758	15992	24795	12970	5011	4350	1879	585	194	768	51	1609	222	366
1997	1253884	169734	976536	23951	67661	16002	22935	13097	5272	2486	1502	579	183	772	54	1038	222	362
1998	1243358	161243	976004	25162	63530	17419	22553	12312	5483	2761	1390	606	181	764	56	1097	219	348
1999	1254287	157000	989000	25093	66894	16300	23211	12590	5793	2829	1419	580	185	802	59	1127	212	356
2000	1331341	174400	1038800	30703	68738	18700	27328	13902	6129	5110	1551	636	205	797	59	1664	226	340
2001	1373402	192600	1056300	32897	72205	19400	26673	14575	6330	3578	1537	653	194	757	60	1088	213	337
2002	1452638	204246	1116324	36392	75544	20132	28759	15516	6783	4269	1509	683	198	760	61	1173	200	339
2003	1527268	221200	1160000	42559	81509	22000	31497	17247	7100	4702	1709	739	206	780	61	1105	210	336
2004	1663925	249000	1245000	56291	91634	22000	37071	19289	7841	6989	2184	768	223	775	63	1242	238	349
2005	1813146	269269	1341778	65418	105681	31000	41628	20726	8693	8495	2626	1088	230	770	65	1299	248	351
2006	1982830	288310	1466000	78200	116090	34230	46281	21952	9758	9883	3025	1663	233	761	67	1264	261	486
2007	2216517	314237	1639432	92408	129888	40552	52616	23797	11355	12046	3553	1866	237	757	69	1304	274	460
2008	2543177	330354	1916759	117479	134679	43906	77331	25106	32868	13261	4152	1944	304	760	171	1129	308	443
2009	2773043	333348	2127834	110431	156832	44598	82483	25239	37189	13400	4633	2022	297	757	175	1213	295	453
2010	3183195	364271	2448052	132300	188600	49972	95659	27644	43390	16893	5536	2197	301	759	177	1277	294	440
2011	3632862	393263	2820100	152175	210251	57073	109794	29466	51375	19504	6565	2885	302	749	182	1282	312	505
2012	4034076	390438	3188475	162702	230187	62274	120228	29187	59535	20657	7638	3211	298	748	187	1270	332	516
2013	4098900	396697	3076648	164700*	323900*	65209	168014	29174	55738	19216*	11514*	3496	410	735	181	1167	355	536

续上表

年份(年)	货运量(万t)					货物周转量(亿·km)					平均运距(km)				
	合计	铁路	公路	沿海	内河	管道	合计	铁路	公路	沿海	内河	管道	合计	铁路	公路	沿海	内河	管道

年份(年)	合计	铁路	公路	沿海	内河	管道	合计	铁路	公路	沿海	内河	管道	合计	铁路	公路	沿海	内河	管道
2014	4167296	381334	3113334	189200	334300	73752	181668	27530	56847	24055	12785	4328	436	722	183	1271	382	587
2015	4175886	335801	3150019	193000	345900	75870	178356	23754	57956	24223	13312	4665	427	707	184	1255	385	615
2016	4386763	333186	3341259	201300	357200	73411	186629	23792	61080	25173	14092	4196	425	714	183	1251	395	572
2017	4804850	368865	3686858	221300	370500	80576	197373	26962	66772	28579	14949	4784	411	731	181	1291	403	594
2018	5152732	402631	3956871	251400	374300	89807	204686	28821	71249	31760	15366	5301	397	716	180	1263	411	590
2019	4713624	438904	3435480	272700	391300	91261	199394	30182	59636	33604	16302	5350	423	688	174	1232	417	586
2020	4729579	455236	3426413**	380087**	381500	85623	202211	30514	60172	89897**	15938	5450	428	670	176	2365	418	637

注:*2013年起,数据来源为《交通运输行业发展统计公报》。
**2020年起,沿海和远洋合并为海洋。

附表4 2020年全国主要省(区、市)和水系航道里程及占比

地区	总计	其中等级航道占比(%)		长江水系	珠江水系	黄河水系	黑龙江水系	京杭运河	闽江水系	淮河水系	其他水系
		合计	三级及以上	五级及以上								
全国	127686	52.68	11.27	26.00	50.70	13.14	2.77	6.43	1.13	1.55	13.68	11.68
黑龙江	5098	92.64	35.92	68.77	—	—	—	100.00	—	—	—	—
上海	1654	59.61	16.51	28.84	100.00	—	—	—	—	—	—	—
江苏	24372	36.01	10.00	17.39	44.73	—	—	—	3.26	—	55.14	—
浙江	9758	51.47	4.53	21.29	32.55	—	—	—	1.79	—	—	67.01
安徽	5651	89.77	15.78	37.52	55.25	—	—	—	—	—	43.69	1.08
福建	3245	39.11	5.55	20.00	—	—	—	—	—	60.80	—	39.20

续上表

地区	总计	其中等级航道占比(%)			长江水系	珠江水系	黄河水系	黑龙江水系	京杭运河	闽江水系	淮河水系	其他水系
		合计	三级及以上	五级及以上								
江西	5638	41.66	14.07	17.19	100.00	—	—	—	—	—	—	—
山东	1117	92.12	25.16	36.71	—	—	17.73	—	40.56	—	77.89	—
河南	1403	95.08	0.00	46.76	13.26	—	35.57	—	—	—	49.54	—
湖北	8488	71.04	23.50	36.40	100.00	—	—	—	—	—	—	—
湖南	11496	35.93	9.81	13.01	99.72	0.28	—	—	—	—	—	—
广东	12251	36.15	11.39	17.40	0.00	69.31	—	—	—	—	—	30.69
广西	5707	61.08	21.08	39.27	1.84	98.18	—	—	—	—	—	—
重庆	4352	43.27	25.28	32.63	100.00	—	—	—	—	—	—	—
四川	10881	37.01	2.65	17.00	99.96	—	0.04	—	—	—	—	—
贵州	3954	70.33	0.00	39.45	58.75	41.25	—	—	—	—	—	—
云南	4589	80.00	0.31	38.37	31.51	14.73	—	—	—	—	—	53.76

附表5 我国主要省(区、市)内河运输工具拥有量占比(单位:%)

地区	轮驳船总计				机动船				驳船			
	艘数	净载重量	载客量	集装箱位	艘数	净载重量	载客量	集装箱位	艘数	净载重量	载客量	集装箱位
全国	100.00	100.00	100.00	100.00	100.00	100.00	100.00	100.00	100.00	100.00	100.00	100.00
黑龙江	1.18	0.15	4.04	0.00	1.01	0.02	4.05	0.00	3.18	2.55	0.00	0.00
上海	0.51	0.21	5.99	1.06	0.55	0.22	6.02	1.06	0.03	0.02	0.00	0.00
江苏	24.05	16.38	6.82	18.18	23.56	15.45	6.85	18.15	29.97	33.48	0.00	100.00
浙江	9.05	3.79	7.96	2.61	9.80	4.00	8.00	2.62	0.00	0.00	0.00	0.00

续上表

地区	轮驳船总计			机动船				驳船			
	艘数	净载重量	载客量	集装箱位	艘数	净载重量	载客量	集装箱位	艘数	净载重量	载客量	集装箱位
安徽	20.79	34.54	2.31	15.19	21.78	36.10	2.33	15.19	8.84	5.77	0.00	0.00
福建	0.38	0.14	1.29	0.00	0.42	0.15	1.29	0.00	0.01	0.00	0.00	0.00
江西	1.92	2.31	2.31	0.85	2.08	2.43	2.32	0.85	0.00	0.00	0.00	0.00
山东	8.14	6.61	2.57	0.25	5.48	4.26	2.58	0.25	40.19	50.07	0.00	0.00
河南	4.45	7.61	2.55	0.00	4.52	7.79	2.56	0.00	3.56	4.31	0.00	0.00
湖北	2.73	4.46	6.03	0.43	2.87	4.62	6.06	0.43	1.04	1.54	0.00	0.00
湖南	3.95	2.96	10.34	1.28	4.05	3.09	10.06	1.28	2.71	0.49	67.60	0.00
广东	4.51	5.85	4.69	13.22	4.88	6.16	4.71	13.23	0.00	0.00	0.00	0.00
广西	5.75	7.81	3.72	23.64	6.23	8.24	3.73	23.66	0.00	0.00	0.00	0.00
海南	0.04	0.00	0.23	0.00	0.04	0.00	0.23	0.00	0.00	0.00	0.00	0.00
重庆	2.25	5.91	6.00	22.46	2.41	6.18	6.02	22.47	0.42	0.83	0.00	0.00
四川	4.10	0.99	7.19	0.80	3.79	0.99	7.22	0.80	7.86	0.89	0.00	0.00
贵州	1.77	0.10	9.20	0.00	1.91	0.11	9.25	0.00	0.02	0.00	0.00	0.00
云南	1.08	0.14	4.80	0.01	1.16	0.15	4.82	0.01	0.05	0.00	0.00	0.00

附表6

沿江主要地区2005—2020年生产总值(单位:亿元)

地区	年份(年)								
	2020	2019	2018	2017	2016	2015	2014	2013	2012	2011	2010	2005
全国	1013567	986515.2	919281.1	832035.9	746395.1	688858.2	643563.1	592963.2	538580	487940.2	412119.3	187318.9
上海	38963.3	37987.6	36011.8	32925	29887	26887	25269.8	23204.1	21305.6	20009.7	17915.4	9197.1

续上表

地区	2005	2010	2011	2012	2013	2014	2015	2016	2017	2018	2019	2020
江苏	18121.3	41383.9	48839.2	53701.9	59349.4	64830.5	71255.9	77350.9	85869.8	93207.6	98656.8	102807.7
浙江	13028.3	27399.9	31854.8	34382.4	37334.6	40023.5	43507.7	47254	52403.1	58002.8	62462	64689.1
安徽	5675.9	13249.8	16284.9	18341.7	20584	22519.7	23831.2	26307.7	29676.2	34010.9	36845.5	38061.5
江西	3941.2	9383.2	11584.5	12807.7	14300.2	15667.8	16780.9	18388.6	20210.8	22716.5	24667.3	25782
湖北	6469.7	16226.9	19942.5	22590.9	25378	28242.1	30344	33353	37235	42022	45429	43004.5
湖南	6369.9	15574.3	18915	21207.2	23545.2	25881.3	28538.6	30853.5	33828.1	36329.7	39894.1	41542.6
重庆	3448.4	8065.3	10161.2	11595.4	13027.1	14623.8	16040.5	18023	20066.2	21588.8	23605.8	25041.4
四川	7195.9	17224.8	21050.9	23922.4	26518	28891.3	30342	33138.5	37905.1	42902.1	46363.8	48501.6
贵州	1939.9	4519	5615.6	6742.2	7973.1	9173.1	10541	11792.4	13605.4	15353.2	16769.3	17860.4
云南	3497.7	7735.3	9523.1	11097.4	12825.5	14041.7	14960	16369	18486	20880.6	23223.8	24555.7
广东	21963	45944.6	53072.8	57007.7	62503.4	68173	74732.4	82163.2	91648.7	99945.2	107986.9	111151.6
广西	3742.1	8552.4	10299.9	11303.6	12448.4	13587.8	14797.8	16116.6	17790.7	19627.8	21237.1	22120.9
沿江地区合计	104590.4	233174.8	277154.1	306006.1	338991.5	370925.4	402559	440997.4	491650.2	542599	585129	604082.3
沿江地区占全国比例（%）	55.84	56.58	56.80	56.82	57.17	57.64	58.44	59.08	59.09	59.02	59.31	59.60

注：全国合计数据为国家统计局公布的数据。

沿江主要地区 2005—2020 年工业增加值（单位：亿元）

附表 7

地区	2020	2019	2018	2017	2016	2015	2014	2013	2012	2011	2010	2005
全国	312902.9	311858.7	301089.3	275119.3	245406.4	234968.4	233197.4	222333.2	208901.4	195139.1	165123.1	77958.3
上海	9625.5	9565.1	9763.5	8977.4	8045.5	7888.6	8099.9	7765.3	7661.3	7673.3	6943.9	4038.7
江苏	38198.1	37225.7	36113.2	33782.6	30291.4	28802.6	27154.5	25564.4	23942.2	22313.5	19382.2	9155
浙江	22627.8	22520.9	21621.2	20038.7	18661.5	17803.3	16955.3	15835.8	14853.3	14277.8	12432.1	6177.6
安徽	11235.5	11181.7	10639.8	9739.9	8909.4	8360.5	8595.2	8045.3	7279.7	6424.7	4949.2	1664.6
江西	8991.6	8774.2	8264.2	7969.6	7349.3	7026.2	6930.7	6523.3	5889.2	5462.3	4327.3	1468.7
湖北	13174.7	15707.6	14849.6	13431.6	12480.5	11677.3	11174.2	10227.4	9771	8551.2	6750.7	2410.4
湖南	12401.4	11995.8	10785.6	10709.8	10540.1	10458.8	9859.9	9179.7	8423.1	7535.5	5913.4	2075.4
重庆	6990.8	6551.8	6268.1	6202.4	5896.2	5621.5	5369.9	4775.7	4291.4	3700.2	2945.5	1294.9
四川	13401	13165.9	12360.1	11437.8	10790.9	10735	10703.8	10309	9408.5	8457.4	7032.9	2454.3
贵州	4666.2	4459	4165.5	3821.4	3501.7	3196	2840.3	2533.3	2185.8	1822.9	1484.9	679
云南	5579.4	5400.5	4911.7	4347.8	4087.5	4044.5	4085	3903.4	3557.4	3076.5	2675	1144.6
广东	39353.9	39141.8	37651.1	35344	32677.9	31315.5	29497.8	27142.1	25526.2	24460.7	21387.7	10231.1
广西	5172.8	5246.6	5101.9	4680.1	4307.3	4159.1	4023.8	3699.7	3643.8	3504.1	2875.5	1098.4
沿江地区合计	191418.7	190936.6	182495.5	170483.1	157539.2	151088.9	145290.3	135504.4	126432.9	117260.1	99100.3	43892.7
沿江地区占全国比例（%）	61.18	61.23	60.61	61.97	64.20	64.30	62.30	60.95	60.52	60.09	60.02	56.30

注：全国合计数据为国家统计局公布的数据。

参考文献

[1] 中华人民共和国水利部.2020年中国水资源公报[EB/OL].http://www.mwr.gov.cn/zwzc/hygb/szygb.

[2] 苏文森.水资源状况及开发利用分析[J].中国高新技术企业,2012(4):111-112.

[3] 王瑗,等.我国水资源现状分析与可持续发展对策研究[J].水资源与水工程学报,2008,19(3):10-14.

[4] 贾大山.中国水运发展战略探索[M].2版.大连:大连海事大学出版社,2007.

[5] 贾大山.解读我国水运发展战略[J].航运交易公报,2004:6-18.

[6] 贾大山.对内河运输别失望也别着急[N].[2004-05-29].中国交通报.

[7] 贾大山.经济发展将凸显内河优势[J].中国水运,2004(6):4-5.

[8] 贾大山.科学地审视内河发展规律,推动内河运输持续健康发展[Z].[2004-9].科学的发展观与交通新的跨越式发展研讨会.

[9] 贾大山.海运强国战略[M].上海:上海交通大学出版社,2013.

[10] 孙国庆.中国内河航运回顾与展望[J].中国水运,2001(1):29-31.

[11] 杨明远,余亚丹,林超明.赣粤运河构想的历史、现状与未来[J].珠江水

运,2007(10):84-85.

[12] 唐冠军.欧美内河航运及航道发展的经验与启示[J].综合运输,2006,(8):150-156.

[13] 毛健.中美两国内河航运对比及加快发展我国内河航运的紧迫性[J].珠江水运,2005(11):4-10.

[14] 黄菊.发挥公路水路交通优势促进区域经济协调发展[Z].[2004-01-30].长江三角洲交通发展座谈会.

[15] 张春贤.合力建设长江黄金水道促进沿江经济全面协调发展[Z].[2005-11-28].合力建设黄金水道促进长江经济发展座谈会.

[16] 黄镇东.开拓创新 实现交通跨越式发展[M].北京:中共中央党校出版社,2002.

[17] 唐冠军.承前启后开拓奋进在新的起点上开创长江航运科学发展新局面[EB/OL].http://www.cjhy.gov.cn.

[18] 于敏.内河港口和建设发展模式[J].江苏商论,2012(3):57-59.

[19] B.R.米切尔,帕尔格雷夫.世界历史统计(欧洲卷:1750—1993年)[M].贺力平,译.北京:经济科学出版社,2002.

[20] 张玉梅.美国内河运输发展的资金困境[N].[2013-05-14].现代物流报.

[21] 李跃旗.欧洲集装箱内河运输经验借鉴[J].中国航海,2007(1):89-96.

[22] 李作敏.我国内河航道投融资策略研究[J].交通财会,2008(4):44-47.

[23] Central Commission for the Navigation of the Rhine. Inland Navigation in Europe Market Observation 2013[R]. Panteia, 2013.

[24] United Nations Economic Commission for Europe. White paper on Efficient and Sustainable Inland Water Transport in Europe[R]. New York and Geneva, 2011.

[25] 世界银行.中国内河运输可持续发展研究(世界银行项目——中国综合运输系统分析 P109989:子课题一)[R].北京:世界银行,2009.

[26] United States Government Accountability Office. Surface Freight Transportation: A Comparison of the Costs of Road, Rail, and Waterways Freight Shipments That Are Not Passed on to Consumers[R]. Washington,2011.

[27] Rijkswaterstaat. Rapportendatabank. WATERWAY GUIDELINES 2020[R]. Dutch,2020.

[28] European Commission. Handbook on the external costs of transport Version 2019[R],2019.

[29] 赵晓光,何建中,宋德星.国内水路运输管理条例释义[M].北京:人民交通出版社,2013.

[30] 李盛.欧盟发展内河航运的政策措施及对我国的启示[J].武汉交通职业学院学报,2006(2):1-5.

[31] 李雁争.打造畅通高效现代化内河水运体系[N].[2012-10-30].上海证券报.

[32] 杨燕.我国内河运输企业发展现状及趋势[J].物流科技,2013(3):28-30.

[33] 饶小兵.国内外内河运输船舶船型标准化比较研究[J].城市公用事业,2011(3):15-18.

[34] 王曙光.为建设现代化海洋强国而努力奋斗[Z].[2004-07-23].庆祝国家海洋局成立40周年大会.

[35] 翁孟勇.在国务院新闻办新闻发布会上的讲话[Z].[2007-06-26].国务院新闻办公室水路交通发展政策及相关规划新闻发布会.

[36] 徐祖远.加快水运结构调整步伐,提升水路交通科学发展水平[Z].[2011-11-07].全国水运工作会议.

[37] 徐祖远.走向世界的中国海运[J].航运,2009:6-8.

[38] 石玉平.从"安全、高效、绿色、先进"入手2020年我国内河水运将基本实现现代化[N].[2012-10-17].中国船舶报.

[39] 田艳平.对发展珠江内河航运战略性意义的思考[J].港口经济,2012

(9):33-34.

[40] 宋德星.发挥优势积极推进内河水运发展战略[N].[2012-10-17].中国水运报.

[41] 柯愈友.国家战略带动内河水运跃升[J].航运,2012(18):35-37.

[42] 邓爱民,田丰,HAASIS H D.论我国内河水运协调发展[J].中国工程科学,2012(7):34-39.

[43] 王哲.内河航运的尴尬与前景[N].[2012-11].中国报道.

[44] 马茂棠.内河水运领域核心价值观的凝练与构建[J].中国水运,2012(3):62-63.

[45] 刘长俭.我国"十二五"内河水运发展战略的思路[J].综合运输,2011(7):8-15.

[46] 刘长俭.转变方式,推动内河水运科学发展[J].水运管理,2011(8):7-10.

[47] 谢宗惠.谈发展内河水运的几点建议[J].中国水运,2011(5):62-63.

[48] 徐华.水运结构调整驶向深水区[J].中国船检,2012(12):40-43.

[49] 马硕.抓住时机变货主国为航运国[J].水运管理,2013(5):1-6.

[50] 宗林.交通运输部积极推进海运业发展上升为国家战略[J].港口经济,2013(12):58.

[51] The European Commission, Maritime Transport Strategy 2009-1018[R]. Brussels,2008.

[52] 贾大山.抓住新时期战略机遇,创新上海国际航运中心建设模式[J].水运管理,2013(7).

[53] 罗鹏.长江航运管理体制改革回顾[J].长江航运,2009(2):28-33.

[54] 唐冠军.加快建设长江黄金水道为打造中国经济新支撑带提供有力保障[Z].[2014-01-12].长江航务管理局2014年工作会议.

[55] 牛文元.《中国可持续发展总纲(国家卷)》[M].北京:科学出版社,2007.

[56] 杨立信.俄罗斯莫斯科运河的运行情况[J].水利发展研究,2002(10):60-62.

[57] 吴琴,陶学宗,尹传忠,等.港口集疏运"公转铁"的减排影响分析[J].铁道运输与经济,2019(41):101-105.

[58] 雷静,汪伟.新形势下长江流域水资源配置格局优化研究[A].中国水利学会2021学术年会论文集第四分册[C],2021:124-127.